文明的历程
怀念叶企孙

储朝晖——主编

科学出版社
北京

图书在版编目（CIP）数据

文明的历程：怀念叶企孙 / 储朝晖主编. —北京：科学出版社，2019.4
ISBN 978-7-03-060910-6

Ⅰ.①文… Ⅱ.①储… Ⅲ.①叶企孙（1898—1977）-回忆录 Ⅳ.①K826.11

中国版本图书馆 CIP 数据核字（2019）第 051350 号

责任编辑：侯俊琳　张　莉 / 责任校对：韩　杨
责任印制：李　彤 / 封面设计：有道文化
联系电话：010-64035853
E-mail：houjunlin@mail.sciencep.com

科学出版社 出版
北京东黄城根北街 16 号
邮政编码：100717
http://www.sciencep.com

北京建宏印刷有限公司 印刷
科学出版社发行　各地新华书店经销

*

2019 年 4 月第 一 版　开本：720×1000　B5
2023 年 7 月第三次印刷　印张：18 1/2
字数：320 000
定价：78.00 元
（如有印装质量问题，我社负责调换）

叶企孙与一流大学建设学术会议暨叶企孙先生诞辰120周年纪念会

　我的老师叶企孙先生曾经把清华大学办成全国一流，鼓励今天想办一流大学的人向他学习。

李政道
二〇一八年四月

叶企孙与一流大学建设学术会议暨叶企孙先生诞辰120周年纪念会参会人员合影

叶企孙与一流大学建设学术会议暨叶企孙先生诞辰120周年纪念会会场

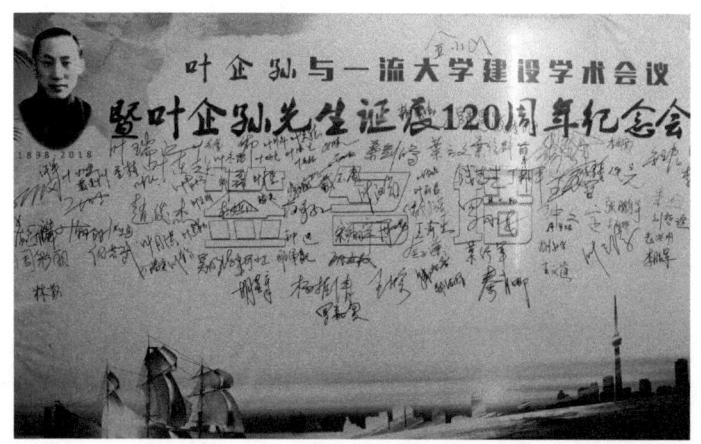

叶企孙与一流大学建设学术会议暨叶企孙先生诞辰120周年纪念会参会人员签名

目录

学习叶企孙做理性文明人的倡议……………………全体参会者（1）

纪念叶企孙是为文明生长创造机会……………………储朝晖（3）

一流大学要为国家进步和人类文明发力……………王义道（21）

一流大学以一流学科为基，一流大师为本：纪念
　叶企孙教授诞辰120周年……………………………胡显章（28）

叶企孙是对中国物理学发展贡献最大的大师之一………赵柏林（35）

建设一流大学需要创新………………………………叶铭汉（39）

纪念叶企孙先生………………………………………叶铭汉（42）

叶企孙先生教育思想与实践为我们建设世界一流
　大学提供了典范和借鉴………………………………周佑勇（60）

叶企孙注重科技史促进文明进步的启迪………………孙小淳（64）

深切缅怀和纪念著名物理学家、教育家、科技史学家
　　叶企孙先生 ·· 戴道生（66）
怀念老师叶企孙先生 ··· 王鼎盛（73）
叶企孙把科学的根移植到中国开花结果 ··············· 张之翔（78）
叶企孙先生创建北京大学物理系磁学学科组对一流
　　大学建设的启示 ·· 钟文定（81）
一代宗师叶企孙 ·· 戴念祖（91）
叶企孙对中国科技史事业的奠基性贡献 ··············· 王渝生（97）
叶企孙与中国科学社 ··· 宋业春（103）
世界一流人才培养：科学大师叶企孙的启示 ··············· 耿有权（122）
叶企孙成长的轨迹与成就 ····················· 白　欣　王洪鹏（133）
叶企孙现象的社会建构 ······································ 陈印政（141）
大国脊梁 ··· 邵　瑜（149）
一代宗师叶企孙 ·· 孟凡明（152）
为了忘却的纪念 ····························· 王洪见　刘树勇（156）
塑造大学品质 ·· 康建伟（165）
一流大学必须有一流的理科：叶企孙教育思想与
　　清华物理人才培养实践 ··································· 薛　平（172）
一流大学呼唤一流的课程教学：纪念"大师之师"
　　叶企孙先生诞辰 120 周年 ······························ 钟　进（176）
叶企孙的家国情怀 ·· 叶东超（188）
附录一　见贤思齐建设当下文明 ····················· （195）
附录二　纪念叶企孙先生诞辰 120 周年系列讲座 ········· （215）
附录三　媒体报道选摘 ··································· （267）
后记 ·· （286）

学习叶企孙做理性文明人的倡议

全体参会者

  文明社会既需要有文明先驱引领，也需要文明大众参与才能有效建成。社会稍稍文明一点，就会给每个成员带来更多的尊严和幸福，使每一个人的创造力发挥得更充分。

  叶企孙是中国历史上杰出的教育家、科学家，他倾心科学、中西兼修、入微探新、缜密严谨、独立思考、踏实守真、理性务实、少言重行、思维精细、视野开阔、洞见深邃、正大卓远、信心坚定、真诚正直、谦和平等、知人善任、严正处世、群而不党、胸怀坦荡、思想豁达、公正廉洁、博爱宽厚、慷慨简朴、勇担大任。叶企孙的人格、品质和哲人风范达到了众人难以企及的境界，具有文明创造者的品质，坚守住"我是科学家，我是老实的，我不说假话"的做人底线，为后人树立了理性文明的人格典范。

  当下社会仍然存在不少非理性、不文明、情绪化的暴戾倾向，少数已酿成社会悲剧。在功利、浮躁、冷漠、自私、残忍等乱象蔓延之际，设法挽救我们面临的人性危机，需要向叶企孙学习人道、友爱、自信、踏实、博学、和善、诚实、勇敢与彬彬有礼。

  值纪念叶企孙诞辰 120 周年之际，特倡议希望社会变得更好的人们学习叶企孙，预防和抵制野蛮，增加社会的文明元素，为文明生长创造更多的机会。具体倡议如下。

一、认准民主与法治为人类文明前进的方向，学会与世界各种文明人群平等相待、相互尊重，创造人人可以享受的美好幸福生活。

二、以文明理性为荣，以野蛮暴力为耻，不用野蛮的方式对待野蛮，不以不文明对待不文明。

三、遇到观点不同时相互敬重，自由讨论，远离主观武断，注重客观实证，服从于真理，不伤害与自己观点不同的人。

四、遇到利益冲突时首选协商，尊重别人的基本权利，互敬互让，抛弃等级，追求平等，达成共识。

五、不做墙头草，警惕"一边倒"；独立思考基础上说真话，不人云亦云地说只利于自己的假话。

六、充分发展增强自己的科学理性，有正常的判断能力，追求真理做真人，用理智约束情感，运用感觉经验、逻辑论证、实践检验等多种方式检验自己，使自己变得不断文明、理性起来。

中国的发展不应只是经济、文化、教育的发展，还需要创造出更先进的科技、让人过上更幸福生活的基础文明，需要每个人多具备一些基本文明素养，一点点清除掉自己身上野蛮、非理性的个性特征。广泛学习叶企孙先生的精神、品德、风范和志节就是建设文明、幸福社会的实际行动。

叶企孙与一流大学建设学术会议暨叶企孙先生
诞辰 120 周年纪念会全体参会者
2018 年 7 月 15 日于北京

纪念叶企孙是为文明生长创造机会

储朝晖

摘要：在人类文明成长的坐标中，可以看出，叶企孙的成长历程是中国当时在人类文明进步的前沿环境中的个体生成，其人格是集纳多种文明成分的集成，他所取得的成就是在文明有了生长机会的情况下遵循规律积极主动追求的结晶。纪念叶企孙是认识人类文明进步的条件和规律，进而遵循文明发展的规律，创造文明进步的条件，预防和抵制野蛮，增加当下社会的文明元素，为文明生长创造更多的机会。

关键词：叶企孙；文明；机会

几十年来，不少学者对叶企孙先生在科技、教育、道德等方面的贡献和价值做过不少研究与阐述，这些都是非常重要的，其中不乏高质量的研究。随着时间的推移和研究的深入，有必要从更广、更远、更阔、更深的视角对叶企孙这样一个杰出的人物进行研究，即从人类文明进步发展的视角加以研究。叶企孙先生是文明成长发展中的一个个案，他的命运是他所处的社会文明发展状况的体现，从对叶企孙先生的研究中认识人类文明进步的条件和规律，有可能遵循文明进步的规律，创造文明进步的条件，沿着人类文明前进的方向，创造人人可以享受的美好幸福生活。

一、在人类文明进步的前沿环境中成长

叶企孙（原名叶鸿眷，字企孙）先生童年生活在上海这个中西文化交汇和多种文明共融的都市，在文化上得家族丰腴的积淀哺乳。叶企孙的祖父叶佳镇（1828—1900）藏书七八千册，还有碑帖和拓本、字画及其他古董，成为叶企孙幼年直至在清华大学学习期间直接感知的文化载体，在他幼小的心灵中播下华夏文化的种子。叶企孙的父亲叶景沄（1856—1935）在叶企孙3岁起即亲自对其进行启蒙教育，教以识字，叶企孙开始背诵《三字经》《百家姓》《千字文》《千家诗》。1902年，叶父与黄炎培等奉派赴日本考察教育，归国后致力于创建新式学校，这些不言之教奠定了叶企孙中西兼收并蓄的文化价值取向，确定了他自幼就对人类先进文明的向往。

1907年（光绪三十三年）秋，9岁的叶企孙进入自己父亲任校长的上海敬业高等小学堂（今敬业中学）读高小一年级。该校课程中设有西算、理化、博物等学科，推崇现代科学，引起叶企孙极大的兴趣，使他有机会感受到先贤积淀下的敬业文化，乘上驶入中西文化汇聚之海深处的航船。

1911年2月，叶企孙是江苏省根据相应办法选送清华学堂的首批学生。1911年10月，武昌起义爆发，清华学堂停课。叶父让他返沪就读于洋务派创议并由江南制造局开办的上海兵工学校。1913年夏，上海兵工学校被二次革命炮火所毁，叶鸿眷改名叶企孙再考入清华学校。叶企孙在制定清华科学社章程中明确"不谈政治"，然而当他读《甲寅杂志》中的《爱国自觉心》《铁血之文明》《啊嗾杂俎》《柏林之围》等文后，还是深感文辞典雅，深得诸子之精英，"感慨激昂，发人爱国心不少。"[①]说明叶企孙父子对文明的认知已有默契，并努力追随或到达人类文明的前沿。

清华学校规定的20多门课程仍不能满足叶企孙强烈的求知欲，他就把不少时间和精力放在参加学生社团及其他活动上。叶企孙的天性使他得以接触各种学术报刊，不仅成为《清华周刊》和《清华学报》的撰稿者，还在日记中记述了清华"东西文化荟萃一堂"的环境为自己提供了充分发展个性、探求学识的机会，并俨然以一成熟学者的姿态同商务印书馆、中华书局、《科学》、

---

① 叶铭汉，戴念祖，李艳平. 叶企孙文存[M]. 北京：首都师范大学出版社，2013：325.

《数学杂志》等建立起经常性的学术联系。

1915年1月9日晚,叶企孙在清华大礼堂观看科学电影时,看到听者寥寥,还有人"不觉倦而鼾睡矣",感慨道:"学生当注重科学之理解,以探天地之奥窍,以谋人群之幸福。庶几国家日进于富强,而种族得免于淘汰矣。"① 如果说"免于淘汰"成为叶企孙的近身动力,那么,"谋人群之幸福"则是其长远动力,说明他已经着实踏上追赶人类文明之征途。

1915年暑假后,叶企孙开始参与擘画清华科学社并较长时间为该科学社骨干,从价值取向上选定了与人类文明发展前沿一致的方向,其日记显示出叶企孙此时阅读过大量中外经典,包括传记、小说、算学、天文、科学和其他文学著作,从中汲取前人的智慧。但他不只是做简单的知识储存,而是常常把各种古题用现代数学方法演算一遍,并在演算过程中发现了一些问题或谬误。1916年发表在《清华学报》第2卷第2期(1916年6月15日出刊)上的论文《考正商功》便是这样的作品,该文不仅显示出叶企孙当时的学业水平,还显示出他已养成入微探新、态度严谨、思维精细、视野开阔、洞见深刻的学者品质,而这些也是文明创造者的品质。

简言之,叶企孙幼年时就在人类文明前沿的环境中成长,中西兼修,学生时代就显现出杰出的素养,充满了作为杰出科学家所具备的灵性、远见卓识以及踏实作风,这是他青年时登上世界科技高峰和人类文明前沿的前提条件。

二、集纳多种文明生成杰出人格

文化通常带有民族性,文明则归属人类。作为清华早年的学子,叶企孙已显现出学者型特质,不但用功读书,成绩好,而且能在书本上或者实验室里找到自己的快乐,认定做学问为其终生的事业,以"学者"的立场和态度看待和讨论问题,找到证据再下断语,在学问上有长进便心满意足了。

叶企孙在《中国算学史略》中写道:"善读史者观以往之得失,谋将来之进步。"②这句话是他的深切体验,显示出他具有超群的心智,又赶上历史前

---

① 叶铭汉,戴念祖,李艳平. 叶企孙文存[M]. 北京:首都师范大学出版社,2013:315.
② 叶铭汉,戴念祖,李艳平. 叶企孙文存[M]. 北京:首都师范大学出版社,2013:106.

行的列车，探求人类未知前沿，广泛涉猎中外古今知识，谙熟历史，脚踏实地，养成了良好的人格，以中西文化发展作为心仪的责任，使得他有机会紧紧追随当时的科学大师冲上云霄。

1916年11月21日，叶企孙做了一张自1909年第一次派遣出国的留学生至1916年学生所选学科的分类表，深入分析后，确认自己到美国留学的方向是纯粹科学与教育，瞄准当时作为人类科学发展前沿正飞速发展的物理学。1918年9月中旬，叶企孙经过深思熟虑后入美国中北部的芝加哥大学物理系，直接受教于密立根（R. A. Millikan, 1868—1953），受到他的科学精神和研究方法的影响。

1920年9月，叶企孙转入美国东部的哈佛大学研究院杰弗逊（Jefferson）实验室攻读实验物理学硕士研究生学位，半年后就选择实验测量，第一项工作就是在杜安（William Duane, 1872—1935）主持下与帕尔默（H.H.Palmer）合作，用X射线短波极限法测定普朗克常数 h，叶企孙对杜安和布莱克此前的同样实验进行改进，得到的数值为：$h=(6.556\pm0.009)\times10^{-27}$ 尔格秒，很快被国际科学界公认为当时最精确的 h 值，从此世界现代自然科学著作中出现了中国人的姓名"Chi-Sun Yeh"。这一数值被称为"普朗克常数的叶值"。

1921年6月，叶企孙获哈佛大学理学硕士学位。9月，在哈佛大学高压物理学家、1946年诺贝尔物理学奖获得者布里奇曼（P.W.Bridgman, 1882—1961）的指导下攻读博士学位，研究方向为高压磁学，转向一个与此前完全不同的学术领域。在布里奇曼一丝不苟的严格实验作风影响下，叶企孙在美国国家标准实验室投入压力对铁磁性物质磁导率影响的研究，于1923年完成博士学位论文《流态静压力对铁、钴和镍的磁导率的影响》[①]，其实验技术、方法和结果都大大突破了前人的相关研究，受到当时欧美科学界的重视。布里奇曼在其《高压物理学》（*Physics of High Pressure*，1931年版，1942年版，1952年版）一书中认为叶企孙在这个领域做了开创性工作。叶企孙以自己的行动实现了自己所定下的"研究工作要有30年不变"的自信与决心。

1923年6月，叶企孙获哈佛大学哲学博士学位，其论文于1925年刊于《美

---

① 叶铭汉，戴念祖，李艳平. 叶企孙文存[M]. 北京：首都师范大学出版社，2013：158-182.

国艺术与科学学报》(*Proc. Amer. Acad. Arts and Sci.*, Vol.60, pp. 502-533)。这项实验研究为他日后回国开创磁学研究奠定了基础，其关于原子微观结构对铁磁性影响的理论预言到 20 世纪 60 年代才在铁磁性材料科学（诸如收录机、电脑、光盘等）中有了突飞猛进的发展。

叶企孙短短 3 年就攀上两座世界科学研究的高峰：h 值测定为人类继续攀登科学高峰建起新的门槛；高压磁性研究使他成为中国现代物理学历史上研究磁学第一人，在集纳多种文明中走出了留下历史印迹的一步。

很多人看到了这一步对于人类科学进步的影响，却未看到它对叶企孙人格形成与完善的作用，而正是这一步在叶企孙人格中注入了科学、理性、实证的成分。在人生遭遇挫折的 1960 年前后，全国性的饥荒进入最严酷的时段，叶企孙还能购买到少量特供食品，他不事张扬地暗中接济困难学生完成学业，显示出他对人类社会在遭受苦难时发自内心的同情和责任担当，又是他内心人道与大爱精神的见证。叶企孙十几岁起就读了相当多的古书，如《诗经》《礼记》《左传》，并说"这些古书使吾有正统思想"，是形塑他人格的另一种文明。众多与叶企孙相处过的人的普遍印象是，叶企孙有很深的儒家思想和传统造诣，又叠加了平等博爱和人道主义的人际关系准则，既能对社会底层人尊重、平等相待，又能与王国维、陈寅恪、梁启超、赵元任、金岳霖友好交往，对高官厚禄者只会平视而不会献媚。他的人格文明跨越与集成的特征鲜明。

叶企孙在狱中的表现更是对他人格的检验，他保持着一位学人和科学家实事求是的庄严气概。有一次，提审人就一个他记不清的问题要他写书面保证，他说："我不写保证和任何文字上的东西，我只能说我（记）不清。"提审人要他态度老实，他说："我是老实的，我是科学家，我……我是老实的。"叶企孙对待自己这段经历的态度显示出他的哲人品格。在那史无前例的动荡时日里，怀抱科学救国志向的叶企孙，做到了实事求是、不说假话。他没有像那个时期众多人那样为求解脱而胡说一气，他在被"专政"期间，包括"隔离审查""监管监禁"以及后来释放后"监督居住"，被迫做过的交代、检查、口供、逼供……归结起来只说了一句话：我是科学家，我是老实的，我不说假话，从而守住了自己坚守的文明底线。

在对叶企孙的笔录材料中发现一个有意忽略，在写到 1930 年他在哥廷根大学进修的经历时写道:"那时,在哥廷根大学的中国学生很少;据吾回忆,只有一个叫曾省(曾炯之),是学算学的。吾不知道他现在在哪里。"①而事实上,他的得意门生王淦昌当时就在哥廷根大学,而且叶企孙听的很多讲座与课程就是王淦昌所上的课,王淦昌的儿子王德基后来提供的叶企孙、王淦昌与曾炯之三人的合影也显示出当时两人的交往非同一般的密切。而此时正在从事秘密核武器研制工作的王淦昌如果在叶企孙的交代材料中出现,不仅王淦昌将遭灭顶之灾,中国的核弹事业发展也将受到一定的影响。

这位为中国培养了诸多大师的大师,在精神和肉体均受到严重摧残的日子里,无论受多大委屈,都从不向别人倾诉,而是默默忍受。在被关押期间,他忍受着严重丹毒症的折磨;被释放后,孑居于方寸斗室中,为减轻痛苦,他只好日夜坐在一张旧藤椅上,以读书为乐。叶企孙处于人生的谷底时,还推心置腹地为他人考虑。当时负责原子弹工程二机部的副部长钱三强在中关村的马路上碰到叶企孙,便跑上去与他打招呼,表示关怀,叶企孙一看到他来了马上就说:"你赶快离开我,赶快躲开,以后你见到我,再也不要理我了,躲我远远的。"叶企孙知道钱三强的工作最忌讳同那些政治上"有问题"的人来往,他生怕钱三强因此被连累而遭遇不幸。

1972 年 6 月,叶企孙仍被监视居住,王淦昌趁到北京出差的机会冒着极大风险与龚祖同到北京大学探望他,当时叶企孙的病伤已有好转,但两腿仍肿大,能慢慢走路。他对学生来看望他非常高兴,但对这两位最亲密的弟子丝毫不露内心的痛苦,精神状态很好,还指着李约瑟(J. Needham, 1900—1995)的巨著《中国科学技术史》说中间是有错误的,但绝口不提自己所受的冤屈,以免给当时正在从事绝密国防工作并曾遭过批斗和凌辱的王淦昌留下别人可抓的把柄。

1973 年叶企孙的前列腺疾病和肾病加重的时候,其亲人多次劝他住院治疗,但叶企孙说:"你们以为我还能再活 5 年啊!""其实,人无须活得太老,活得太老,最后几年就像熊冬眠一样,什么事也做不成……我一生想做的事,已经做完毕……"当别人提出要为他的冤案鸣不平时,叶企孙摇摇头说:"那

---

① 虞昊,黄延复. 中国科技的基石——叶企孙和科学大师们(第二版)[M]. 上海:复旦大学出版社,2008:17.

很不容易，历史上有许多人物，他们逝世的时候并没有什么结论，不仅是诗人、政治家、文学家，外国有许多科学家，在世时也很不得意，还会受教会迫害。"①这些对人生、政事、得失的洞见，非哲人不会有，宁死不屈，显示出一个学者严正处世为人的精神。

叶企孙在精神和肉体均备受折磨期间，无论受多大委屈，都从不向别人倾诉，而是以早已看穿了的态度，不愠不火，不申不诉，默默忍受，从无一句怨言。在叶企孙的生命快走到尽头时，学生钱临照去看望他，发现他还是不断在买新书，订购外文期刊，他的左右仍放满图书，坐在藤椅上以读书为乐，谈论科学史和古诗词。他取出《宋书》来，翻到范晔写的《狱中与诸甥侄书》中的一段指给钱临照看："吾狂衅覆灭，岂复可言，汝等皆当以罪人弃之。然平生行已任怀，犹应可寻。至于能不，意中所解，汝等或不悉知。"叶企孙引此文表达自己此时的心境，叶企孙的人格、品质和哲人风范，达到了他人难以企及的境界。

晚年的叶企孙在磨难中的表现充分显示出他是一位贤哲。钱临照曾把叶企孙和饶毓泰做过比较说："他们两人都很刚强，但饶先生像玻璃，虽然硬，却容易碎；而叶先生像一块钢，不仅硬，还有 plasticity（塑性）。"那段苦难的岁月折射出他的人格境界修养，他受审的交代材料显示出他的哲人品格。叶企孙的信心、责任感、眼光、肩负大任的勇气、大家胸襟，均显示出其不仅是旷世学术大师，而且是真诚、正直的谦恭君子和贤哲，这些品格、精神、思想在他人生走进谷底的时候显现得更加清晰。

叶企孙的学生陈芳允称叶企孙这位敬爱的老师"献身科学，说得少、做得多，爱生知生；无私奉献，为祖国、为人民，清白一生。"②对他的众多学生和生前好友回忆叶企孙时使用的词语的频率统计后发现，出现频率较高的词是：光明正大、正直坦白、群而不党、襟怀坦荡、虚怀若谷、思想豁达、高风亮节、正人君子、大公无私、公正廉洁、志节高尚、理想远大、理性务实、缜密严谨、一丝不苟、真诚博爱、不愠不火、宽厚和蔼、谦虚诚恳、知

---

① 虞昊，黄延复．中国科技的基石——叶企孙和科学大师们（第二版）[M]．北京：复旦大学出版社，2008：485．

② 陈芳允．怀念叶师[M]/钱伟长，虞昊．一代师表叶企孙（第二版）．上海：上海科学技术出版社，2013：101．

人善用、礼贤下士、平易近人、慷慨简朴、学问渊博、造诣高深、思想深邃、远见卓识、内向儒雅、文质彬彬。这些都是人类文明在叶企孙身上的见证。

经历大半生沉浮得失，叶企孙老年时如此坦白温和地看着世人，不求理解，不加责问，没有敌意，似乎在告诉人们他在早年日记中写的话："向前直进，毋灰心，毋间断。"

三、在文明有生长机会的环境中遵循规律取得成就

叶企孙的早年人生经历使他自觉意识到，凡是出人才的地方，必然是科学文化最盛行、科学土壤最肥沃、科学气氛最浓厚之地，比如欧洲的哥廷根、慕尼黑和美国的芝加哥等，它们都曾是某段时间人类文明快速进步的生长点。

1926年3月12日，日军舰驶入中国内河遭中国军队阻击，英国、美国、日本等八国却对中国发出"最后通牒"，3月18日北京抗议游行的学生示威遭军警开枪射杀。当晚，王淦昌与几名同学到叶企孙北院7号家中讲述了白天的血案，叶企孙神色激动地盯着王淦昌，一字一顿、低沉有力地对他说："谁叫你们去的？！你们明白自己的使命吗？一个国家，一个民族，为什么会挨打？为什么落后？你们明白吗？如果我们的国家有大唐帝国那样的强盛，这个世界上有谁敢欺侮我们？一个国家与一个人一样，弱肉强食是亘古不变的法则，要想我们的国家不遭到外国凌辱，就只有靠科学！科学，只有科学才能拯救我们的民族……"[①]说罢泪如雨下，他的激情与卓识一下感染了学生，成为王淦昌生命中最重要的东西，决定了他毕生的道路走向。

留学回国的叶企孙对自己的使命已了然于心，就是要把科学的种子播撒给合适的对象，惠及华夏子孙；扩大文明的影响力，以创造社会中人人可享受的幸福。在教育实践中，他摸索到实现这一目标的最佳方式就是教授治校，广育英才。

在叶企孙取得成就的每个环节都离不开他所处的环境，一个追求文明进步的人在有利于文明生长的环境里就能取得成就，在不利于文明生长的环境

---

① 王淦昌. 见物理系之筚路蓝缕，思叶老师之春风化雨[M]//钱伟长，虞昊. 一代师表叶企孙（第二版）. 上海：上海科学技术出版社，2013：36.

里就会遭遇挫折，叶企孙的一生从正反两方面证实了这一点。

1924年4月，叶企孙从上海到南京应聘东南大学物理学副教授，开始了他半个多世纪的教育生涯。他之所以选择东南大学，既有任鸿隽的引荐，也有中国科学社的影响，还与当时东南大学是国内少数建立现代大学制度的大学、研究环境较好等因素相关。一年后，由于国民党党化教育影响到东南大学，文明生长的环境变坏，1925年8月叶企孙意识到这一点后，便带上自己的得意学生赵忠尧、施汝为离开东南大学前往清华学校任教。

毫无疑问，此时的清华学校是国内最适合多种文明生长发育的地方。1925年5月，清华学校大学部正式成立，聘请王国维、梁启超、陈寅恪和赵元任四大导师成立国学院，还设法招纳优秀教师，东南大学的熊庆来、吴宓、钱崇澍、温德（美籍）等名师先后来到清华学校。叶企孙回清华学校不仅是回到母校，更是认同清华国学院四大导师文理会通、古今贯通、中西融通的教育理念，因为它是符合文明发展规律并滋养文明生长的，叶企孙对这些理念又有从自然科学角度独特的理解，并具体为学术并重、理工会通、理论与实验并重。

1929年叶企孙创建清华大学理学院并任院长，很快就使理学院成为当时清华大学最大也是最重要、最先进的一个学院，为中国培育出数以千计的理科人才，中国众多院士、知名科学家、专家和学者都出自清华大学理学院，有人认为"1929到1938年这十年间的清华物理系，是中国高教史上一个不朽的传说。"培养出一大批优秀人才和科学家，当选为院士的总计55人，他们成为20世纪下半叶中国科学发展的中坚力量，成才率之高实为历史上所罕见。曾和叶企孙共事的清华大学元老陈岱孙道："在短短几年时间里，清华从一所颇有名气而无学术地位的学校，一变而为名实相符的大学。在这一突变的过程中，应该说，理学院是走在前列的，而物理系是这前列的排头兵。"[1]而叶企孙就是前列和排头兵的领导者。

之所以取得如此成就，与叶企孙对文明成长规律的感知直接相关。

他意识到文明的发展不是孤立的，发展中国科学事业非一己或少数人之

---

[1] 陈岱孙. 中国科技发展的真正开拓者，真诚的爱国者[M]//钱伟长，虞昊. 一代师表叶企孙（第二版）. 上海：上海科学技术出版社，2013：3-4.

力所能成。他时刻瞄着世界各门科学发展前沿，同时注意到中国的空白和薄弱学科，在中国发现合适的人才，鼓励并引导他们，派他们到相应学科世界前沿的大学和科研机构研修或工作，又吸引优秀教师到清华大学任教，从而让中国的科学工作尽快跟上世界发展的步伐，让中华文明与世界先进文明同步而行。

他意识到文明发展需要对人的天性加以尊重，对学生的教育方法得当而又严格，突出了因材施教、重质不重量的原则，重基础，重教学，注重科研，重视实验室建设，采取了符合人才成长规律的教育方法。

他意识到文明的发展需要尊重规律，叶企孙在清华教授治校体制的建立上发挥了中坚作用，并两度代理校长。叶企孙和他的同伴所要实现的目标就是教授治校，就是严格遵循议事规则，拒绝外行人进入学校管理层，使清华大学免落"党化教育"陷阱，把不懂科学、不闻学术、不谙教育的人扫地出门。这一制度铸就了清华大学的"黄金十年"，而且一直沿用到西南联合大学，创中国现代大学制度的范例。由于这一制度满足了文明进步的条件，这一制度的建立也就为文明在清华大学找到了生长点。

日本侵略者的入侵中断了他与众多人在清华大学的文明创造工作，在国家危难之际，叶企孙不顾个人危险挺身而出上马击贼，护卫文明生长的机会。少年叶企孙属于羸弱书生，但他并不缺乏勇气。他本志于以科学、理性的方式创造一个更好的社会，但在外敌入侵之际，他没有退缩，而是挺身而出，用自己的专业和人脉演出一场书生上马击贼的惊险剧，显示出叶企孙不仅是一位卓越的科学家、教育家，而且具有强烈的爱国精神和正义感，是个不言政治、内心却充满社会责任感的志士。

如果说那时的清华大学有文明生长机会的环境，接下来叶企孙所工作的中央研究院则由于受官场习气熏染属于不利于文明生长的环境，他在那里工作一段时间后便回到西南联合大学。战争中的西南联合大学虽然条件艰苦，但仍然是中国最适合文明生长的地方。

叶企孙这颗中西科学文化孕育的种子，在中国科学研究停滞数百年、文明发展落后的艰难环境中，挤出一点点空间生长，依靠自己的理性见识和雄心，造就科学致用人才，建立研究科学中心，跻身世界科学研究前沿，以求中国学术独立与文明生长，并取得显著成就。

四、与文明一起遭遇厄运

在相当长的时期里，中国社会一直存在文明与野蛮的对立与冲突，叶企孙是当时社会的相对文明个体遭到野蛮对待和冲击的典型。叶企孙的命运与清华大学的发展一起遭遇了挫折，而这仅是华夏文明遭遇厄运的微观个案。

早在 1925 年叶企孙到清华学校时，由于此前曾发生过多次驱赶和挽留校长的事件，校内新旧观念、官本位与学术专业之间冲突不断，人与人争斗、师与生勾结的事情常有发生。叶企孙试图以文明的方式改变这种状况，在理学院形成专心学术、实事求是、以诚相待、团结一致的和谐氛围，建立一种没有"内耗"、平等尊重的高尚人际关系。他要求学生尊重工人，不许称帮做演示实验的阎裕昌为"听差"；将吴有训教授的工资定得比当系主任的自己还要高以示礼贤；对非清华出身的数学系主任熊庆来不抱门户之见；对学术超群的华罗庚打破身份限制和常规，对其重用与培养，送他到英国剑桥大学深造，使他得以有机会直接接触世界数学前沿，追踪世界顶尖数学大师。华罗庚数十年后说："他对我的爱护是说不尽的，而他的千古奇冤我竟不能设法寻根究底，殊难为人。"[①]

叶企孙这种亲密合作、光明正大、心口如一、没有猜忌和倾轧、不参与谋求高位和权威的品行，让很多真心寻求良好的环境治学育人的人十分羡慕，促进了物理系和理学院的良性发展。他总是首先看到别人的优点，他与当时知名的翁文灏、朱家骅、陈寅恪、蔡元培、胡适等之间虽专业不同，甚至学术观点不同，却相互支持、合作，绝不搞文人相轻，相互攻其一点而不及其余。赵忠尧将这种关系总结为："大家在学术上自有争论，无门户之见，相互敬重，服从于真理；在工作上齐心协力，真诚团结，为共同的理想而奋斗、拼搏；在生活上彼此关心，欢乐与共，和睦相处；师生之间敬老爱幼，亲密

---

① 华罗庚. 道及叶企老，不觉泪盈眶[M]//钱伟长，虞昊. 一代师表叶企孙（第二版）. 上海：上海科学技术出版社，2013：48.

团结,犹如一个大家庭,学生离校几十年后还是保持这种亲密关系。"[①]20多年时间里,叶企孙的品行在清华大学校内发挥了积极作用,显示出文明在生长过程中所发挥的积极作用。

1948年,叶企孙经过反复的思想斗争,不顾个人利害,最终选择留在大陆,选择与清华大学在一起。与众多的学人一样,他们想保住清华大学这个中华大地上文明的生长点。事实上,他的言行以及后来主持清华大学校务,使清华大学在新旧更替之际保持了相对稳定,在头绪纷繁之时维持了基本教学秩序,为清华大学留下了一批优秀学人,不少当时持怀疑、犹豫、观望态度的人从他身上找到了定盘星,纷纷表示愿意留下。叶企孙又像初创清华大学理学院那样,向国内外杰出的人才广发电报、信函和聘书。他们中有的在养病或赋闲,有的在国外进修,有的在犹豫,杨武之、赵忠尧、华罗庚、余瑞璜、钱三强、何泽慧、王大珩、葛庭燧、胡宁、黄昆、朱光亚、李赋宁等就是这样从四面八方被召回清华大学的。

1948年年底,叶企孙请求清华大学军代表务请党组织复查澄清他的弟子熊大缜冤案,从文明的角度看是其人性的自然表露,也是对中国共产党的信任和期望。

通常文明本身是温柔的,而非强势的;野蛮却是残暴的,长有伶牙俐齿的,文明有可能会被野蛮张牙舞爪地吞噬。文明需要长期积累,野蛮却可以瞬间摧毁文明;文明的人不会对别人发起无端攻击,野蛮的人却可以瞬间要了文明人的命。从某种程度上说,叶企孙先生的命运暗合了这种冲突的特征。

1951年9月开展的对知识分子的"思想改造运动"拉大了野蛮与文明之间的"距离"。

叶企孙虽以清华大学校务委员会主席的身份担任京津高等学校教师学习委员会总会委员,10月19日任清华大学成立的教师学习委员会主席,却在这次学习运动中被当作在自我检讨中缓慢进步的典型代表,表现在他还在倡导"高校教学与科研要自由、民主",从而与"集体主义""阶级斗争""一边倒"

[①] 赵忠尧.企孙先生的典范应该永存[M]//钱伟长,虞昊.一代师表叶企孙(第二版).上海:上海科学技术出版社,2013:22-23.

学苏联的官方理念格格不入。他遇事都要"独立思考"一番,在学术上如此,在政治上也如此。例如对于朝鲜战争,他认为是"美国的一种战略考虑,是针对苏联极权主义阴谋的"。张席褆教授批评他"对政治太不热情,在旁观";张子高教授批评他"对新鲜事物感觉迟钝";陈岱孙、张奚若教授说他"每年毕业生都强调统一分配,而你还讲个人兴趣,以后不应再认为政府是政府,学校是学校,两不相干";刘仙洲教授建议他"向教育部自请处分";等等。对"思想改造运动"本身,他说自己"对狂风暴雨式的批评方式不太习惯,希望对批评者提提改进意见,有所进步就算是能过去了"。叶企孙不做"墙头草",也不是人云亦云地迎合时代潮流,而是在独立思考基础上发自内心地说真话。这次运动检验出大家的人格和灵魂,对叶企孙来说更是如此,他自己是清华大学教师学习委员会的领导之一,如果当时见风使舵,绝对能够"大有作为",但他对说假话、表面化、简单化的现象难以容忍,处处被动也就很自然了。

在教师中进行"思想改造运动"中,叶企孙被要求连续三次在清华大学员工大会上进行检讨。

1952年1月16日,清华大学校务委员会召开全校干部动员大会,领导带头,普遍"洗澡",全校175名教授中有144人参加"洗澡",批判自己的亲美、恐美、崇美等错误思想,划清政治界限。作为清华大学校务委员会主席的叶企孙在全校教职员和干部大会上第一次做思想检讨:"解放后在政治学习上时间花得少,因此水平不高,思想领导做得不够"等。得到的评价是"检讨空洞",晚上继续开会接受群众批评,"开火者"甚众,会后叶企孙说,"过去想到自己有缺点,但没想到自己的缺点如此严重",校党委建议他找些老朋友给自己提意见后再做检讨,他不得不请陈岱孙等帮他写检讨。

1月22日,叶企孙在全校师生员工大会上做第二次检讨,陈述自己"九点错误,四点思想根源及三点改正办法""脱离群众,脱离政治""不民主,搞本位主义,在院系调整时觉得清华应保持她的传统的综合大学形式"。得到的回应是比上次有进步,又带出众多批评,其中之一就是"以资产阶级观点办清华",是"继承梅贻琦的传统"。

1月24日,叶企孙做第三次检讨,低沉而痛心地说:"我看清楚了批评与自我批评是改正我的毛病的武器,今后一定要好好地改造自己……站稳人民立场……"大家都热烈鼓掌表示满意,绝大部分教职工表示今后政治思想改造"要向叶先生看齐"。三次思想改造大会,叶企孙已筋疲力尽,而"组织上"认为并没有真正过关,在《关于叶企孙的情况报告》中写道:"他现在已在清华失去了威信。故拟不再采取群众大会方式对之进行批评,打算找一些人帮他一下,如果没有什么变化,就拖着尾巴过关,以后再耐心地在长期中给以教育。"①原来用这种方式就是要让叶企孙在清华大学失去威信。

在全国掀起改造知识分子的"洗澡"过程中,有的学者学会了察言观色,落井下石。"疾风知劲草",叶企孙的独立观点和自由思想一直没有被改造掉。叶企孙的境遇和思想与当时的政治不合拍、行动上不得力有关,也与他身边的人的社会文明程度或者说道德品质不高,为眼前利益逢迎权势有关系。

1952 年 6 月开始的高等学校院系调整,又一次拉大了野蛮与文明之间的"距离"。

院系调整后,清华大学筹备委员会里没有叶企孙了,叶企孙成为被调整的对象。由于这次院系调整与叶企孙一向奉行的教授治校原则相悖,他无法认同。叶企孙说过去清华大学能办好"主要靠两点:一是经费充裕;二是聘请教师宁缺毋滥,学术上不行的绝不能聘为教师。所以他对当时清华院系调整,会导致师资力量分散,就十分担心。"而面对把"清华五马分尸,肢解掉了"的局面,叶企孙坦率地说"感情上很难过",却又不得不"识大体,顾大局,坚决实施"②。1952 年 10 月,全国高等院校院系调整后,叶企孙被调往北京大学物理系任教授,在此后的十多年里,叶企孙还出席各种会议,但在外表光鲜的内底失去了最珍贵的东西,失去了他建立起来并作为实现自己人生使命根基的清华大学物理系、理学院,平等、自由的学术大家庭,以及以此氛围为基础建立的个人美德与风尚,失去了推动人类文明前进的机会。

1966 年,68 岁的叶企孙与全国人民一起遇上了史无前例的"文化大革命",

---

① 虞昊,黄延复. 中国科技的基石——叶企孙和科学大师们(第二版)[M]. 上海:复旦大学出版社,2008:422-423.

② 樊恭烋. 怀念叶企孙先生[M]//钱伟长,虞昊. 一代师表叶企孙(第二版). 上海:上海科学技术出版社,2013:125-126.

再次遭受劫难。

1967年6月因熊大缜案，叶企孙被诬陷为特务，这位年近七十的老学者被揪斗、关押、抄家、停薪，多次被勒令就"熊大缜问题"写书面交代。作为重点对象监护，不允许叶企孙看报纸，1968年2—5月，叶企孙患上幻听症，1968年6月28日70岁的叶企孙被逮捕。

当时在著名物理学家中被如此粗暴对待的还有饶毓泰、束星北等。吴大猷说饶毓泰："一生严正从无政治活动如饶氏者，亦横遭侮辱，于10月16日（1968年）自缢于北大教授住宅。"而叶企孙在这种境况下无大乐也无大怒，"含笑而死"，平静处置。

叶企孙的个案需要放进人类文明发展的历史中看，叶企孙的思想中包含很强的科学理性，其中既有感觉经验、逻辑论证、实验检验，也包含人文理性的哲学。叶企孙所做的很多工作是将人类文明汇聚融合，并通过这种方式推动华夏文明前进，而他却遇到了阻挠。

对叶企孙先生的遭遇仅仅从个人际遇的视角看是不够深刻和完整的，当时有一批文明程度较高的人遭遇厄运，因此应看到深层的文化哲学因缘。首先，叶企孙融入的是包括华夏文明、欧美文明在内的多样性的文明；从历史时段看，是保存了中华传统文化的一些元素，又抛弃了其等级和专制特性，以民主和科学为主的现代文明。深入他个性中的是以实证为基础的理性精神，形成从物理学上升到哲学的文明轴心。在叶企孙身上，可以看到中华传统中道家大而化之的痕迹，他的学问不像纯粹儒家那样的帝王之学，仅仅从格物致知通向治国平天下；而是从格物致知出发走向真理、人性与文明。这种文化一直影响到后来的西南联合大学，是成就众多大师的精神文化土壤，是当时人类社会相对前卫的文明形态。

五、有责任为文明生长创造机会

纪念叶企孙先生最重要的是从中获得有益的启示，促进教育和社会更好地发展。应该看到，他的通才教育、民主治校、学术自由等学术思想和观点尚未惠及整个中国教育，人们对他的精神、品德、风范和志节依然学习得不够，当然需要广泛宣传，深入学习。

更为重要的是，中国的发展不应只是经济、文化、教育的发展，中国最需要的不是现代科技产品，而是能够创造出更先进的科技，让人过上更幸福生活的基础文明，需要每个人都应该具备一些基本文明素养，一点点清除掉自己身上野蛮人的个性特征。文明程度高的社会的基本表征是：暴力的成分较少、产权稳定并有明晰的边界、开放和协作程度高、从长计议且能遵守契约、严于法治保护每个人的基本权利、尊重个体的自由选择并普遍具有同情心。由此可见，只要当时的社会稍稍文明一点，叶企孙的遭遇可能就不会发生，中国社会更需要文明的发展，需要找到人类文明前进的方向，叶企孙的案例能够在这方面给予我们更多的启示。

现代文明的正常生长是需要一定条件的，其中关键的是：第一，平等。只有平等，才能让真正有创造才能的人脱颖而出，让文明沿着文明的规律与逻辑向进步方向自然生成，人为设置等级与控制就是为文明的发展设置障碍。第二，尊严。让人有尊严本身就是人类文明进步的标示和台阶，以任何名义摧毁任何一个人的尊严都是对人类文明基础的摧毁。第三，耻感。对个人或组织所经历过的过错完整真实地铭记，明确并承认过错，以警醒自己及后人绝不再犯同样的错误，掩盖、粉饰历史只能让后人更困惑，不断地重复过错，让文明倒退。第四，守约。文明需要众多人在一个相当长的时间里不断积累，无论是当代直接接触的人，还是对历史上任何一个不能直接接触的前人或后人，只有信守约定才有可能让文明积跬步以至千里，不断积累延续。第五，责任与权利平衡。任何社会主体的责任与权利都需要一致，任何主体掌控不受监督的过大权力都可能成为已有文明的损害者或文明进步的障碍。第六，民主。民主是让人的创造力发挥到极致的必要条件，也是文明发展到最佳状态的必要条件。第七，自由。尤其需要思想和行为的自由去进行创造，对思想的禁锢必然造成心智的退化和衰竭，必然使人走向愚昧、无知与冷酷，思想禁锢是野蛮的基石。

在一个文明社会，其成员需要具有深入内心的平等观念、边界明晰的权利意识、勇于担当的责任意识、渗透言行的法治观念、时刻觉醒的人文意志、理性思考的独立精神。遗憾的是，追求做"人上人"的等级观念追求精致利己者个人的自我实现恰恰是对社会和国家的最大伤害。叶企孙的厄运根源恰恰在于当时的中国缺少法治，一个没有法治的国家就会落后于当今的人类文明，就不可能真正实现现代化。

为了给文明发展创造更多机会，我们就要学习叶企孙先生"观以往之得失，谋将来之进步"，坚守为人类文明和社会进步服务的信念，不仅要练习文明的技术，还要学习文明的价值；不仅要借用文明的果实，还要学习种植培育文明之树；不仅要遵循文明的当下秩序，还要学习理解文明的成因，为文明的发展创造更多、更适合的条件。

第一，是让更多人明了人类文明前进的方向，完整审视人类历史，更多地了解世界文明；理解现代世界的形成，领会文明发展的趋势和走向，以更加开放的心态走出对历史的狭隘沉迷、闭目塞听、故步自封。

第二，让更多的人接受正常教育，维持基本的伦理，保持理智、理性，能正常独立思考，有正常的判断能力，发展并正常使用批评才能，明了自己的责任与权利，明晰个人权利与强权的边界，具备现代社会公民的基本素养；不让小孩变坏成为"暴民"，成为不思考的狂热之徒。

第三，引导更多人追求真理做真人，提高真伪辨别能力，提升每个人的科学素养。谎言不能构建文明，只能通向野蛮。不能用价值替代真理，走上追求真理之路，才能使自己的品德日益高尚，才能与自己周围的人一起通向文明。

第四，必须让更多人认清人类文明进程是曲折复杂的，叶企孙就是曲折中的受害者。在文明与野蛮的缠斗中辨别清楚是非和方向，吸取各个历史时期世界各地文明进程中的经验和教训，降低文明进步的成本，避免走一些不需要走的弯路甚至是歧路。文明并不一定意味着竞争力，但它一定会给人带来更多的幸福；追求竞争力的提高并不一定意味着文明进步了，也不意味着人的幸福增加了。

第五，学会和现代世界相处，与世界各国人民平等相待、相互尊重。在文明进步的过程中，会带来不同文明或文化价值冲突，平等交流和融合是主要发展方式。在当今中国需要自信、开放、包容，不要盲目相信"后物质主义无力应对物质主义、现代主义的竞争""集中统一的一元力量进攻性足以战胜温和的文化多元主义"，不要轻妄地走上用物质主义的文明观及其力量攻击后物质主义文明之路，那样将会阻断自己通向更先进文明的意识和路径。后物质主义淡化对物质财富追求，将关注的重心放在实现精神价值的追求和生活质量提高上，后物质文明对生态环境、种族或新移民、妇女权利和地位、性别角色与性道德、个人生活方式的自由选择、公众参与、世界和平等更加关注；与此同时，他们降低对权威的敬畏、对安全与秩序的关心，更重视人的生命的价值、和谐的人际关系和族际关系，对其他民族、宗教和生活方式更为宽容，淡漠了家庭观念、宗教观念、国家观念，不太在意民族、国家、种族、宗教、文明之间的界线。[①]用野蛮的方式确实很容易摧毁后物质主义文明，但这个过程本身不仅会引发人类文明倒退，也会使得摧毁者自身的文明倒退。

第六，也许是最为重要的，我们要通过学习叶企孙在野蛮面前保住了自己人性的完满。远离功利、浮躁、冷漠、自私、残忍，要设法挽救我们面临的人性危机，需要向叶企孙学习人道、友爱、自信、踏实、博学、和善、诚实、勇敢、彬彬有礼。

纪念、学习叶企孙的至上目标是为文明生长创造更多的机会，让所有的中国人活得更有尊严，创造力得到更充分的发挥。

作者简介

储朝晖，中国教育科学研究院研究员，中国地方教育史志研究会副会长，中国地方教育史志研究会学校史志分会理事长，中国陶行知研究会副秘书长。2010年被评选为"2010年影响中国时代进程100人"中的十大教育工作者，2012被网易网评选为"年度教育意见领袖"，2014年入选搜狐网"2014中国教育推动者"。主要研究方向为中国教育改革与发展、现代大学制度与大学精神、中国近现代教育家。主编国家出版基金项目"20世纪中国教育家画传"等26种，著有《20世纪中国教育家画传：叶企孙画传》等19种，发表论文160余篇、评论200余篇。

---

① 丛日云. 西方文明的困境——后物质主义如何应对全球化的挑战[J]. 探索与争鸣, 2018, (1): 37-40.

一流大学要为国家进步和人类文明发力

王义遒

各位来宾，各位同志：

大家上午好！

今天我们在这里召开叶企孙与一流大学建设学术会议暨叶企孙先生诞辰 120 周年纪念会，因为我们现在所说的一流大学指的都是世界一流大学，所以我要提出一个问题：要是叶企孙先生今天还在，他会怎么说？

要回答这个问题，必须对叶先生的人格、习性、作风有深入的理解。我跟叶先生虽然认识，但是关系不深，接触也就七八次。第一次是 1952 年，我在清华大学物理系读一年级，他当时是清华大学校务委员会主任，相当于校长。那时搞知识分子"思想改造运动"，物理系开教师思想检讨会，我们好多学生都去了。一些老师检查自己的亲美、崇美、恐美思想和文人相轻、骄傲自大的"资产阶级"行为，有的还痛哭流涕。我很诧异，怎么老师还有这样一些"肮脏"东西？会上我发现叶企孙先生没有来，他名义上是校务委员会主任，但也是物理系的教授，应该来参加啊！有人说也许他是公务繁忙，要高年级学生到他家里去看看，如在家，就请他来。过了一会儿，学生回来说，他在家里读宋词，不肯来参会。一些学生就很愤怒，批评他是"只读宋词，不理校政"，这话我记得很牢，却有点儿不同看法。我到清华大学将近半年了，从没有听到过这位"准校长"说过一句话，倒是听过党委书记何东昌的几次讲话，很有威力。我想这位校务委员会主任明明是没有实权的，怎么理"校政"？我想他读宋词实在是无奈！他拒绝参加这种思想改造会，也是一种表态。

后来听说要院系调整了，清华大学物理系几乎"一锅端"，合并到北京大学物理系。说实话，我们是老大不愿意的，但这是中国工业化建设的需要，我们只能服从。那时还听说调整后要按照苏联模式来办学，课程也要变。叶先生当时给三年级学生上"物性论"课程，以后就要取消了。"物性论"讲的是什么呢？"物性论"为什么要被取消呢？我怀着好奇心，去旁听过一节叶先生给三年级学生上的课，讲课内容已经记不清了，大概是"固体应力与应变"之类。

后来，我跟着他一起到了北京大学，北京大学没有给他安排行政职务，他就在物理系办磁学专业。他曾两次请戴道生和我两个小助教到莫斯科餐厅去"打牙祭"：一次是看到我们周日还在上班备课，特意奖励我们；另一次是我俩去苏联留学前夕，他为我们饯行，可见他是十分喜爱和关心青年人的。留学回来后，我到了无线电系，彼此就不太见面了，偶尔到他家看望一下聊聊天。最后一次是1966年冬或1967年年初，此时"文化大革命"的第一个高潮刚过，平静了些，我到他家去看看他是否安好，有没有人给他做饭吃。到了之后发现还可以，他还没有受到太大的冲击。在那种情况下，我们只能相对无言，希望运动能很快过去。后来，他倒霉了，我1969年就去了陕西汉中，当我1979年回来时，他已经走了。

后来我读了虞昊等写的几本书①，才对叶先生的为人和做事有了较多的认识，并在十年前写了一篇长文《提高高等教育质量——叶企孙经验的启示》以纪念先生110周年诞辰。

凭着这些认识，我想，叶先生对办好世界一流大学这个问题的答复一定是：不要讨论这个问题，我跟世界一流大学没有关系，我从来也没有想过"世界一流"的事。

我想这是最可能的。1925年，叶先生辞别了回国后工作一年的东南大学，

---

① 包括由钱伟长任主编、虞昊任副主编的《一代师表叶企孙》，虞昊、黄延复所著的《中国科技的基石——叶企孙和科学大师们》。

带着助教赵忠尧和施汝为到清华学校任物理科副教授,那时清华学校物理科只有一名教授——后来任校长的梅贻琦。次年成立物理系,他就任教授和系主任了。在这种情况下要叶先生想到世界一流大学,岂不是连做梦都不会的吗?但是,我想他当时一定会想到清华大学要办一个像模像样的好的物理系,好的理学院,好的大学,至于是否"一流",恐怕他不会在意,那时也没有什么"一流"的概念,而且这也不符合他从小就建立起的"宗旨忌远""议论忌高"的踏实低调的为人风格。①

但是,我们今天会议的题目没有出错,叶先生确实与建设世界一流大学密切有关。我甚至想,当下我们嚷嚷"世界一流",只有像叶先生那样来办,才能成功。叶先生办清华大学物理系、理学院,十年后清华大学就走在中国大学前列了,可以说已是中国一流了。当然,跟当时的世界一流还不能比。

我也想,要是让叶先生来评价一下当下我们许多学校争办"世界一流"的做法,拿市场化的所谓国际大学"排行榜"做标准来进行比较,他会摇头的。这也是他竭力要撇清自己与"一流大学"关系的一个原因。

什么是世界一流大学?我想它总与世界一流强国有点关系,甚至是"鸡生蛋"和"蛋生鸡"的关系。从根本上说,要是没有一流强国,就难以产生一流大学,因为一流大学需要有一流的经济力量和人力资源来支撑,拥有一流的政治、经济、国防与文化的强国也需要一流的人才来建设与治理,而一流人才就来自一流大学。从这个角度说,中国建设一流大学的使命就是将我国变成为富强民主文明和谐美丽的社会主义现代化强国,实现中华民族的伟大复兴,对世界文明做出重要贡献。对当下中国来说,最重要的是使近14亿人走上共同富裕的道路,特别是解决8亿多农民获得光辉前程的问题。这在人类历史上是空前的,是要进行大量探索和扎实工作的。这里急需大学人文社会经济学者的努力,以建立适当的体制,帮助人们树立正确的人生观、世界观和价值观;还需要科学技术工程人员创新创业,提供丰富的新知识和充裕的物质条件,满足人们不断增长的、永无止境的合理需求。这就要总结人类几千年来的文明成就,做出崭新的科技发明,培养出具有这种才能的人才,

---

① 储朝晖. 20世纪中国教育家画传:叶企孙画传[M]. 成都:四川教育出版社,2016:24.

创造出人文社会与科学技术工程文明的新成就。这都是一流大学应该做的事，是慢工出细活的工作，切不能操之过急。所以，大学既要保持"象牙塔"的形象，又要发挥"动力机"的作用。解决不了 8 亿多农民的幸福问题，谁也不能说中国是个强国！

然而，哪一个大学"排行榜"的指标体系里包含了解决中国的"三农"问题？有哪几所中国知名大学的学者在"接地气"地扎根乡村跟农民一起来解决"三农"问题？可是解决了这个问题，却至少可能获得一个诺贝尔经济学奖。

所以，我想，依据市场化的国际"排行榜"标准来办大学，谁也不能将中国的大学真正办到"世界一流"。

那么，我们看看叶先生当时是怎么办清华大学理学院的，我用四个案例来说明。

第一，是学科方向。不必为了在基础研究与先端技术上拔得头筹，向诺贝尔奖冲刺，纷纷在"热点"问题上发力。当然，在这些问题上有我们的声音和"话语权"是应该的，要是能"另辟蹊径"做出一些独特的建树更值得称道。不过为什么我们自己不能另提一些为世人所不知的新问题，弄些"新主流"呢？那时以叶企孙和吴有训为首的清华理学院，却强调基础之重要，"要学生想得透"，不热衷于去开出这类"教师讲得糊涂，学生学得糊涂"的课程，要"力矫高调及空虚之弊"和华而不实的浮躁作风，结果清华大学反而大踏步前进了。目前我们许多学校搞的所谓"世界一流"的东西，实际上都是在"跟风"，跟人家多年前提出的"主流风"。我想，这样下去我们大概永远也达不到"一流"，因为这样做违反了科学的基本原则：独立之精神，自由之思想！

第二，办一流大学当然要靠一流人才、名师。于是当下一些大学常不惜重金，以不合理天价的恶性竞争来网罗早已成名的学者，所谓"挖名角"（这种现象 20 世纪二三十年代也有，但没有当下激烈），其后果必然会严重败坏学术风气。叶企孙当然重视在国内外招募具有真才实学的名师，但他更垂青于当时默默无闻却有广阔发展前景的年轻人，像他这样的人就是伯乐，有知人善任的杰出本事。他力排众议，将在日本学术刊物上发表了一篇文章却只有初中文凭的华罗庚聘为数学教员。他一锤定音："清华出了华罗庚是好事情，不要为资格所限定。"他在西南联合大学从亲授的电磁学课程上发现了李政道,从而为他后来获得诺贝尔物理学奖铺平了道路。他还曾让物理系高考状元陈新民转学化学;让化学系学生王淦昌转系学物理;让文史成绩满分、物理成绩只有 18 分的钱伟长攻读物理。后来这些人都成为大家,这些事已被传为美谈。反观当下,大学里有几人能这样做?

我认为高薪"挖名角"风对中国学术环境的破坏是极其严重的。现在我们很缺像叶企孙这样能从"无名小卒"中物色出未来大师的伯乐,以及让那些"无名小卒"踏踏实实成才的环境。其实,要成就这类伯乐也不难,能否出卓越的科研成果,在青年时就能看出:是否有独到思想,是否能自学成才。所以叶先生办清华大学物理系,每届招生不超过 14 人,因为更多人他就照顾不过来了。

第三,重视技术。与当下一般人想象不同,1930 年叶企孙利用出国休假考察之机,并没有"挖"来多少"洋"教授,却从德国聘来了一位实验技艺精湛的技师海因策(Heintze)。叶先生非常重视实验技术人员,在物理系,他不让大家称实验员阎裕昌为"听差",而要称呼他"先生"。在他所在的清华大学物理系出现过"教授吹玻璃比赛"的轶事。一位德国精密机械学者曾当着中国人的面说:"就是将所有图纸都给你们,你们中国人还是不可能将它做出来的。"(对当前热点"芯片",美国人也说过类似的话。)确实,要做出尖端精密实验,仅有创新的原理设想还不行,天赋和长期积累的经验所造就的精湛技艺也不可或缺。当前我国各学科所产生的高质量实验论文(如在 *Science* 或 *Nature* 上发表的),所用的绝大多数高端精密仪器和核心技术,都还是依靠国外,其源也在于此。可是 30 多年前王大珩先生已经带着我们多次向国家建议要发展自己的精密仪器工业了,但收效极微。

是否重视技艺是一个社会是否进步的标志。在出过几位诺贝尔物理学奖获得者的美国天体物理联合实验室(Joint Institute for Laboratory Astrophysics,JILA,由美国国家标准技术研究院与科罗拉多大学共建),一位处理材料的化工技师工资最高;据说,英国国家物理实验室(National Physical Laboratory,NPL)工资最高的是一位玻璃工。

说起"制度",叶企孙们应该是幸运的,他可以使他办学的"应然"成为

"实然"。

我们应该有制度自信和文化自信。我想这种自信最重要的就是包容性，它能使我们的民族文化不断扬弃陈腐的，接纳先进的，吐故纳新、择善而从。这使我们的民族文化成为五千年来从未中断过的世界上独一无二的文化！

最后我要说，叶先生办学完全不是"为科学而科学"，他有厚重的家国情怀，科学救国和教育救国是他的职志。1929年，他在清华科学会上说："有人疑中国民族不适宜于研究科学。我觉得这些说法太没有根据……惟有希望大家共同努力去做科学研究，五十年后再下断语。诸君要知道，没有自然科学的民族，决不能在现代文明中立住！"[1]他将个人兴趣与国家需要密切结合在一起，并总以后者为先。抗日战争前，他根据学生的志趣与能力分别推荐他们去从事兵工弹道学、应用光学、无线电、原子能、航空工业、大气物理与气象及地震地质研究等，以应国家急需。抗日战争中在西南联合大学，他主持清华大学特种研究事业，并亲任委员会主任，举办了航空、无线电、金属学、农业和国情普查5个研究所。我们看到，前三者是抗日战争胜利的保障，后两者更是挽救中国的重要利器。叶先生的眼光是远大的，他抓到解决中国问题的"命脉"了。更不要说使他受尽苦难的支持冀中抗日根据地的事了。

以上四点，信手拈来，只是叶企孙为了振兴中华民族办好大学的许多举措中的"九牛一毛"，其中没有多少"高大上"的东西，看来是人人都能做到的简单的事，毫无一点"高调及空虚之弊"。这适与当下那种急功近利、浮躁虚夸的"说大话""说空话"的风气完全相反。但是它们却都是办好一所正常大学所必需，而且多数还只是针对培养本科生而言的。不过对于一所大学，要是做不到这点，还能算是世界一流吗？反过来，这些都做到了，离世界一流大学自然也就不远了！

---

[1] 叶铭汉，戴念祖，李艳平. 叶企孙文存（增订本）[M]. 北京：科学出版社，2018：173-174.

作者简介

王义遒,北京大学教授、博士生导师。1954年毕业于北京大学物理系,1961年毕业于苏联列宁格勒大学物理系,获副博士学位(相当于现在的博士学位),曾任北京大学教务长、副校长和常务副校长,以及教育部科学技术委员会副主任等职。获"全国教育系统先进工作者"称号。主要研究领域为核磁共振、量子频率标准和激光冷却原子,曾研制成我国第一代原子钟。著有:《量子频标原理》《原子的激光冷却与陷俘》《原子钟与时间频率系统》;译著有:《原子与辐射的电磁相互作用》《原子——一种量子构件》《原子物理学进展通论》等。在高等教育管理方面著有:《谈学论教集》、《文化素质与科学精神——谈学论教续集》、《文理基础学科的人才培养》、《大学科学教育改革与发展》、《中国高等教育:多样化与教育教学质量》(上下册)、《探索新型综合大学——王义遒教育文选》。著有随笔集《湖边琐语》等。

一流大学以一流学科为基,一流大师为本:纪念叶企孙教授诞辰 120 周年

胡显章

一代宗师叶企孙先生把自己最好的年华奉献给清华大学的教育事业,建树卓著。他离开我们已逾 40 年,人们仍然深深地缅怀他,在他诞辰 120 周年的日子里,清华大学开展了系列活动纪念他,学习他的教育思想和高尚人品。十分感谢中华教育改进社、东南大学、中国科学技术史学会、中国地球物理学会和叶氏古文化研究会在北京大学联合举办这次研讨和纪念活动。

清华大学老校长梅贻琦说过"大学乃大师之谓也",北京大学老校长许智宏说:"大学乃大师之学,无大师则无大学,一流大学和一流学科运行的主体是高素质的师资、一流的人才。"这些指明了一个基本规律,就是一流人才是一流大学最重要的标识,而一流人才基于一流学科,一流学科基于一流大师,一流大师是一流大学和一流学科之本。叶企孙被颂为"大师的大师",他对于清华大学乃至中国高等教育的最重要的贡献在于领导建构了中国一流现代物理学的学科基础和一流的师资队伍,孕育了一大批杰出人才。他的理念、实践以及品行,对于当今建设一流大学、一流学科和培养一流人才依然具有重要的学习借鉴意义。

叶企孙为何能够成为"大师的大师"?

首先基于他强烈的家国情怀,他关注国家命运,并把自己的命运与之紧

紧相系。如他的学弟和至交、长期任清华大学法学院院长兼经济系系主任的陈岱孙所称，叶企孙是一位"真诚的爱国者"。叶企孙自幼接受国学熏陶，受到西学东渐的影响，1913年考进清华学校，他在1915年1月9日的日记中写道："学生当注意科学之理解，以探天地之奥窍，以谋人群之幸福。庶几国家日进于富强，而种族得免于淘汰矣。"①可见，叶企孙早有科学为民强国之夙愿。在1915年1月14日的日记中，他还写道："留学生之费，美国退返之赔款也……祖国以巨万金钱供给留学生，当如何艰难困苦。谋祖国之福，而乃敷衍从事，不亦悲乎。"②于是，他给自己提出怎样选择学科方向的问题："己之体会，最合宜于何种科学？己之志意，最倾向于何科学？己之能力，最优长于何科学？"③在认定"以科学为根本"，以"科学救国"为己任的大前提下，1918年，叶企孙赴美入芝加哥大学三年级学习，1920年获物理学学士学位后，选定了近代物理学的重要基础方向（即实验物理），在哈佛大学攻读实验物理学博士，并以当时的前沿课题"用X射线重新测定普朗克常数h"为首选实验题目，于1921年发表了论文《用X射线重新测定辐射常数h》，美国学者称之为"一个伟大的进步"，被国际物理学界沿用十余年。当时叶企孙是中国少有的国际公认的学者。继而，他在哈佛大学完成了博士论文《流态静压力对铁、钴和镍的磁导率的影响》，被他的导师、诺贝尔物理学奖得主布里奇曼写入《高压物理学》中，一直沿用至20世纪50年代。

正因为他有科学救国的情怀，又有科学家、教育家的视野，因而他并不满足于一己之成就，而是把精力投放于建立高等教育体系和科学研究体系，致力于科学和教育团队的建设与学科的发展，以加快改变国家科学技术落后的面貌，进而推动国家产业发展乃至国防的进步。1924年3月归国后，叶企孙先在当时国内学术重镇东南大学任教，1925年8月回到母校清华学校受聘为大学部物理学副教授，次年升教授，创建物理系并任系主任。1929年清华大学理学院成立，他任首任院长兼物理系主任，为清华大学物理学和理科的建设乃至学校整体发展发挥了开拓性的奠基作用，叶师也由一位科学家演进为教育家。

---

① 叶铭汉，戴念祖，李艳平. 叶企孙文存（增订本）[M]. 北京：科学出版社，2018：291.
②③ 叶铭汉，戴念祖，李艳平. 叶企孙文存（增订本）[M]. 北京：科学出版社，2018：292.

正因为他有科教救国的情怀，又有科学家、教育家的视野，他才能够有广阔的胸襟和无私的境界，成为知人善任的伯乐。唐代文学家韩愈说："世有伯乐，然后有千里马。千里马常有，而伯乐不常有。"叶师不仅有伯乐之慧眼，能够发现人才，而且有舍己举贤的襟怀。在他就任清华大学物理系主任后，就说要给大家请来最好的教授。1928年，他请来了吴有训，给吴有训定的工资比自己的还要高。1934年和1937年，他先后把清华大学物理系系主任和理学院院长的位置让给吴有训，在院系形成了精诚团结、亲密合作的氛围。"近者悦，远者来"，清华大学理学院得以在不长时间里吸引凝聚了一支高水平的师资队伍，成为一流的学科平台。清华大学物理系20世纪30年代的毕业生杨龙生著文说，"30年代清华大学物理系是一个团结的典范""物理系在国内逐渐受到重视，主要原因就在于有7位学术水平很高的物理教授，就是系创始人叶企孙、吴有训、萨本栋、周培源、任之恭、赵忠尧和霍秉权。他们团结一致，一心为国家搞科学，相互尊重，正大光明，心口如一，从来不你我猜忌、互相倾轧。团结促成了物理系欣欣向荣。"有了这批团结一心的名师，德艺双馨的高徒就不断得以从清华大学理学院涌现。1955年中国科学院学部成立时，数理化学部半数以上的院士均来自清华大学理学院。叶师的仁爱忠恕之心还体现他对工人和实验员的尊重，如对实验员阎裕昌，叶师不许学生叫他"听差"，而要称其为"阎先生"，叶师还用自己的工资资助生活困难的职工。物理系在叶师这位大家长的身体力行下，成为和谐的大家庭，不仅能够齐心合力上一流，而且给予学生潜移默化的影响。由此可以体会，大师之"大"，首先在其眼光之远大、胸怀之博大，故而能够有影响之广大。

在高校有着两种截然不同的人才境遇：或"大树底下好乘凉"，或"大树底下不长草"。前者指一些名师注重营建良好的团队氛围，并适时把中青年学者扶上马送一程；后者指某些所谓"名师"只是一味地把优质资源划拉于自己名下，并长时间占据国内外学术高地，中青年后继力量无法茁壮成长。叶企孙就是一棵高蓬的能够给人乘凉聚气指向给力的大树。他所居住的清华北院7号，经常聚集着年轻的师生，大家在这里交流信息，聆听叶师的教诲和指导，甚至还能解青年教师一时住房之困，如钱三强、彭桓武、钱学森、熊大缜都在这里借住过。"北院7号饭团"成为声名远扬的一道特殊风景。叶师专门有一个本子，记录着相关信息，以便对每个人有深入的了解，指导他们学习成长。"两弹一星"元勋、清华大学物理系首届毕业生王淦昌回忆说，自己一年级学的是化学，是叶师为其选择核物理铺了路。是叶师的为人品格，他对学生的厚爱，他的教学，像磁石般将其吸引到物理事业中去。也是在叶师的循循善诱下对实验物理产生了兴趣，对他毕生道路产生了决定性影响。王淦昌后来在接受主持国家核物理实验任务时，回想起1926年同班同学韦杰三被害，当晚大家到北院7号向叶师讲述血案的情景，叶师对同学们说，如果我们的国家有大唐那样强盛，谁敢欺负我们？科学，科学，只有科学才能拯救我们的民族！叶师说罢泪如雨下。王淦昌说："叶师的爱国激情，他对科学救国这种远见卓识，他对青年学生所寄托的深情厚望，深深地感染了我。爱国与科学紧密相关，从此成为我生命中最重要的东西，决定了我毕生的道路。"想到这些，当领导问他愿不愿意参加核试验工作时，王淦昌从心里蹦出："我愿以身许国！"科学救国的理念和博大的胸怀不仅指导了叶师的人生实践，激励他"在一片科学荒地上辛勤开垦，培养科学土壤，撒播种子"，而且影响培植了一代科技巨擘。叶师胸襟之博大，还体现在他不仅关注清华学子的成长，还关注其他院校学子的成长。1933年在他主持下，将作为清华大学特殊事业的庚款留学向全国开放，择优录取，于是就有了上海交通大学铁道工程专业的毕业生钱学森获得1934年清华大学公费留美的机会，叶师让钱学森住在自己家中，与他促膝长谈，为钱学森选择了国家急需的航空方向，并为其安排了航空方面的导师和在清华大学、杭州笕桥机场为期一年的预习，后来一直保持对钱学森的联系和指导，为成就一位贡献卓著的科学大师奠定了重要的基础。1933—1946年，录取的234名公费留学生几乎都成为中华人民共和国高科技的重要奠基人，由此叶企孙被赞誉为"中国现代科技大厦的设计师"。这位设计师的功劳还体现在为应对日本的侵略筹建清华特种研究所所取得的成就上，包括无线电研究所、航空研究所、金属研究所、农业研究所和国情普查研究所，这些都是为全民抗日战争所急需，并"为国储才"。

依据美国高等教育哲学理论的奠基人约翰·S.布鲁贝克在《高等教育哲学》中提到的："存在两种主要的高等教育哲学，一种哲学主要以认识论为基础，另一种哲学则以政治论为基础。"从政治论哲学基础看，教育受到国家与社会的支持，应该为国家利益与社会进步服务。叶企孙显然很好地把握了教育政治论的哲学基础。同时，作为一位科学家、教育家，叶企孙又是科学地把握了教育认识论的哲学基础。

叶企孙不仅从近代物理的发展规律认识到实验物理的重要性，将其选为自身攻读的方向，而且在获得博士学位后，即赴欧重点考察了诺贝尔奖获得者辈出的剑桥大学卡文迪许实验室。麦克斯韦就任首任实验物理教授的演讲，为其确立了学风和传统，包括重视教学与科研、理论与实际的结合，强调做学问要依据准确的实验数据，重视科学方法论的教育，重视师生实验动手能力的培养（包括亲自制作实验设备的能力），重视锐利观察的能力和批判思维的训练等。这些都给叶企孙留下了十分深刻的印象。叶师到清华大学筹建物理系时，首先筹建金工间和木工间，聘请技术工人准备实验教学，并创造师生动手制作实验设备的条件，实现理论与实际、动脑与动手的结合。1930年，他还专门从德国请来了实验技师韩蒭烈，可见其对实验的重视。有一次他在讲电磁学时，发现李政道只是埋头看书，就问道："你能看懂这本教材吗？"李政道没有否定，叶师就说："你能看懂这本书，我批准你免课，但是，实验你必须做。"后来，这门课考试，李政道只得了85分，叶师对他说：你的实验不行，就得不了满分。叶师的教导使李政道牢记终生，他认识到，对于物理学家，实验能力不行，就像断了一只翅膀的鹰，难以高飞，于是李政道十分认真地对待实验。后来李政道说，他之所以能够获得诺贝尔物理学奖，是"从实验开始，引出理论，进行解释和猜想，又进行实验"的过程。李政道十分感激叶师，不仅是叶师培养了他重视实验的意识和实验能力，而且在1946年推荐优秀研究生赴美攻读博士学位时，叶师慧眼识珠，看清李政道的志向和潜力，破格推荐了这个只有19岁的大二学生，11年后李政道和杨振宁同获诺贝尔物理奖。李政道曾经满怀深情地说："叶企孙老师是我的老师，也是我老师的老师。我非常敬仰他，永远怀念他。"

叶企孙先生在办学中努力遵循教育规律，重质不重量。这一办学方针体现在他的《物理系概况》中："在教课方面，本系只授学生以基本知识，使能于毕业后，或从事于研究，或从事于应用，或从事于中等教育，各得门径，以求上进。科目之分配，则理论与实验并重，重质而不重量。每班专修物理学者，其人数务求限制之，使不超过约十四人，其用意在不使青年徒废光阴于彼所不能学者。此重质不重量之方针，数年来颇著成效。"①小班上课，利于因材施教。叶师心里装着每个学生，非常注意观察学生，轮流和学生交谈，及时给予指导，把国家的需求和学生的个性妥当地结合起来，最大限度地调动学生的潜能，如王淦昌之于实验物理，王大珩、龚祖同之于光学，赵九章之于地球物理与气象学等。叶师的"重质而不重量"不仅体现为在教学上坚持高标准，自己的讲课内容是常新的、涉及前沿的；同时坚持"既教学又科研"的方针，支持师生在学术前沿和为社会急需开展研究。比如请施士元从导师居里夫人那里购到镭，使得物理系能够在世界前沿开展核物理研究，为国家培养和储备了核物理的领军者。同时，叶师在处理教学与科研的关系时又始终保持清晰的头脑。他认为："高等教育究系国家根本要事，倘大多数良好学者只做研究而不授课，全国之高等教育势必受影响甚大，而研究事业最后亦必受影响。"②所以，他身体力行并鼓励高水平教授上讲台。现在，清华大学强调"以人才培养为根本，要将一切优势转化为育人优势"的办学理念和"顶天-立地-树人"的科研理念，是对叶企孙的老传统的继承和发展。但是，"重科研轻教学"的偏向依然存在；在开展小班教学、因材施教方面，还受到主客观的限制，这往往制约了一流人才的成长。

同时，大学是功能独特的文化机构，我们还应看到大学文化论哲学基础的作用，特别是应该看到叶企孙在推进大学的精神文化和制度文化建设中的作用。一是，注重会通的范式。"会通"是中国学人长期遵循的观察事理研究学问的方法。明末科学家徐光启有"欲求超胜，必先会通"之说。何兆武先生论清华学人的特色时说："他们都具有会通古今、会通中西和会通文理的倾向。"叶师在研究学问、进行教学过程中就体现了会通的理念，包括注意科学与人文的融合，引导师生把做事与做人统一起来；注意弘扬中国书院式的师生关系，又吸纳西方先进的研究方法和教学方法，实施教学与研究并举，理论与实际结合，重视实证教学和动手能力的培养；在推进理科发展时注意理工会通；等等。二是，重视现代大学制度建设。清华大学先后有了校务会、

---

① 叶铭汉，戴念祖，李艳平. 叶企孙文存（增订本）[M]. 北京：科学出版社，2018：177.
② 叶铭汉，戴念祖，李艳平. 叶企孙文存（增订本）[M]. 北京：科学出版社，2018：229.

教授会、评议会制度，叶企孙在相当长的时间里，是上述三会成员，这客观上为叶企孙在学校重大决策中发挥作用提供了制度保障。同时，他与一批同样抱有科学救国和教育救国理念的年轻的"海归"经常交换意见，商议校务，形成了清华大学"教授治校"群体，这使得叶企孙的办学理念和人格力量能够影响清华大学办学全局，得以发挥大师的大师作用。

中华民族的伟大复兴要求加快建设世界一流大学的进程，时代呼唤更多的像叶企孙那样具有家国情怀和世界眼光、高瞻远瞩、懂得教育规律、无私奉献的教育家。今天对叶师的最好纪念就是认真学习并弘扬他的办学理念、教育思想和高尚人格，实现叶师未竟的科教兴国事业，并进而推进社会文明进步。

作者简介

胡显章，清华大学教授。1963年毕业留校，曾任清华大学党委副书记、校务委员会副主任，主持清华大学文科恢复建设工作，曾兼任清华大学软科学研究中心主任、人文社会科学学院院长、新闻与传播学院常务副院长等。主要社会兼职先后有：全国教育科学规划领导小组成员、高等教育学科评议组组长、教育部高校文化素质教育指导委员会副主任/顾问、中国高等教育学会素质教育研究会和大学文化研究会顾问等。主要研究方向为高等教育和大学文化研究。编著相关著作16部，发表论文170余篇，主持或参加多项国家及部委课题。获国家级教学成果一等奖、二等奖各一项，北京市教学成果一等奖一项。2012年获素质教育学会开拓贡献奖，2013年被中国高等教育学会评为"从事高教工作逾30年、高教研究有重要贡献学者"。

叶企孙是对中国物理学发展贡献最大的大师之一

赵柏林

我先报一下自己的名字，我叫赵柏林，是北京大学物理学院大气与海洋科学系的教授，也是中国科学院地球科学部的院士，非常高兴大家纪念叶先生诞辰 120 周年，我有幸作为他的一个学生，他对我的教诲使我一生受益。

我主要研究大气科学或者气象学，也做大气遥感方面的研究，但我不是物理学家。我与叶先生接触时间是比较长的，所以我很愿意回顾一下叶先生的功绩。叶先生是我见到物理学界最开放的、最光明的、最前沿的大师，所以我非常尊敬他。

我是 1948 年考进清华大学的，是进的气象系，为什么进气象系呢？是因为就业，那时很多人大学毕业就失业，找不到工作，而当时学气象就业比学物理要好得多，所以我就读了气象专业。但是我受叶先生教导还是很多的，当时清华大学的校长是梅贻琦，我只在迎新会上见过他一面，后来他到南京去了，之后又到美国去了，最后落脚到中国台湾。他走了之后，叶先生是清华大学理学院的院长，是清华大学校务委员会主任，所以他就代理校长职务，在 1948 年、1949 年、1950 年、1951 年、1952 年，他作为清华大学的负责人，能把清华大学稳定住，而且将其变成一个安定的、清正的、有着非常平稳的教学和科研环境的大学，他的功劳是非常大的。这也奠定了后来清华大学和北京大学院系调整后的发展，起了一个基石作用。这是第一点我要说的，这方面叶先生做了很大贡献。

第二点，叶先生是一个非常开放的、前沿的科学家，大概是 2009 年，在巴西开过一个纯物理与应用物理大会，会上提到物理学要向能源、环境方面发展。而叶先生的思想非常超前，还是在 20 世纪三四十年代，他对于环境科学就非常重视了。当时气象学、海洋学、环境学都在地理学科作为一个描述性的科学，但是叶先生从德国回来之后就发现，现在气象学已经走向物理学，走向定量化、数字化这个前沿，做气象预报已经不是过去那种样子了。所以，当时他把自己的学生赵九章送到德国去，在德国做气象、海洋工作的研究，回来在中国长期主持这方面的研究，担任中央研究院气象研究所所长，后来任中国科学院大气物理研究所所长，他一直致力于推动全国的气象现代化发展，起了非常大的作用。还有一个人叫李宪之，他是北京大学、清华大学的教授，他到德国去学气象，也是受到叶先生的帮助。所以，中国气象现代化的发展能够有今天这样世界上先进的气象事业，与赵九章、李宪之两位大师是密不可分的。所以，中国在 960 万平方公里的国土面积上有一个比较现代化的气象，这就对中国是一个很大的贡献，同时对世界也是一个很大的贡献，因为气象要全球环境一起来统筹考虑，这是第二点。

第三点，就是跟我们的关系。1952 年时学习苏联，当时就用苏联的教材，其中一个教材是《气象学教程》，中国把它翻译过来了。在过去，美国的气象学就是天气预报，但是苏联的气象学教材里有一部分现在叫大气物理学，包括大气、声、光、电，还有高层大气、臭氧层、电离层等有大概 1/3 的样子，当时的气象老师没有接触到，所以他们不会讲，因此就没有办法了。当时我的导师也是气象专业的物理系副主任，主管气象专业的导师叫谢义柄，谢先生就带着我一起到叶先生家里去，跟叶先生说我们现在学习苏联遇到非常大的困难，大气物理这部分我们不会讲，我们不懂，你能不能帮助我们讲这门课，叶先生看了《气象学教程》之后说"好，可以"。

从 1952 年起，叶先生就开始在北京大学讲大气物理这门课了，这在中国算是开创。后来，大气物理变成大气科学的一部分，一部分是气象学、天气预报，还有一部分就叫大气物理。我跟着叶先生做了助教，一年之后，我就开始教这门课,叶先生当时等于开拓了大气物理这门课,当时清华大学和北京大学的气象课程在全国其他学校气象课程里算是领先的,多少年来"大气科学"一直都排在第一,当然也有几年是不行的,但是到 2017 年"大气科学"还是全国排第一,所以这跟叶先生开创大气物理课程是很有关系的。

叶先生开创了这个领域,领导我进入这个领域,使得这个领域渐渐发展,还有光明的前景。这是第三点。

第四点,叶先生是非常先进的,而且眼界是非常开阔的。比如,当时赵九章、王竹溪他们一班还有一个同学叫傅承义,被送到美国学地球物理,傅承义回国后成长为中国地球物理的开创者。真是像物理大会所说的,在物理学界他有这个成就了,应当向环境、能源方面推动发展,他确实做到了这点。而且他对很多问题非常敏感,比如我在 1959 年从苏联回来后,经常到他家做客。他跟我说,你看苏联第一个放人造卫星,而且放一个非常大的气象卫星叫"联盟 243 号",上面有好多微波仪器、红外仪器,非常大。后来美国发射小卫星,他说苏联这个不是方向,当时正是学习苏联的时候,他提到这个,这是很大胆的一个想法。为什么不是方向呢?美国的小卫星是有前景的,大卫星就好像什么都能做,什么都做不精。果然后来美国发展很快,现在海洋卫星都比苏联的先进,现在中国卫星也比俄罗斯的先进。

在北京大学,叶先生搞磁学,磁学当时比电学差远了,电气化是现代化的一个标志。最后他在磁学里发展了材料科学,我估计这部分肯定有人会讲,我就不再多说,因为我也不懂。所以他是非常敏感的,而且走在科学的前沿。

最后一点,我想说,我对他是非常崇拜的,我经常到他家里去,他把我当成亲人一样。有时我到他家去,他会说,你来了,我正好有一个橘子,我们俩一人一半。有时我到他家去,他说现在要吃饭了,咱们到莫斯科餐厅去吃饭吧!我就骑着车到莫斯科餐厅,他就叫个车到莫斯科餐厅,那时候餐费还是很高的,都是他掏钱。所以他对人很亲近,很亲热,不像有的大师或者长辈那么严肃。但是他在"文化大革命"中受到不白之冤,到 1977 年故去了,非常可惜。他是对中国物理学发展贡献最大的大师之一,我非常钦佩他。

作者简介

赵柏林，中国科学院院士，大气科学和遥感学家，北京大学物理学院大气科学系教授，曾任叶企孙先生助教。研制多频微波辐射计系列，建成大气遥感站，用以监测天气变化研制雷达与微波辐射计测雨系统；研究遥感水面油污和土壤湿度，用于环境遥感；建立光学遥感气溶胶和二氧化氮的新方法，利用卫星遥感得出东亚大气尘暴的分布和总量，建成低空大气遥感系统在海洋进行观测。2006年获教育部科学技术进步奖一等奖。主要代表作有：《微波遥感大气特性及天气变化》《大气探测原理》等。

建设一流大学需要创新

叶铭汉

尊敬的会议主席，尊敬的来宾：

我是叶企孙先生的侄子叶铭汉，十分荣幸参加这次学术会议，跟大家一起探讨一流大学的建设问题，同时纪念叶企孙先生。

很遗憾，我在5月下旬不小心摔了一跤，左腿股骨颈开裂，到今天还在康复中，不能到会参加会议，只能采用录像的办法与大家见面。

关于建设一流大学问题，首先大家要问怎样评估一个系或者一所学校。我想引用李政道和杨振宁的老师吴大猷先生的话，他说："我们应该用怎样的标准来估计一个机构或是一些人对中国物理的发展的贡献呢？主要是根据他们在若干年之内是否建立了传统，包括人、设备与稳定的气氛三方面；他们在几年后又能吸引多少学生或是激励、唤起多少个学生继续做物理研究工作。"清华大学物理系培养出了一批大师，如钱三强、王淦昌、王大衍、彭桓武等，接着在西南联合大学培养出了邓稼先、朱光亚、杨振宁、李政道等，可以说，清华大学物理系是符合上面所列的条件的，可以说是一流的。

清华大学物理系是怎样建成一流的？下面，我们来谈一谈叶企孙先生是怎样创建清华大学物理系的，以及他的理念是什么。叶先生强调："大学校的灵魂在研究学术，教学生不过是一部分的事。物理系的目的就重在研究方面。"物理系的教学事业，"在：（一）培植物理学之研究者；（二）训练中学大学之物理学教师；（三）供给其他各系学生所需之物理学知识。"

叶先生认为要建设一个高水平的物理系，必须有一批高水平的教授，"必拣选研究上已有成就，并且能够继续研究的人。"为此，他千方百计延聘良师，毫无门户之见。1925—1927 年，清华大学物理系只有他和梅贻琦两位教授，实际上梅先生忙于全校的教务，物理系的课程全部由叶先生一人负责。他多方努力，但一直未能聘到他选中的对象。1928 年，他亲自到南京，当面聘请在东南大学任职的吴有训先生，成功地将吴先生请到清华大学。他把吴先生的工资定得比自己的还高。1928—1937 年，他先后聘请到萨本栋、赵忠尧、周培源、任之恭、霍秉权、孟昭英等到清华大学任教，他们都一边教书，一边做研究工作或著书立说。大家在叶企孙的领导下团结奋斗，清华大学物理系的教学和科研成绩很快在国内名列前茅。

叶企孙努力创造师生从事研究的条件，特别是实验研究的条件，比如为吴有训购置了 X 光机，为赵忠尧购置了镭放射源。他不仅从国外进口仪器设备，还想方设法创造自制仪器的条件。

叶企孙减少萨本栋的授课时间，以便萨先生有更多时间编写《普通物理学》，这本书后来成为我国大学普遍采用的物理学教科书。

叶企孙对于物理学所授课程，主张："本系自最浅至最深之课程，均注重于解决问题及实验工作，力矫现时高调及虚空之弊。""科目之分配，则理论与实验并重，重质而不重量。"当时清华大学物理系本科生不学四大力学，四大力学是研究生院课程。他十分重视学生动手能力的训练，要求物理系学生选修木工、金工和机械制图等课程，自己动手制造实验设备，并做毕业论文。物理系所在的科学馆一层有金工车间、木工车间，学生可以使用车床等制造自己所需的实验仪器。当时清华大学青年师生动手制作仪器蔚然成风。

叶企孙一再强调："我们的课程方针及训练方针，是要学生想得透；是要学生对于工具方面预备得根底很好；是要学生逐渐地同我们一同想，一同做；是要学生个个有自动研究的能力；个个在物理学里边有一种专门的范围；在他们专业范围内，他应该比先生还懂得多，想得透。倘若不如此，科学如何进步？总而言之，我们希望五年后或十年后，这个实验室能不愧为世界上研究实验室之一。"

叶企孙十分关心学生，时常与学生交谈，他经常邀请学生到他家中吃茶点，借此了解每一个学生的思想和学习情况。他很注意发挥学生的特长：王淦昌原来是化学系学生，他有一次在物理课上回答叶先生的提问时，物理概念很清楚，得到叶先生赞赏，从此以后叶先生时常与他交谈，后来动员他转入了物理系。王淦昌后来成为物理学大师、"两弹一星"元勋。

叶先生的这些做法，与梅贻琦先生的办学理念完全一致，看来很简单，人人可以做到，在当时清华大学的环境下，叶先生长期得到支持，因而取得了理想的成果。现在大学校长任期往往只有10年，似乎短了一些，可能很难像梅贻琦、竺可桢、张伯苓等那样有时间实现他们的理想。

总而言之，建设一流大学没有一个现成的样板可以照抄，需要大家不断地创新，在实践中摸索。

作者简介

叶铭汉，实验高能物理学家，粒子探测技术专家，中国工程院院士，中国科学院高能物理研究所研究员。现任中国高等科学技术中心学术主任。曾任中国科学院高能物理研究所所长、中国高能物理学会理事长、核电子学与核探测技术学会理事长。长期致力于创建我国核物理和高能物理实验基地，发展其关键的实验技术，以开展核物理和高能物理实验研究。我国北京正负电子对撞机工程主要主持人之一，主持研制高能物理大型实验装置——北京谱仪，为我国核物理和高能物理实验基地的建设做出了重要贡献，"北京正负电子对撞机和北京谱仪"获国家科学技术进步奖特等奖。

纪念叶企孙先生

叶铭汉

叶企孙（1898—1977）先生，我国杰出的物理学家、教育家和近代物理学最主要的奠基人之一。他创建了清华大学物理系、理学院和北京大学磁学专门组，并与竺可桢先生一起创办自然科学史研究所，培养出一大批著名科学家，为我国高等教育事业和科学事业的发展做出卓越贡献。

叶企孙先生是我的叔父，1898年7月16日出生于上海县（今上海市黄浦区蓬莱路）一个小康家庭。我的祖父叶景沄先生，清朝举人，国学造诣很深，对西洋现代科学及其应用亦有涉猎，终生从事教育事业，是教育革新派，在家设书塾收学生，长达24年。1903年教育改新制，即关闭书塾。1902年，上海县历史最悠久的书院敬业书院改制为新式学校，定名为敬业学堂[①]，叶景沄任敬业学堂董事。他曾奉派赴日本考察教育，回国后，致力于创建新制学校。1905年，敬业学堂采用校长制，叶景沄担任首任校长。1913—1924年，他受聘为清华学堂国文教师，受教的学生很多，其中有梁思成、孙立人、闻一多等。

叔父六岁丧母，祖父没有续弦，亲自带孩子。叔父在上小学时，祖父常在晚上带他看天上的星星，教他认识星座。

1909年，美国退还我国庚子赔款，指定用于我国的教育和医学事业。为

[①] 后来改制为敬业中学。

了更有效地派遣赴美留学生,清政府建立清华学堂作为留美预备学校,学生由各省保送,录取的人数按当初该省负担的庚子赔款的比例分配。1912年,清华学堂改名为清华学校,为8年制,相当于中学6年和大学2年。采用美国教育制度和一些英文教科书,聘请美籍教师,当时的设想是:在国内学好英语,并学习大学一年级、二年级的通识教育和科学基础课程,同时让学生可以对于自己的专业方向有一定的选择。清华学校很注重学生的体育课,周一至周五下午4时到晚餐时间,是强迫体育活动时间,学生人人必须在室外活动,校长每天到宿舍和教室清查。体育不及格者就不能毕业,不能出国留学,及格的标准之一是必须会游泳。学生毕业后,可以到美国免试插班进大学三年级,当时美国的大学承认清华学校的学分。至于上什么专业,没有限制,由学生自己决定,文、法、理、工、商、农、医、艺术等都可以。

1913年叔父进入清华学校。在清华学校读书时,祖父在清华学校任国文教师,常在课余指导他阅读经史子集著名篇章和《九章算术》《海岛算经》《算法统宗》《畴人传》等数学著作。他对于数学和天文兴趣很大,课余常演算一些美国专为学生阅读的数学杂志上的数学难题,乐此不倦,每解出一题,即向该杂志投寄。16岁时,他在课余写了题为"天学述略"等关于天文的文章和《中国算学史略》等数学史文章,发表在清华学校的杂志上[①]。

一、卓越的科学家

(一)精确测定普朗克常数

1918年,叶企孙先生从清华学校毕业,赴美进入芝加哥大学,1920年6月获理学学士学位,进入哈佛大学攻读博士学位。他在杜安教授指导下,与帕尔默合作,利用X射线连续谱短波限(λm)与电子加速电压(V)和电子电荷(e)的关系式 $Ve=hc/\lambda m$ 测定普朗克常数(h)的值。他们用电位差计测V,用方解

---

① 1916年,在《清华学报》上发表《考正商功》;在 Tsing Hua Journal 上发表 The Chinese Abacus 和 The History of Mathematics。1916年,在《清华周刊》上发表《革卦解》。1917年,在《清华周刊》上发表《天学述略》。1917年,在 Tsing Hua Journal 上发表 The History of Astronomy in China;在《清华学报》上发表《中国算学史略》。

石谱仪测 λm，采取一系列措施提高 V 和 λm 的测量精度和准确度，获得精度很高的 V 和短波限 λm。用获得的实验数据和国际上当时采用的电子电量（e）、光速（c）和方解石晶格常数（d）的数值得出 $h=(6.556\pm0.009)\times10^{-27}$ 尔格秒。普朗克常数的精确测定始终是物理学家十分关注的，叶企孙先生对此做出了重要贡献。这一实验数据是当时 h 值的最佳数据，曾长期在国际上沿用十多年。他是我国第一位在西方为国争光的物理学学者。

（二）在高压磁学方面开创性的贡献

1921 年，叶企孙先生转向磁学研究，在高压物理学家布里奇曼的实验室中研究液体静压强对磁导率的影响。前人研究时压强仅达 1000 kg/cm²，加之在实验中考虑不周，未得出明确结论。他用布里奇曼实验室的压强可达 12 000 kg/cm² 的设备对铁、镍、钴的高压磁性进行了系统的研究，得到磁感应强度变化百分比（$\Delta B/B0$）与压强、磁场强度（H）之间的定量关系。①应该特别指出的是，他在实验过程中得出，要获得正确的实验结果，必须使样品彻底退磁，前人所述"反常效应"实际上是退磁不完全所造成的。他还对高压磁性进行理论分析，结论与实验结果定性地相符。此项研究由叶企孙先生独立进行，是高压磁学的重要进展，属开创性工作。布里奇曼所著《高压物理学》（1931 年）中"压强对磁导率的影响"一节的主要内容就是叶企孙先生的工作，布里奇曼指出，后人即在此基础上对铁镍合金进行了一系列的研究。布里奇曼在 1946 年因高压装置和高压物理学方面的研究成果而获得诺贝尔物理学奖。

（三）清华大学大礼堂的建筑声学问题

清华大学在 1921 年建成的大礼堂，是一座罗马式和希腊式的混合古典式建筑，富丽堂皇。但是它的声学设计有问题，在大礼堂一类的建筑内，凡发一音，都有回音。原音终止到回音终止的时间简称为余音，如一间房间里的余音较长，则同一音听到两次，就感到听不清楚。叶企孙先生到了清华大学，学校就把"听音困难"的问题交给他。在当时国际上的建筑声学领域，刚开

---

① 叶企孙的博士毕业论文。

始有人为了解决某一建筑的具体听音困难而做研究。他带了助教赵忠尧、施汝为和几位工人开始了我国建筑声学的研究①,自己设计测试仪器,自己制造,测试只能在晚上安静时做。在测量人体衣着的吸音能力时,只能在大礼堂晚上放映电影后,请教职员、学生协助,请他们再静坐20分钟进行测试。遇到下雨、刮大风天气,环境噪声太大就不能做实验。因此,经一年多才做出了缩短余音的方案,这是我国第一项建筑声学研究工作。

(四)成立中国物理学会

20世纪20年代,清华学校校长周怡春提倡学生组织各种社团,以提高学生的人文素质。1915年叶企孙先生17岁时,向同年级同学提出组织科学会,课余阅读、讨论一些科学与社会等问题。他的建议得到响应,有十多位同学参加,他们把这个组织命名为1918级科学会,并制定了在课余研究的学科范围,参加者在此范围内自选题目,向大家报告,进行讨论。1916年,该科学会还要求会员在暑假回家时,对家乡的社会、经济情况进行调研。该科学会是清华大学学生组织的第一个以研究科学为宗旨的学生社团,也许是我国最早的这种类型的学生社团。

叶企孙先生在1917年发表的《中国算学史略》的"结论"中说,要发展我国算学,"……宜设立学会,集全国之算学者,为统系之研究。次宜广译西国语新出算书……"可见,他十分重视学会的作用。

1915年,一群清华大学早期赴美留学的学生创办了我国最早的综合性科学杂志《科学》,他们在第一期杂志上明确提出"科学救中国"的口号。叶企孙先生在日记中记录了他在图书馆看到了该杂志。1916年,他参加了我国最早的综合性科学工作者团体——中国科学社,并担任该社理事和该社刊物《科学》月刊的编辑。他在美国留学时,1922年曾担任中国科学社驻美临时执行委员会主席。

1931年冬,法国物理学家郎之万教授访问我国。叶企孙先生等在北京接待,郎之万提出建议,中国应早日成立物理学会以促进中国物理学的发展。1931年11月,北平的物理学界同人成立临时执行委员会,叶企孙先生是主要

---

① 叶企孙.清华学校大礼堂之听音困难及其改正[J].清华学报,1927,4(2):1423.

发起人之一，开始通信联络全国物理界人士，召集会议，起草章程，并组织第一次会议。

1932年8月22—24日，在清华大学举行中国物理学会成立大会，由清华大学校长梅贻琦主持，在他致辞之后，叶企孙先生汇报中国物理学会发起和筹备经过，接着，由吴有训对学会章程草案进行说明，然后逐项讨论并修改通过。章程的主要内容包括：学会的名称确定为中国物理学会（Chinese Physics Society），以谋物理学之进步及其普及为学会之宗旨等。会上，叶企孙先生被选为中国物理学会第一届副会长[①]。此后，他多次当选为副会长、会长、理事长等领导职务。他精心策划创办《中国物理学报》，编译和审查物理学名词，举办学术年会，邀请国际著名物理学家狄拉克（P. A. M. Dirac，1902—1984）和玻尔（N. Bohr，1885—1962）来华讲学。他毫无私心，作风正派，以大局为重，团结同人，为中国物理学会的发展和团结、合作风气的建立贡献良多。

（五）中央研究院总干事

1928年，中央研究院成立，设立物理、化学、工程、地质、天文、气象、历史语言、国文学、考古、心理学、教育、社会科学、动物、植物等研究所。叶企孙先生当选为中央研究院评议员。1941—1943年，叶企孙先生担任中央研究院总干事。时任院长为朱家骅，没有副院长这一职位，实际上一切行政和学术领导均由总干事负责。叶企孙先生总揽全局，在抗日战争时期极其困难的条件下，艰苦地推进了中央研究院以至全国科学事业的持续发展。

抗日战争时期，国内科学研究事业异常艰难，不但条件简陋，而且信息不通，难以了解国外科技新进展，国内同行间也不容易交流。1941年，中央研究院评议会决定出版一种学术期刊——《学术汇刊》，由叶企孙先生任主编。他在主持院内日常行政事务之外，为编辑出版《学术汇刊》付出了巨大的热情和大量的心血。该刊的主要内容以发表我国科学论文提要、介绍国外近五年内的科研成果为主。叶企孙先生希望通过这样一个刊物，推动抗日战争期间中国的科学研究事业发展。1942年11月，《学术汇刊》第一期虽然难产却

[①] 中国物理学会第一届会长是李书华。李书华（1889—1979），1922年获法国国家科学博士学位。他在建设北京大学物理系、倡建中法大学、创建北平研究院和中国物理学会等方面做出重大贡献。

终于问世，发表了 11 个专业的最新论著摘要 166 篇，涉及地质、生物、大气物理和天文学的"记述"4 篇。

1942—1946 年，英国著名生物化学家、科学史学家、剑桥大学哲学博士李约瑟教授受英国政府委托，来华商谈中英两国文化与科学合作事宜，同时也为自己进行有关中国科学技术史研究搜集资料。因为工作上的关系，李约瑟博士与叶企孙有过多次接触、交谈，相互间有了一定了解，成了好朋友。在中国科学技术史方面，两人有着共同的志趣和见解。李约瑟在华期间，叶企孙先生给予了很多热情、诚恳的帮助，为他提供了不少的资料和便利。李约瑟向我国提供了当时最新出版的英国《自然》科学周刊和其他科技刊物的缩微胶卷，这可能是抗日战争时期国内唯一的外国最新出版的科技杂志的缩微胶卷，可以帮助我国科学家了解国外的科技发展情况。李约瑟的巨制《中国科学技术史》，也是最先寄给叶企孙先生看的，还在第 4 卷第 1 分册（物理学）扉页上写道："谨以本卷献给北京大学物理学教授、前中央研究院总干事，1942 年在昆明和重庆黑暗时期最真挚的朋友叶企孙。"

二、杰出的教育家

（一）创建清华大学物理系

1924 年 3 月叶企孙先生回国，被东南大学聘任为副教授，讲授力学、电子论和近代物理等课程。1925 年 5 月，清华学校开始办大学本科，9 月他受聘到清华学校任副教授，他在东南大学的学生赵忠尧、施汝为随同北上，任清华学校物理学助教。

1926 年 1 月，清华学校物理系成立，叶企孙先生担任物理系主任。当时全系仅有梅贻琦、叶企孙两位教授，梅贻琦当时是清华学校教务长，忙于校务，实际上全部教学工作都由当时为副教授的叶企孙先生一人承担。物理系在 1925 年、1926 年和 1927 年各招收了 4 名、1 名和 3 名学生，他一人讲授所有的物理学理论课程，同时精心擘画，具体组织，延聘良师，建设实验室，创建物理系。1926 年物理系成立时共有人员 12 人，其中教授 2 人，讲师 1 人（郑衍芬），助教 2 人（赵忠尧、施汝为），技术员 1 人（阎裕昌），工人

6 人。

梅贻琦有一句名言:"所谓大学者,非谓有大楼之谓也,有大师之谓也。"叶企孙先生在清华学校读书时,梅贻琦是他的物理学老师。梅贻琦关于教育的思想,叶企孙先生完全赞同。师生两人志同道合,他在清华大学跟随梅贻琦一起工作二十多年,梅贻琦有事离校时,多次由他代理校长职务。

叶企孙先生强调:"大学校的灵魂在研究学术,教学生不过是一部分的事。物理系的目的就重在研究方面……"他认为物理系的教学事业,"在(一)培植物理学之研究者;(二)训练中学大学之物理学教师;(三)供给其他各系学生所需之物理知识。"

他认为要建设一个高水平的物理系,必须有一批高水平的教授,"必拣选研究上已有成就,并且能够继续研究的人"。为此,他千方百计延聘良师,毫无门户之见。1925—1927 年,他多方努力,但未能聘到他选中的对象。1928 年,清华大学更名为国立清华大学,他亲自到南京,当面聘请在东南大学任职的吴有训先生,成功地将吴先生请到清华大学,他招贤纳才,把吴先生的工资定得比自己的工资还高。1928—1937 年,他先后聘请到萨本栋(1928 年)、周培源(1929 年)、赵忠尧(1932 年)、任之恭(1934 年)、霍秉权(1935 年)、孟昭英(1937 年)等教授到清华大学任教。他们都一边教书,一边做研究工作或著书立说。大家在叶企孙先生的领导下团结奋斗,清华大学物理系的教学和科研成绩很快在国内名列前茅。

叶企孙先生努力创造师生从事研究的条件,特别是实验研究的条件。他不仅从国外进口仪器设备,还想方设法创造自制仪器的条件。比如,为吴有训购买了 X 光机;为赵忠尧购置了镭放射源;减少萨本栋的授课时间,以便他有更多时间编写《普通物理学》(该书后来成为我国大学普遍采用的物理学教科书)。1930 年叶企孙先生在德国访问,通过赵忠尧的介绍,聘请到哈勒大学(Universitt Halle)青年技工海因策,他随叶企孙先生到清华大学工作,制造仪器设备,直至 1937 年抗日战争全面爆发才转至协和医学院工作。

叶企孙先生对于物理系所授课程,主张:"本系自最浅至最深之课程,均注重于解决问题及实验工作,力矫现时高调及虚空之弊。""科目之分配,则理论与实验并重,重质而不重量。"当时清华大学物理系本科生不学习四大力学，四大力学是研究院课程。他十分重视学生动手能力的训练，要求物理系学生选修木工、金工和机械制图等课程，自己动手制造实验设备，并做毕业论文。物理系所在的科学馆一层有金工车间、木工车间，学生可以使用车床等制造自己所需的实验仪器。当时清华大学青年师生动手制作仪器蔚然成风。

叶企孙先生讲课时，非常注意把概念反复讲透，让学生能弄清楚。他一再强调："我们的课程方针及训练方针，是要学生想得透；是要学生对于工具方面预备得根底很好；是要学生逐渐地同我们一同想，一同做；是要学生个个有自动研究的能力；个个在物理学里边有一种专门的范围；在他们专业范围内，他应该比先生还懂得多，想得透。倘若不如此，科学如何能进步？总而言之，我们希望五年后或十年后，这个实验室能不愧为世界上研究实验室之一。数十年或数百年后，这个实验室也许是中国的 Leyden①。物理系的学生，我们希望他们个个有这样的希望，我们希望他们个个努力帮助，使这个希望实现。"当时物理系只有两位教授、7名学生，叶企孙先生就有这样远大的理想，这样的梦。

叶企孙先生经常请学生到他家吃茶点，与学生交流。他询问每一个学生，了解每一个学生的情况。他很注意发挥学生的特长：王淦昌原为化学系学生，有一次，叶企孙先生在上课时，问了一个问题，王淦昌回答得很好，叶企孙先生感到他的物理概念清楚，从此以后，叶企孙先生就经常跟他谈话，劝他转到物理系。大家知道，王淦昌后来是"两弹一星"元勋、核物理学大师。在"两弹一星"23位元勋中，有6位是叶企孙先生在清华大学物理系教过并毕业的学生，他们是：王淦昌、赵九章、王大珩、彭桓武、钱三强、陈芳允；有2位是叶企孙先生在西南联合大学物理系毕业的学生：朱光亚和邓稼先；还有王希季，他虽然是机械系毕业生，但叶企孙先生亲自给他上过课，周光召在中华人民共和国成立后从清华大学物理系毕业。

1929—1938年，清华大学物理系共有70人毕业（其中本科生69人，研究生1人）。70人中，21人后来当选为中国科学院院士，2人当选为美国科学院院士，成才率之高，实为空前。清华大学物理系创建不到十年，即在20世纪30年代中叶，已成为我国高水平的物理学人才培养和物理学研究基地之一。

---

① Leyden是荷兰的莱登实验室，是20世纪国际著名的物理实验室，科学家在该实验室中发现了低温下的超导现象。

李政道的恩师吴大猷先生在回忆我国早期（1952年以前）物理学的发展时说："我们应该用怎样的标准来估计一个机构或是一些人对中国物理的发展的贡献呢？主要是根据他们在若干年之内，是否建立了传统，包括人、设备与稳定的气氛三方面；他们在几年后又能吸引多少学生或是激励、唤起多少个学生继续做物理研究工作？"今天我们用这个标准来衡量，可以得出结论，1952年以前，叶企孙先生等创建的清华大学物理系是我国最好的物理系。

李政道先生曾对清华大学物理系的发展有这样的评价："美国的加州理工学院，在1921年聘请密立根教授去主持校务后，不到十年成为世界的名校。当时的清华大学物理系虽不能跟加州理工学院相比，但当时中国的具体条件比美国差多了。在不到十年的时间内，能把一个新创办的物理系，办成为全国第一流，现在看来，在发展的速度上，在办系的成功上，我想，叶老师的创业成就是可以跟20世纪初的加州理工学院相媲美的，是十分值得我们今天借鉴，值得我们今天去研究其中的道理的。"

（二）创建清华大学理学院以及对全校发展的卓越贡献

叶企孙先生的办学思想对理学院乃至全校的发展都有重大影响。他是创建清华大学本科、研究院及研究所的元老之一，长期参与学校重大决策的制定。他和一批国外留学归来的年轻"海归"教授，抱着科学救国和教育救国的信念，在当时梅贻琦校长的领导下，在清华大学形成了一套以"教授治校"为中心的管理制度。

他单身一人，住在清华学校当年安排给外籍教师住的单元住宅，房子较大，他在家里请了一位厨师，清华学校的单身教师和家在城里住的教师，中午有的就在他家包饭。大家一起吃饭，一起交换意见，讨论学校事宜。由于叶企孙先生的住所是北院7号，因此这群人也被称为"7号饭团"。又因住房较大，北院7号时常成为新到清华学校的教师暂时居住的客房。钱三强先生于1948—1950年在清华大学教书时，家在城里，到清华大学教课时就住在叶企孙家。

叶企孙先生眼光远大，深思熟虑，办事公正，不偏袒物理系，深得大家信任。在创建理学院时，大家的理念相同，团结合作，在分配资源时没有矛盾，大家没有那种怕一块蛋糕你多得我就少得的顾虑，各系都同步快速发展，一起蒸蒸日上，迅速在国内名列前茅。

清华大学从 1925 年起自留美预备班转变为大学之后，不到 10 年时间，就成为全国第一流大学，这样的进展速度在我国教育史上是罕见的。现在看来可以说是奇迹，当时的办学理念和管理制度值得我们研究。

清华大学很早就看到航空工程的重要性。在工学院成立之前。1929 年清华大学邀请后来被称为"世界超音速时代之父"的冯·卡门①到清华大学进行学术访问，他建议清华大学开设航空工程课程。遗憾的是，当时清华大学校长罗家伦未予重视。1935 年秋，清华大学在机械系里成立了航空机械工程组。

1935 年华北局势紧张，清华大学决定筹建长沙分校，由叶企孙先生主持筹建事宜，及时在长沙建成了一批校舍。1937 年 7 月，日本侵略者大举侵华，清华大学、北京大学和南开大学搬迁到长沙，利用那批校舍，成立长沙临时大学。清华大学当年的远见卓识，起了很关键的作用，促成了后来在昆明成立西南联合大学。

1945 年 8 月抗日战争胜利，叶企孙先生任清华大学复校设计委员会主席，统筹策划复校建设与发展事宜。1949 年 5 月至 1952 年 9 月任清华大学校务委员会主任委员，领导全校工作。

（三）创建特种研究所

1934 年，叶企孙先生辞去清华大学物理系主任，荐吴有训继任。1936 年，清华大学出于我国当时最迫切的重大需要，开展有关国防和前沿科学的研究工作，成立特种研究事业筹划委员会，叶企孙先生任主席，负责筹划建立特种研究所。特种研究事业筹划委员会在抗日战争前设立了农业研究所、无线电研究所和航空研究所。农业研究所有两个研究组，即农业病虫害组和植物生理组。无线电研究所成立后，即订购了制造真空管的设备，准备研制真空管。1935 年将该设备运到北平，但因华北局势紧张，即把全部设备转运至汉

---

① 西奥多·冯·卡门（1881—1963），匈牙利犹太人，1936 年入美国籍，是 20 世纪最伟大的航天工程学家之一，开创了数学和基础科学在航空航天和其他技术领域的应用，被誉为"航空航天时代的科学奇才"。他所在的加州理工学院实验室后来成为美国国家航空和航天喷气实验室，我国著名科学家钱伟长、钱学森、郭永怀都是他的亲传弟子。

口，后运到昆明。

我国为了开创航空事业，决定自行研制飞机，与国民政府秘密合作，在南昌建造一个大风洞。1937 年著名的航空专家冯·卡门再次访问清华大学，清华大学通过他聘请美国专家华敦德到清华大学指导。不久，清华大学成立了航空研究所，1937 年在南昌建成当时世界最大的风洞。

"七七"事变后，在昆明成立了国情普查研究所，对我国的人文、资源、社会做调查，在当时这些方面的数据奇缺。

清华大学早在 1936 年就拟在长沙建立金属研究所，着重研究我国富产的特种金属，曾与国民政府计划在长沙附近建造的钢铁厂等工厂合作。因战局发展，后在昆明建成。

1939 年清华大学成立特种研究所委员会，领导上述五所，叶企孙先生任主席，五个研究所不招收学生，只收助教，专做研究。这五个研究所设在昆明郊区一个名叫大普吉的小村，在抗日战争艰苦困难的岁月里坚持科学技术研究。研究所的条件很简陋，建筑都是平房，有电，但没有自来水。在实验室的旁边搭有一个高架，把水桶支在上面，打了井，用手压水泵把水压到桶里，水从高处流下，成为"自来水"。特种研究所为我国培养、储备了一批尖端人才，对抗日战争胜利后，特别是中华人民共和国的建设做出了重大贡献。代表人物有陈芳允（"两弹一星"元勋）、慈云桂[①]、戴振铎（美国工程院院士）和王天眷[②]等，他们曾在无线电研究所工作，得到了培养和磨炼。

（四）统观全局培养人才

叶企孙先生的贡献还突出地反映在培养我国许多学科的开创者和早期学术骨干上。清华大学利用美国退回的庚款考选公费留美生（每年名额为 20 个）。

---

① 慈云桂（1917—1990），安徽省桐城县（今铜陵市枞阳县）人。中国计算机科学与技术的开拓者之一，我国著名的计算机专家、教育家、中国科学院院士，长期致力于计算机研究和教学工作。在我国计算机从电子管、晶体管、集成电路到大规模集成电路的研制开发历程中，做出了重要贡献，被誉为"中国巨型机之父"。他率领的科研队伍先后研制出一系列型号各异的大、中、小型计算机，特别是 1983 年 12 月，他历经 5 年奋战，主持研制成功我国首台亿次级巨型计算机系统银河-I，由此开创了国防科技大学计算机学院辉煌灿烂的银河事业。

② 王天眷（1912—1989），宁溪坦头人，著名物理学家。曾参加微波受激发射理论与实验的研究，该项研究结果成为激光理论的先导，并最终导致激光的发明。

1933 年，清华大学将此项公费留美向全国开放，不限于清华大学的毕业生，公开考试，择优录取，由校务委员会决定选派学科，由叶企孙先生主持此项工作。他高瞻远瞩、大公无私，一直主持考选，从我国国家科学技术发展的需要出发，及时提出建议亟须培养的专业人才。例如，1934 年以前清华大学留美在机械方面有铁道门，考虑到科学发展趋势，在 1934 年招考留美公费名额中改为航空门（机架组）。钱学森就是 1934 年上海交通大学机械系铁道工程专业毕业生，叶企孙先生高瞻远瞩，引导钱学森走上了航空航天方向，为我国的航天事业培养了领军帅才，做出了重大贡献。

当时我国有多种留学渠道，叶企孙先生对清华大学物理系毕业生和助教的留学进行指导，他既重视基础学科，又重视应用学科。正是由于他的指导，一些物理系高才生留学攻读应用学科，后来成为我国该学科的奠基人或主要的学科带头人，如气象学和航天学家赵九章、地球物理学家傅承义和翁文波、海洋物理学家赫崇本、冶金学家王遵明、应用光学家龚祖同、光学家王大珩、力学家钱伟长、金属物理学家余瑞璜和葛庭燧等。地震学家李善邦是叶企孙先生在东南大学时的学生，由叶企孙先生介绍到中央地质调查所工作，他自学地震学理论和技术，于 1932 年在北平北安河建成我国第一个测地震站，开创了我国地震科学的研究。

鉴于核物理学在物理学发展中的重要地位，叶企孙先生于 1947 年积极筹划在国内发展核物理研究。同年 4 月，清华大学拟拨 5 万美元，由钱三强在国外为清华大学购置核物理研究设备；6 月曾谋求与北京大学、北平研究院在这方面合作，促成了 1948 年北平研究院原子学研究所的建立。钱三强归国后任教于清华大学，同时兼任北平研究院原子学研究所所长（中国科学院近代物理研究所前身）。自 1950 年起，叶企孙先生兼任中国科学院近代物理研究所专门委员和应用物理研究所专门委员，1953 年起兼任中国科学院中国科学技术史研究室研究员。后来与竺可桢一起创办自然科学史研究所，兼任研究员，指导天文学史和物理学史研究，培养了不少自然科学史人才。1955 年，叶企孙先生当选为中国科学院数理化学部委员、常委。

由于叶企孙先生的教育和引导，许多抗日战争前清华大学物理系毕业生和助教后来成为知名物理学家或其他学科的知名科学家，如赵忠尧、施汝为、王淦昌、周同庆、施士元、余瑞璜、陆学善、龚祖同、冯秉铨、王竹溪、张宗燧、赵九章、傅承义、秦馨菱、翁文波、赫崇本、钱伟长、王大珩、钱三强、何泽慧、彭桓武、葛庭燧、林家翘、戴振铎等；在西南联合大学时期毕业的原清华大学学生中有胡宁、陈芳允、张恩虬、李正武、王天眷等；在西南联合大学毕业或肄业的物理系学生中有李政道、杨振宁、黄昆、邓稼先、朱光亚、戴传曾、李荫远、肖健、徐叙瑢、黄授书等；1938—1946年在清华大学特种研究所做助教的有慈云桂；1946—1952年清华大学毕业或肄业的物理系学生中有高鼎三、黄祖洽、陆祖荫、李德平、陈篪、叶铭汉、周光召、何祚庥、高伯龙、杨士莪、唐孝威、胡仁宇、刘广均、蒲富恪、李庆忠、周本濂、赵文津、黄胜年等，在助教、讲师中有慈云桂、金建中、冯康等。上述人对我国科学技术事业和高等教育事业的发展做出了重要贡献。

1952年高等院校改革，清华大学理学院并入北京大学，叶企孙先生不赞成这一改革方案，他被调入北京大学物理系，在那里创建磁学教研室，建立磁学实验室，为培养磁学人才做出了重大贡献。1957年，中国科学院成立自然科学史研究室，叶企孙先生兼任研究员，组织编写《中国天文学史》，培养了戴念祖等科学史学家。

（五）不拘一格提拔人才

叶企孙先生长期担任教育、科学界领导职务，他为人公正，任人唯贤，毫无门户之见，善于团结他人，深受物理学界人士的尊重与爱戴。他爱才惜才，知人善任，敢于不拘一格选拔与培养人才。他办事一直以恪守规章制度闻名，但是对于人才，他不拘一格提拔。1925年创办清华大学物理系时，当时梅贻琦办公室有一位勤杂工阎裕昌，叶企孙先生发现他聪明好学，特提升他为职员，打破了工人和职员之间的界限，培养他管理学生物理实验仪器，鼓励他自制仪器。阎裕昌非常努力，不断取得成绩。后不幸因劳致病，得了肺结核，叶企孙先生个人出资送他到香山疗养治疗，不久后康复。1938年阎裕昌由叶企孙先生介绍到冀中研制军火，做出很大贡献。1942年，阎裕昌在抗日战争中被俘，英勇不屈，壮烈牺牲。叶企孙先生不集财，在抗日战争之前，清华大学低薪工作人员因经济困难而无法看病时，他时常捐赠个人财产救助。

1930 年春，仅初中毕业的华罗庚在上海《科学》杂志上发表《苏家驹之代数的五次方程式解法不能成立之理由》，轰动数学界。同年，清华大学数学系主任熊庆来了解到华罗庚的自学经历和数学才华后，经理学院院长叶企孙同意，打破常规，聘华罗庚为清华大学数学系助理。有了工资，华罗庚便可以在清华园生活，得到了自学提高的机会，可以旁听课程，并提高英语水平。在那段时间里，华罗庚在国外杂志上发表了 3 篇论文。1933 年，叶企孙先生召开会议，力排众议，破格提拔没有大学学历的华罗庚为助教。叶企孙先生说："清华出了个华罗庚是好事，我们不要被资格所限制。"1936 年清华大学出资送华罗庚到英国剑桥大学深造，跟随数学大师哈代做研究。华罗庚发表了多篇论文，在世界数学界赢得了声誉，终成知名数学家。华罗庚曾说："道及叶企老，不觉泪盈眶，他对我的爱护是说不尽的，而他的千古奇冤我竟不能设法寻根究底，殊难为人。"华罗庚有天才，但是如果没有熊庆来、叶企孙不拘一格对他破格提拔，多方培养，送到数学大师处留学，恐怕是"玉不琢，不成器"。

1946 年，吴大猷、华罗庚、曾昭抡三位教授被派遣到美国考察，各人可带助手两人。吴大猷当时是西南联合大学物理系主任，他选了助教朱光亚和当时还是二年级学生的李政道作为助手。吴大猷有顾虑，担心提拔李政道可能在物理系助教中引起不满。当时叶企孙先生是西南联合大学理学院院长，吴大猷便找他商量。叶企孙先生也认为，应该选拔李政道。院长同意了，就此敲定了。

1965 年"文化大革命"前夕，在极左思潮统治一切的情况下，在科学哲学界滋生了一种倾向，以唯物与唯心两极端来划分历史上的自然科学家，将自然科学的发展过程归结为单纯的这两种世界观的斗争结果。叶企孙先生坚持真理，实事求是，写了《关于自然辩证法研究的几点意见》，投《自然辩证法通讯》杂志，指出对于历史上著名的科学家必须具体地分析，给予正确的评价，不能简单化。在"黑云压城城欲摧"的当时，他敢于坚持真理，是需要极大的勇气的。

三、忠诚的爱国者

叶企孙先生是一位教育家和科学家，同时又是一位忠诚的爱国者。他从小受到爱国的教导，满腔热血，立志科学救国。对于国内的政治斗争，他尽可能采取回避态度，不参加党派。但当国难临头时，他又挺身而出，为国家和民族贡献出自己的一切。

1936年，他指导学生熊大缜做毕业论文《红外光照相技术》。熊大缜心灵手巧，实验技术很好，自己摸索，在没有参考资料的情况下，研制成功红外线灵敏照相底片，在漆黑的夜晚，从清华大学气象台上拍摄北平西山夜景，是中国第一张红外相片。毕业后，熊大缜留校做助教，1937年他考取了德国的学校。

1937年夏，叶企孙先生原定学术休假出国，"七七"事变爆发，日本帝国主义在华北大肆进攻。叶企孙先生毅然决定留在清华大学，助教熊大缜放弃留学，协助叶企孙先生抢运清华大学图书、仪器南下，这批图书、仪器后来在西南联合大学发挥了极大作用。7月底，日寇侵入清华大学。叶企孙先生南下，到天津后因患副伤寒，后又患膀胱炎，滞留天津。10月初，清华大学在英租界成立临时办事处，校长梅贻琦指令叶企孙先生负责照料过津南下人员，熊大缜协助。年底，清华大学员工已大部分南下，叶企孙先生拟赴长沙，因闻长沙临时大学将迁昆明，决定继续留津，以后直接赴昆明。

1938年春，八路军冀中军区吕正操部派员到平津为冀中游击区物色人才，清华大学化学系毕业生孙鲁动员熊大缜参加，熊大缜欣然同意。叶企孙先生原已安排好熊大缜出国深造，因而对此举不甚赞成，但考虑到事关抗日，未加劝阻，并在熊大缜做出决定后给予大力支持。

1938年4月，熊大缜通过北平地下党组织关系进入冀中，任印刷所所长，7月升任军区供给部部长，并成立技术研究社研制地雷、收发报机等军事器材，对抗日游击战争贡献很大。5—10月，熊大缜本人或派人多次到津，请求叶企孙先生在物资、人员和经费方面给予帮助，叶企孙先生不顾环境恶劣挺身而出，为冀中抗日做了大量工作，做出了不可磨灭的贡献。

（1）与熊大缜一起介绍一批大学毕业生和技术人员去冀中，对冀中抗日做出重大贡献。他们在冀中制成氯酸钾炸药、电引发雷管和地雷，多次炸翻日军列车，受到聂荣臻司令员的表扬。

（2）叶企孙先生通过他的社会关系，介绍熊大缜等在天津秘密采购制造炸药和雷管等所需化学原料、铜壳和铂丝以及控制电雷管的电动起爆器等器材。

（3）叶企孙先生设法弄到无线电器材，又物色到技术人员，在天津英租界内清华同学会装配无线电台，然后设法运入冀中。

（4）介绍燕京大学化学系毕业生、已考取清华大学研究院的林风在天津租界内一工厂制造黄色炸药，做成条皂状，运入冀中。

（5）介绍阎裕昌去冀中研制军火。1938年9月梅贻琦催叶企孙先生去昆明，且地下活动有所暴露，林风被英租界工部局拘捕，叶企孙先生遂于10月5日离津南下。他虽离津，但不忘冀中，过香港时曾设法筹款支援冀中。据蔡元培日记中载："企孙言平津理科大学生在天津制造炸药，轰炸敌军通过之桥梁，有成效。第一批经费，动用清华备用之公款万余元，已用罄，须别筹，拟往访孙夫人，嘱作函介绍，允之。""致孙夫人函，由企孙携去。"叶企孙先生抵昆明后，以笔名"唐士"在1939年《今日评论》第一期上发表《河北省内的抗战状况》一文，文中号召有志知识青年前往参加抗日工作，并认为河北省主席鹿钟麟要求吕正操部让出所控制的游击区是不顾事实的不合理要求。此文充满爱国知识分子的爱国热忱。

20世纪五六十年代，大家看过电影《地雷战》，冀中农民神出鬼没地用地雷打击日本侵略者，真是痛快，没有想是谁制造了地雷。真正在冀中制造炸药、地雷的人，可以称为"地雷战之父"的人，正是热血知识分子熊大缜。非常不幸的是，熊大缜在1939年5月被诬为汉奸和国民党"C.C"特务，7月被处死，年仅26岁。

1937年夏，熊大缜的同学钱三强、王大珩、何泽慧、彭桓武和钱伟长等走了另一条路——科学救国，到国外深造，回国后都对祖国做出了极大的贡献。

这一令人万分痛心的冤案一直到1986年才得以平反昭雪，熊大缜的功绩得到肯定，按因公牺牲对待。由于在此案中采用"逼供信"手段，颠倒黑白，连累数十人，叶企孙先生竟也被诬为特务。虽然大家都不相信叶企孙先生是特务，熊大缜的"供词"一直留在档案内，中华人民共和国成立后成为罩在叶企孙先生头上的阴影，"文化大革命"中，这批爱国青年又一次遭到审查，有的还再次蒙冤被监禁。叶企孙先生更是被作为反革命特务头子而被捕入牢。

1968 年 6 月，叶企孙先生被以"抗日战争时期派遣汉奸特务学生熊大缜进入根据地搞策反活动"的罪名，遭受逮捕受审。从 1968 年 6 月入狱到 1969 年 11 月移送北京大学继续审查，在监狱中度过了一年半的悲惨岁月。

直到 1972 年 5 月，北京大学做出了"敌我矛盾按人民内部矛盾处理"的决定，认定叶企孙先生的问题是敌我矛盾，但做宽大处理，按人民内部矛盾对待，允许家属探望，但未完全解除隔离，不准他会见国外来客。1977 年 1 月 13 日，叶企孙先生含冤病逝。先生逝世后，定性还是"敌我矛盾按人民内部矛盾处理"，但可开追悼会，追悼词未经家属过目，悼词中一字不提先生毕生的巨大贡献，令人愈加悲痛。吴有训先生参加追悼会后，关切地对我说："你的叔叔还没有平反，你一定要努力上访，要求平反！"时间倏忽，一直到 9 年后，即 1986 年 8 月，中共河北省委正式为熊大缜平反，称熊大缜案"纯属冤案"，并特别指出："叶企孙系爱国的进步学者，抗战期间对冀中抗战做出过贡献……叶企孙根本不是 C.C 特务。"这场从 1939 年到 1986 年长达 47 年的旷日持久的历史冤案最终得以平反。叶企孙作为卓越的科学家、杰出的教育家和忠诚的爱国者被载入史册，他的精神将激励后人继续前行，为实现中华民族伟大复兴的中国梦而努力。

四、结语

今年是我的叔父叶企孙先生诞生 120 周年，对于我叔父的为人，很难用几句话来总结①。我现在抄录周光召先生写的纪念文章《纪念叶企孙先生》中的一些语句："叶企孙以他毕生的精力，为我国科学事业和教育事业做出了杰出的贡献……创办了清华大学物理系和理学院，建设了北京大学物理系金属物理及磁学研究室，培养了一大批物理高级人才，其中不少是国内外著名物理学家。他从事教学工作五十余年及领导工作，为我国物理学人才的培养和

---

① 为了进一步了解叶企孙先生，推荐阅读《一代师表叶企孙》（钱伟长主编，虞昊副主编）。

教育事业的发展做了大量卓有成效的工作，是我国著名的教育家之一……他善于识拔青年，奖掖后进，深受师生们的爱戴……是一位崇高的爱国者……生活非常简朴，对国家、社会从无高的要求，但却为国家、社会始终勤奋地工作，无微不至地关心他人，把全部心血灌注于中国的科学事业和教育事业，把毕生精力与智慧贡献给国家与民族，为后辈学人树立了良好的典范。叶企孙先生的爱国精神、科学业绩和优良品格是永恒的。"[①]

作者简介

叶铭汉，实验高能物理学家，粒子探测技术专家，中国工程院院士，中国科学院高能物理研究所研究员。现任中国高等科学技术中心学术主任。曾任中国科学院高能物理研究所所长、中国高能物理学会理事长、核电子学与核探测技术学会理事长。长期致力于创建我国核物理和高能物理实验基地，发展其关键的实验技术，以开展核物理和高能物理实验研究。我国北京正负电子对撞机工程主要主持人之一，主持研制高能物理大型实验装置——北京谱仪，为我国核物理和高能物理实验基地的建设做出了重要贡献，"北京正负电子对撞机和北京谱仪"获国家科学技术进步奖特等奖。

---

① 钱伟长，虞昊. 一代师表叶企孙[M]. 上海：上海科学技术出版社，2013：16.

叶企孙先生教育思想与实践为我们建设
世界一流大学提供了典范和借鉴

周佑勇

各位嘉宾、各位专家、各位代表：

大家上午好！

非常高兴参加今天的研讨会，在此我谨代表东南大学对出席本次会议的各位专家学者，各位前辈、老师、同学，表示热烈的欢迎和衷心的感谢！

叶企孙先生是我国著名物理学家和教育家，是中国现代物理学奠基人之一。他曾先后在东南大学、清华大学、北京大学工作，1948年当选为中央研究院院士，1955年当选为中国科学院学部委员（后改称院士），是中国科学社的重要领导成员，是中国物理学会的主要创建人之一，为国家培养了一大批杰出人才，其中包括45名院士、十几名"两弹一星"元勋，也培养了杨振宁、李政道两位诺贝尔物理学奖获得者，为中国科教事业的发展做出了奠基性贡献，可谓"大师的大师"，在中国科技教育史上留下浓墨重彩的一笔，近一个世纪以来始终被人们传为佳话。鲜为人知的是，当年叶企孙先生从国外学成归来时，与国内科技、教育等方面最初的接触是从东南大学开始的。

东南大学的前身是创建于1902年的三江师范学堂，1921年在郭秉文先生的倡导下，以南京高等师范学校为基础，建立了国立东南大学。1924年正是东南大学广纳贤士、聚力办学之时，适逢叶企孙先生归国，受聘为东南大学物理系的副教授。1924年3月，东南大学举行第十届数理化研究常会，特别邀请叶企孙先生为新指导员，教师中有任鸿隽、张子高、熊庆来、秉志、陈桢等，学生中有赵忠尧、施汝为、郑衍芬、柳大纲等。叶企孙先生在东南大学开展了3个学期的教学实践，先后讲授了力学、电子论和近代物理三个学期的课程。虽然任职时间不长，但是先生认为获益匪浅。叶企孙晚年时回忆起这段岁月，深有体会地说道："对所开课程，我尽力讲透。同时，也使自己获益良多。短短的3个学期，虽只有教育工作的初次尝试，但却给我留下了愉快的回忆。"这段经历，不仅给叶企孙先生留下愉快美好的回忆，也促使他沉淀下来，更深入地去思考教育家和科学家的内涵与价值。他认为，科学家为国家创造利器，而教育家为国家培养科技人才，仅凭单个的科学家难以支撑祖国长足的发展，中国需要一个科学家群体去实现科学救国的远大目标。正是这些思考和经历，让叶企孙先生开启了从科学家到教育家的角色转换，为他日后取得科教事业的成就奠定了坚实的基础。

叶企孙先生是具有爱国情怀的杰出科学家。他少年时便立志学习自然科学，用科学振兴祖国。17岁的叶企孙在日记中写道："吾国人不好科学，而不知二十世纪之文明皆科学家之赐也。""惟推厥原因，则由于实业之不振。实业之不振，则由于科学之不发达。"1918年，叶企孙入美国芝加哥大学学习，攻读物理学，1920年入哈佛大学，1923年获哈佛大学博士学位，1924年回国到东南大学任教。当时的东南大学，是中国科学社的大本营，是"学衡派"的重镇，科学与人文荟萃。在这里，叶企孙先生正式加入了中国科学社，并与他的同事们致力于宣传科学精神，传播科学真理，开展科学教育，与国内科学界建立了广泛而密切的联系，为中国科学的发展播撒了最初的种子，奠定了中国科技的基石。

叶企孙先生注重科学教育，毕生致力于教育事业，培养了一大批杰出人才，是一位集科研与教育于一身的高校管理者。他在长期的教育教学实践中，准确把握教育规律，大胆改革创新，不拘一格，形成了一套独特的教学思想体系。他因材施教，知人善任，坚守"重质不重量"，坚持教育质量第一，不求规模速成；他注重理论与实验并重，培养学生既动脑更要动手，开启实验教学之先河；他提倡通识教育，科技与人文融通，注重培养学生的综合能力。

叶企孙先生的教育思想与实践，为我们今天深化教育综合改革、建设世界一流大学提供了典范和借鉴。一流大学的建设离不开大师的支撑和引领。当前，中国特色社会主义进入新时代，我国社会的主要矛盾发生变化，高等教育面临着新的形势和新的要求。党的十九大报告中明确要求"加快一流大学和一流学科建设，实现高等教育内涵式发展"。在新时代背景下，一流大学建设要为提高我国高等教育发展水平、增强国家核心竞争力奠定坚实基础，要为建设富强民主文明和谐美丽的社会主义现代化强国提供人才保障。在这个过程中，我们既要面向未来，在育人理念与教学模式上与国际接轨，深入推进人才培养的国际化，也要回顾历史，继承和发扬优良的办学传统，汲取智慧，开启未来。

今天，叶企孙与一流大学建设学术会议暨叶企孙先生诞辰120周年纪念会在这里召开，就是要纪念和缅怀叶企孙先生，传承和发展叶企孙先生的教育思想，学习和领悟叶企孙先生的科学精神和教育精神。相信本次研讨会必将能够深化对叶企孙先生高等教育思想的研究，支撑和引领国内一流大学建设，推动中国高等教育遵循教育规律向世界一流健康发展。也希望通过本次研讨会，进一步研讨和挖掘叶企孙先生的教育思想，进一步搭建高水平、国际化的叶企孙先生教育思想研究平台，加强海内外的交流与合作，进一步深入推进叶企孙教育思想的研究，为我国一流大学建设提供精神动力和资源支撑，为建设高等教育强国，培养具有家国情怀和国际视野，担当引领未来和造福人类的一流人才做出更大的贡献！

哲人往矣，风范长存。叶企孙先生的教育科技思想博大精深，是留给后人的一笔宝贵财富，先生崇高的人格、卓越的智慧、大师的胸襟、杰出的贡献，都永远值得我们去纪念，去继承，去发展。

最后，预祝本次会议圆满成功！祝各位嘉宾、各位专家、老师和同学们身体健康，事业进步！

谢谢大家！

作者简介

周佑勇，法学博士，东南大学副校长，法学院教授、博士生导师，全国十大杰出青年法学家、教育部"长江学者奖励计划"特聘教授、国家"万人计划"哲学社会科学领军人才。长期从事宪法学与行政法学的研究工作，作为首席专家或负责人主持承担国家社科基金项目3项（其中重大招标项目1项），以及教育部、司法部等省部级项目20余项。在《中国社会科学》《法学研究》《中国法学》等期刊上发表学术论文200余篇，被《新华文摘》《中国社会科学文摘》《高校文科学术文摘》《中国人民大学复印报刊资料》等转载80余篇次。出版个人专著5部，主编及合著图书30余部。

叶企孙注重科技史促进文明进步的启迪

孙小淳

尊敬的各位嘉宾、学者：

大家上午好！

叶企孙先生是杰出的科学家、教育家，他在学术上的贡献以及他的思想品德和学风，都为我们所敬仰。

现在我们讲一流大学的建设，此时开叶企孙与一流大学建设学术会议暨叶企孙先生诞辰120周年纪念会，是非常适宜的。大约一个星期前，储朝晖理事长到中国科学院自然科学史研究所跟我们讨论怎么样办这个会议，我的第一感觉就是这个会议非常重要。中国科学技术史学会的白欣博士以及几位做物理学史研究的同事，积极参与到了这次会议的筹备工作之中。

我知道在座各位中从事叶企孙研究的学者非常多。我本人是搞天文学史研究的，对近代物理学史的了解不多，但是我记得在好多年前（1998年前后），我坐飞机的时候看到一份民航报上整版刊登了一篇关于叶企孙的文章，看后非常震撼和感动。

叶企孙先生对科学史的理解和支持，是超乎好多科学家的。他在创立清华科学社的时候，其中很重要的一个做法，就是把科学史作为其中的一个研究项目。他与李约瑟也有很深的交往，李约瑟完成了鸿篇巨制《中国科学技术史》，其中有一卷就是献给叶企孙先生的。1957年成立中国自然科学史研究室,就是由叶企孙先生和竺可桢先生等共同发起的。他认为,搞科学史,不光要搞中国的,还要搞西方的。我们读的天文学史著作中有一本《中国天文学史》,我们都叫它蓝皮书,最早还有油印本,其最初的写作创意就是叶企孙等提出的。

叶企孙先生的思维非常开阔,他搞物理学教育,培养了那么多物理学家,其中很多是"两弹一星"元勋。但与此同时,他的思想兼顾了西方文明和中国文明,有多个文明的思想在他的脑子里面,这样使他在培养人才、思考问题、组织科学活动,都有很广阔的视野。这一点是我们应该好好学习的。我目前在中国科学院大学工作,中国科学院大学的理工科实力非常强大,但我们要给本科生开科学史方面的课程,如"科学史精要"。科学的内容,不仅仅是数据、公式和理论,还有很多社会的和文化的层面。我从叶企孙先生的思想里得到启发,在教学当中除了要教授科学内容之外,还要教授文化、思想和社会的内容。叶企孙先生在演讲中也谈到,科学当然要求真,要实事求是,但同时也要考虑到科学是要为人类进步、文明进步、社会进步服务的,只有这样,科学家的责任才能更加明确。

今天我非常高兴。中国科学技术史学会与中华教育改进社及其他单位共同举办这样一个活动,特别是还有专题和圆桌讨论的环节,还有一个宣言,确实是一个很有意义的活动,对我来说是一个非常好的学习机会。预祝会议取得圆满成功!

谢谢大家!

作者简介

孙小淳,中国科学院大学人文学院科学技术史系教授,国际科学史研究院院士。主要从事天文学史研究,著有《汉代中国星空》(英文)及 60 余篇论文。现任中国科学技术史学会理事长,国际哲学与人文科学理事会(CIPSH)执行委员会委员。

深切缅怀和纪念著名物理学家、教育家、科技史学家叶企孙先生

戴道生

值此著名物理学家、教育家和科技史学家叶企孙先生诞生 120 周年之际，我们缅怀他、纪念他。他在 20 世纪二三十年代对物理学研究做出了重要的贡献，是我国物理学科的主要创建人和奠基人之一，是我国磁学学科的奠基人，也是科教兴国的先驱。

叶先生早年留学美国期间，在芝加哥大学学习，在杜安教授指导下，和帕尔默合作测量普朗克常数，于 1921 年发表了著名的普朗克常数 h 的精确测量值[1]，之后一直被引用到 1936 年。

1920 年 9 月，叶企孙入哈佛大学攻读硕士学位，1921 年 6 月获硕士学位。之后在布里奇曼教授的高压实验室做博士论文，在研究纯金属铁、钴和镍的磁性在超高压状态下的变化时，对存在所谓"反常效应"详细分析后指出，这可能是因样品没有完全退磁所致，从而得出"磁性材料必须经过彻底退磁（即磁中性化）之后，才能准确地测出其基本磁性参数"的结论。这一结论对提高磁性材料的基本磁学量的准确测量起到关键的作用，也是磁性测量原理中必须遵守的最基本的原则。[2]

---

[1] 叶铭汉，戴念祖，李艳平. 叶企孙文存[M]. 北京：首都师范大学出版社，2013：107.
[2] 叶铭汉，戴念祖，李艳平. 叶企孙文存[M]. 北京：首都师范大学出版社，2013：124.

作为教育家，叶企孙和蔡元培、梅贻琦等著名教育家，在近代中国教育史上具有同样的重要地位。他的教育思想并不见之于专门著作，而是体现在教书育人的实践中。

叶企孙先生全心全意地教书育人达52年之久，其中前27年（1925—1952年）在清华大学创建物理系和理学院，为我国培养了很多世界级的科学大师和精英。最有说服力的例子是，在中华人民共和国成立50周年时，对研制"两弹一星"做出突出贡献的 23 位[①]科技专家予以表彰，他们主要是叶先生的直接弟子和少数再传弟子，是叶先生的教育思想、在清华大学物理系办学理念和方法的具体体现。

叶先生是伟大的爱国主义者。在抗击日本侵略者初期，他在冀中军民抗击日本侵略的游击战争中，提供了宝贵的人力和物力支持。

叶先生是中国科学技术史学家。他一生为我国的高等教育和科学技术事业的发展做出了不可磨灭的贡献，是近百年来我国科教兴国的先驱。详细的史实不在此赘述，大家可参看已出版的相关著述。[②]

在叶先生诞辰 120 周年之际，我想先概括地谈一谈叶先生对建立我国磁学学科的贡献，以及我在学习和工作过程中受到叶先生的教育与关怀而成长的情况，以表达对叶先生的深切怀念。

1952 年，我国高等教育体系和建制进行了巨大的调整和改造，清华大学物理系并入北京大学，成立新的物理系，叶先生任物理系教授。合并后的北京大学物理系的建制以苏联莫斯科大学为蓝本，组建教研室，设有固体物理（含半导体、金属和磁学三个组）、光学、理论物理、无线电物理与电子物理等教研室，分别负责专业教学。普通物理教研室负责基础课和实验教学，还有中级物理实验教研室（与目前的近代物理实验相似）。叶先生受命组建磁学专业，一开始有胡国璋、廖莹、张之翔三位老师（张之翔后来调回普通物理教研室）和一间 40 平方米大小的房子，准备建实验室。1953 年招收了第一位

---

① 具体名单是：于敏、王大珩、王希季、朱光亚、孙家栋、任新民、吴自良、陈芳允、陈能宽、杨嘉墀、周光召、钱学森、屠守锷、黄纬禄、程开甲、彭桓武、王淦昌、邓稼先、赵九章、姚桐斌、钱骥、钱三强、郭永怀。

② 钱伟长，虞昊. 一代师表叶企孙[M]. 上海：上海科学技术出版社，1995；虞昊，黄延复. 中国科技的基石——叶企孙和科学大师们[M]. 上海：复旦大学出版社，2000.

磁学研究生（钟文定），拜叶先生为导师。1954年起四年级本科生就读不同的专业。入磁学的有五名学生，黄昆先生讲授固体物理，柯俊先生讲授金相学，唐有祺先生讲授结晶学，叶先生讲授铁磁学基础，胡国璋先生教磁学基本实验。1955年开始有学生毕业。1956年秋季半导体专业独立成教研室，金属和磁学专业组成金属磁学教研室，叶企孙为主任。1958年后分别成立磁学和金属教研室，叶先生仍为磁学教研室主任，直到"文化大革命"开始。

早在20世纪20年代，叶先生在高压磁性方面的研究成果可以说是开创性的。在布里奇曼所著的《高压物理学》（*The Physics of High Pressure*，1931年版，1942年版，1952年版）一书中曾介绍了这一研究结果，还指出"自从叶企孙工作之后，斯坦伯格（R.L.Steinberger）先生用类似装置对一系列铁镍合金做了类似测量。"1930年，叶先生送施汝为先生到美国对磁学进行深入研究，1930年9月，叶先生利用休假一年的机会到德国游学和考察，与当时物理学界的许多权威人士对物理学前沿领域的发展问题进行了多方面的讨论，专门与巴克（Barker）（著有《铁磁学》1939年德文版）讨论了磁学各方面的问题。总的说来，叶先生在磁学领域早已有所建树，在全国需要建立磁学专业时，更是乐于承担重任。20世纪50年代初，我国磁学专业的发展状态仍是一张白纸，这时，叶先生竭尽全力投入，既指导研究生和培养青年助教，又直接为学生讲授铁磁学基础课和磁学实验室的建设等各项工作。

我是1951年入清华大学物理系的学生，当时叶先生是清华大学校务委员会主任，我只在全校大会上见过叶先生。1954年，我被分到磁学班学习，1955年夏从北京大学物理系磁学组毕业，并留校做助教，可以说受到叶先生的多年培养和教导。我想从个人的感受来谈谈叶先生的教育思想和教书育人的思想与做法，也许更能说明问题。

叶先生亲自给我们讲授铁磁学，同时还有南京大学进修教师翟宏如和其他人来听课。叶先生讲课从不带讲稿，总是先讲实验，再给以理论解释或分析，讲得较慢，简单扼要，很少重复。每讲一个问题或现象时，总是先在黑板上画出示意图，慢慢解释，所用的数学公式不多，有时还稍做停顿，让大家来思考和判断，这很有利于培养学生的独立思考能力，所以感到课堂效率较高，比较好记笔记，开始总感到内容不多，但到期末要考试，复习总结后，才发现内容充实、系统。叶先生很重视学生在学习期间对该学科前沿发展的了解,因而常请名家(如施汝为、彭桓武、潘孝硕、向仁生等)来做有关学科发展动态的报告,叶先生也曾亲自讲过有关铁氧体的发展现状。

在四年级下半年学习时,叶先生常要我们五个学生到他家去,大多是晚上,利用这个时间了解我们的生活和学习情况,同时也介绍一些国外物理和磁学发展现状,有时介绍一些我国古代科技的成就。叶先生有很深厚的古文功底和非常渊博的历史知识,对中国科学技术史有很深入的研究,很熟悉古代的科学技术发展历程。例如,在论述了我国古代磁性材料的发现时,他随手拿出书架上一本沈括的《梦溪笔谈》,翻到有关指南针的记载和制作这一段叙述,认为这是可靠的记载,而黄帝征蚩尤时用的指南车是否和磁性材料有关要进一步研究。叶先生早在1941年抗日战争时期就与李约瑟博士交往,还谈了李约瑟所写的《中国科学技术史》的情况,并将李约瑟送给他的书给我们看。因此,听叶先生谈论中国科技在历史上的伟大发明和成就,使我们受到很深刻的爱国主义教育。

叶先生非常重视实验,强调在学好理论课时一定要掌握好实验技术,因为物理学是一门实验科学。叶先生认为,所有教师都要既教书又从事专题研究,叫"教学和研究并举",特别是对年轻教师要求很严格。我刚毕业留校做助教,叶先生交给我三个教学任务:一是中级物理(现在的近代物理,是系里对助教的统一要求)实验教学,每周三次;二是协助叶先生指导下一班徐诚同学的毕业论文,内容是设计、制作塞克史密斯(Sucksmith)环秤(即一种磁天平),要求能从低温(液氮)到高温(铁的T_c以上)区间内,样品在加热时不被氧化(真空度优于10^{-5}托)。我具体是搞图纸,跑加工,帮助安装调试;三是准备给第三届磁学班同学讲磁分析课。以今天的工作量标准看,第一个任务已经达到整个教学工作量标准。第二个任务叶先生亲自过问,要我从应用物理研究所施汝为先生处将图纸抄绘好,之后,叶先生就按图纸讲解该测量仪器的设计原理、实施方案、如何到系工厂加工以及安装调试等,每一项都要我和徐诚认真弄明白并做好每一个环节的具体工作。将所加工的原件完成安装后,要对该设备的测量效果进行分析,给出磁性测量和温度测量的误差范围。整个过程对于学生来说就相当于完成了一篇优异的毕业论文。

对于一个刚进入助教工作的新手，也同样是一次在建立实验设备、了解和掌握实验设备的性能以及开始做科研的严格方法的学习和训练过程。第三个任务对刚毕业的我来说难度更大，但由于叶先生的亲自指导和关心，经常找我去他的住处汇报备课情况，对我所遇到的问题和疑点，耐心讲解，先议定要学习的基本内容和关键的参考书。每学习一段时间，再和我讨论所学的内容，并了解备课的进展情况，指出下一步要学的内容和关键的问题。有时，还亲自为我查找文献和资料，使我能较快地入门和有信心去完成任务，而且使我在备课过程中在磁学基本理论和实验技术方面打下了良好的基础。

虽然说协助学生做毕业论文也具有科研的性质，但叶先生认为这不是个人独立进行的研究工作。因此，要我到应用物理研究所跟潘孝硕先生做不同成分镍金合金的热处理和脱溶研究，每周两天。总起来看，时间不够用是最大的问题，在做助教的第一年里绝大多数情况是每周干7天，每天从早上7点干到晚上12点，确实非常紧张。但是，20世纪50年代人们的精神境界比较高，有着改变国家一穷二白的落后面貌的决心，几乎所有的年轻人都在昼夜努力，辛勤劳动，积极设法完成任务，而我只是其中一员而已。随着时光的流失，现在回想起来，我感到庆幸的是，能够受到叶先生对我在科研和教学的成长过程中的培养与关心，使我在磁学领域能胜任交给我的工作。可能在现在的很多年轻人看来，要完成这样大的工作量，每周要干7天，可能太苛刻。但是，我认为这是对青年的关心和厚爱。不这样做，就不可能做到全心全意为祖国的科学事业的发展贡献自己的力量。

叶先生要求学生和年轻教员都要自己动手做实验设备，如绘制加工草图、自行加工小的零件、制作研究用的样品等。我经常要去系或校工厂加工一些器件，常排队等待，认识了工人师傅，就主动打下手，向其学习简单的加工技术。特别是在苏联做研究生时，莫斯科大学磁学教研室中有一个金工工作室，设有较好的车床、钻床与焊接工具等，还有两个高级技术工人为老师和学生加工所设计的器件。这使我在具体的研究中认识到，再好的现成的实验设备和测量仪器，都不可能满足开创性的研究工作的需要，而总是要自己做特定的补充器件。为了节省时间和有利于改进设计，我就学会了用机床加工和自行焊接，逐渐能够制作简单的实验器件。

自 1954 年高等教育部决定在 5 所大学[北京大学、东北人民大学（现吉林大学）、兰州大学、南京大学、山东大学]建立磁学专业后，于 1956 年请了苏联专家到兰州大学去工作，并开办为期两年的学习班，要各大学派得力的教师到兰州大学集中向专家学习。叶先生大力支持，派廖莹和钟文定（叶先生的研究生，正好刚毕业）前去工作和学习苏联的经验。廖莹到兰州大学后不久即返回北京，钟文定在苏联专家离开后才回到北京大学。

叶先生对学生和青年教师的培养方法，一贯是言传和身教并举，善于启发和培养他们学习或研究的积极性。他常在晚上邀请一些学生或青年教师到他住处茶叙，让大家随便谈自己在工作中遇到的或要解决的问题，或是自己了解到的一些新科技动态。这种小型聚会作用很大，既有交流科研学术思想、教学问题和心得的内容，也使年轻的教师或学生之间互相学习，开阔思路，受益匪浅。而叶先生总是很谦虚地说，这对他也是一种学习。因为科学技术发展很快，一个人不可能样样都自己去看，去做，要互相学习，就可事半功倍。这样，在我们每次去见叶先生时，他总要问大家：最近在磁学或其他学科的科研方面有什么新情况？遇到或看到什么新的有意思的问题？这在无形中促使我要随时留心国内外有关物理学等方面的动态，工作时开动脑筋，注意周围的人有什么工作成绩，逐渐养成不但要在工作中学习，还要随时关心国内外有关本专业的新的发展情况，以及向周围同志学习的习惯。

在叶先生的培育指引下，北京大学磁学组迅速成为有影响的教学和科研基地，1955—1996 年，为国家输送了磁学本科毕业生 464 人，博士研究生和硕士研究生 51 人。据校自然科学处的统计（1988—1993 年），北京大学磁学教研室的研究工作在国际上有较大影响，表现在 SCI 收录论文数，以及 ISTP（科技论文引用）上收录的论文数 5 年均居全校第一位，获得科研奖励的人次也最多。[1]

说了很多具体的情况，要说他的教育思想的特点，我认为，叶企孙先生本人既是深受中国传统教育、熟知中国文化和科技历史的学者，又是受到现代西方科学教育的科学家。因此，他学贯中西，在教书育人的一生中，既体现了如因材施教、有教无类等，又应用了西方的科学发展和教学理念，如重

---

[1] 钟文定. 北大磁学学科的奠基人——叶企孙[M]//萧超然. 巍巍上庠　百年星辰——名人与北大. 北京：北京大学出版社，1998：701.

视质量，实验和理论并重，特别是重视实验动手能力的培养，教学和研究并举，要求教员既要讲课，也要做科学研究。他还以个人的高尚道德品质对学生进行言传和身教，严于律己，宽以待人，勿道人之短，勿说己之长，为我国科学和教育事业贡献了毕生的精力。

我国磁学界经历了 40 年的巨大发展，在科研、教学和生产等方面有一大批教授、科学家、专业工程技术专家，都能很好地合作共事，相互学习，团结奋进。这都和叶先生的表率作用，在磁学界的崇高威望，没有门户之见，对学生和青年科学工作者的厚爱分不开。

叶先生对我们的教诲太多了，写下这一点回忆，表达对他老人家的深切怀念之情。

作者简介

戴道生，北京大学物理学院教授，大学本科阶段为叶企孙学生。主要研究方向为一些物质的强磁性的产生和在磁场中磁化后的特性的不同表现及其应用。主要著作有《铁磁学》《物质磁性基础》等。

怀念老师叶企孙先生

王鼎盛

我最早知道叶企孙先生是在中学：20世纪50年代的中学物理教科书中有叶企孙先生测定普朗克常数，吴有训先生研究康普顿效应，钱三强、何泽慧先生发现了核三重及多重分裂等中国科学家对物理学的贡献。万万没有想到，我上大学以后，还能有幸见到这些大师，并得到他们的指教。

1956年我到北京大学物理系读书，在"大跃进"的热潮中，三年级一开始（比原定教学计划提前一年）我就被分到了磁学专业学习。叶企孙先生是磁学研究的老前辈，我也因此在大学的后四年里有机会听叶先生的课，并与他有一些个人的接触。仅记小事几桩，作为对叶先生的怀念和纪念。

一是，我刚学习磁学专业时和叶企孙先生并无接触，第一次听到叶先生关于教学和研究工作的建议，是从比我年长的老师们口中转述的。1958年秋天，磁学教研室拟定了要在微波铁氧体和磁性薄膜方面发展研究的计划，还制订了几周内如何、几月内又如何的"卫星"指标。这是当时"大跃进"之风情形下的惯例，比如社会上有水稻亩产万斤乃至十几万斤之类的报道，而且几乎天天见于大报大刊。据说，在就研究计划征求叶先生的意见时，他肯定了微波铁氧体和磁性薄膜这两个研究方向，但是建议要认真计划实验室的建设和人才的培养等，他估计要一段较长的时间（两三年）才能真正做出成绩。叶先生的这些教导或建议，在当时被"大跃进"冲昏头脑的年轻人中被当成了因循守旧的反面教材。不过，不久之后我们就感到还是叶先生的建议更实事求是，更科学，是真正成事之道。

二是，在"大跃进"的两三年里，我和同学们都早早就开始参加了科研工作，可是因为缺乏指导，不免事倍功半。昏热稍退，同学们知道该补一些课程了。叶企孙先生为磁学专业开设了一门论文评讲课，针对我们这群号称做过了一两年科研实际上却并未入门的学生，以提高我们的研究能力。这门课每两周讲一堂，叶先生从 Physical Review 等期刊中选一篇磁性研究的论文，为我们讲解该研究工作中的难点、作者解决问题的技巧，对那篇论文思想进行深度剖析。当时陶瓷型铁氧体磁性材料是研究的热点，记得有一节课上叶先生选了一篇赝三元系氧化物相图的文章为我们讲解，讲了从相图上如何认识结构变化、做赝三元系相图的技巧与难点等。此前的两三年里，我和同学们参加了科研工作，也阅读过文献，但多半只是抄上配方，或做些修改，以求碰上好性能样品。叶先生的讲解对于我们不啻为雪中送炭，让我们见识了什么才是系统深入的科学研究。我记得叶先生最后还讲，三四十年前（指 1920—1930 年），做个二元合金的相图就能拿一个博士学位了，而现在（指 1960 年左右），做一个三元系的相图通常已经不是难事，也够不上博士学位的水准了。叶先生以此告诉我们，科学研究不能依样炮制，而必须与时俱进。

大学的最后两年（1960—1962 年），我的毕业论文是在胡国璋先生指导下做磁性薄膜的研究。胡先生长于电磁学测量，从西南联合大学到清华大学再到北京大学，一直跟从叶企孙先生，胡先生治学十分严谨，对学生也十分关心。叶先生和胡先生的教导使我受益良多，我开始学到一些做科研的基本道理。我的毕业论文《斜入射坡莫合金薄膜的磁电阻效应》被磁学专业作为优秀学生论文推荐发表于《北京大学学报（自然科学版）》。

三是，叶企孙先生为我们年级的磁学班开设了固体物理课。1958 年我刚上三年级时，黄昆先生曾为我们全年级开讲固体物理课。可惜刚讲完第一章

"晶体对称性",即被"大跃进"的潮流冲散。直到"大跃进"结束,开始为同学们补课时,记不得什么原因,之后我也未能再听到黄先生讲的全本固体物理。在磁学专业,固体物理课是由叶企孙先生为我们补讲的,叶先生讲课时用了两本参考书,一本是弗雷德里克·塞茨(F. Seitz)的《固体的现代理论》(*The Modern Theory of Solids*),另一本是基泰尔(C. Kittel)的《固体物理导论》(*Introduction to Solid State Physics*)。对每一个论题,他从两本书中选出觉得较好的一本为蓝本讲解,而让同学们去阅读另一本加以比较。数节课后,他会给出两本书的对照、比较和评议,以启发我们思考。给我们讲课时,他已年过六旬,据他讲他的记忆力已不如前,他必须在每次讲课的前一天晚上再准备一遍,讲课时拿在手里的小纸条就是前晚新写的提纲,可见他的认真。

四是,磁学班人数不多,两门课都是我当课代表,因此还有几次机会单独到叶企孙先生家里,向他汇报同学们听课的反映和要求。在年纪近乎我祖父的大教授家里受到亲切的接待,实在令我诚惶诚恐。叶先生的客厅里各个角落都放满了书,连厅中央摆的一张床上也层层叠叠放了很多书。叶先生那时还从事科学技术史研究,每周大约要去中国科学院自然科学史研究所两次。记得一次他谈到,研究科学技术史要能阅读原始资料才好。叶先生说李约瑟不但会多种现代语言,而且连中国的古文(文言文)和欧洲的古文(拉丁文)的原始资料均能阅读;叶先生感叹自己不懂拉丁文,因而无法直接阅读欧洲科学发展中的原始记录,是研究科学技术史的一大障碍。那时我已能读英文、俄文和德文的文献,本感觉自己外文还不错,听了叶先生一番话才感到差距何止千里。

五是,1962年我这级学生毕业,磁学班的近20位同学向叶先生告别。告别时,叶先生给我们简短地讲了几分钟话,其中几句却让我记了多年,终生难忘。他说,各位在校多年读了许多书、考了许多试,毕业之后有的内容会忘掉,而且一定会忘掉,但是有的内容是该永远不忘的。他接着说,哪些可以忘掉,哪些该永远不忘甚至还要加深加强,今后再不能靠老师的考试,只能由你们自己去选择。他关照我们说,能不能独立地做出正确选择,对各位的前程至关重要。我现在也常常引述叶先生的这个教诲关照入学不久的同学,希望他们早日达到在学习中超越应考、在做研究写论文中超越凑数的境界。

北京大学物理系磁学班1962届学生毕业照

前排左起(同学):王鼎盛、莫育俊、李淼建、金仲辉、马永昌、周幼威、李笙

中排左起(老师):童莉泰、周文生、杨应昌、叶企孙、戴导生(戴道生)、廖绍彬、朱生传

后排左起(同学):徐来自、张敦庄、李伯臧、葛英才、严永辛、李本善、高洁、林勤、刘英烈、方思觉

六是,1962年我从北京大学物理系毕业后,报考了中国科学院物理研究所潘孝硕先生的研究生。那年招生总数不多,方针也叫"宁缺毋滥"。多年后潘先生告诉我,录取之前他曾到叶企孙先生处询问其对我们磁学班报考的几名考生的印象,是叶先生给了我正面的推荐,潘先生那年只招了我一人,这也是我应在这里向叶先生表示感谢的。后来我在磁学研究上取得了一些成绩,2001年获得了中国物理学会颁发的叶企孙奖,算是对曾受业于叶企孙先生的一点点报答。

作者简介

王鼎盛，中国科学院院士，1956—1962年就读于北京大学物理系，为叶企孙学生；1962年磁学专业毕业后，入中国科学院物理研究所读研究生，并在该所工作至今。主要研究方向为磁性和表面物理。20世纪80年代初，参与发展表面能带计算并成功用于吸附研究，揭示了磁体表面原子的巨磁矩现象。20世纪90年代，研究表面和界面磁各向异性能，阐明了磁各向异性能与电子结构的关系。90年代后期，发展电子能带的并行算法，实现了实用非线性光学晶体性能的能带理论计算。1996年获中国科学院自然科学奖，2000年获国家科学技术进步奖，2001年获中国物理学会叶企孙奖。

叶企孙把科学的根移植到中国开花结果

张之翔

我是叶企孙先生的学生,在这里以亲身经历讲一下叶先生对学生的教导和关爱。

清华大学物理系于1952年调整到新的北京大学(在原来燕京大学的校址),叶先生教我们几何光学。有一次,他出了一道计算题:一条光线射到一个玻璃球上,这个玻璃球的半径和折射率都给了,要求出射光线。其实这道题很简单,算两次折射就行了。可是我们班上大部分同学都不认真,结果算错了,叶先生很严肃地说这个不行,你们学物理要认真,物理学是严格定量的科学,要算出准确的结果,要我们重新计算。我们感到很吃惊,只好认真努力地重算,最后算对了,叶先生才满意。

叶先生很关爱学生,我们班同学快毕业时,他请班上同学分批到他家里,他用茶点招待,同我们欢谈,并让我们留下地址,将来好联系。后来听说以前毕业的同学和后来毕业的同学都是这样的待遇。叶先生对学生都很关心和爱护,有的同学生活有困难,叶先生还接济过他们。

我毕业以后住在未名湖北边的全斋,叶先生住在镜春园,两处挨着,我经常见到叶先生,几乎过年过节都到叶先生家里去看望他。叶先生没有结婚,他把我们当作自己的孩子一样呵护,我们也就把他当作自己的父亲一样。所以,我就经常到叶先生家里去,我们班毕业后留在北京大学的其他同学也常去看望叶先生。

因为住房宽敞，叶先生有时就让学生住到他家里。在清华大学时，他就让孙良方住在他家，在镜春园的时候让杨海寿住在他家，后来让梁宝洪一家住在他家。叶先生生活简朴，自己很节俭，却很关爱学生和同事。

我毕业以后做助教，业务上遇到问题常去向叶先生请教。叶先生跟我说，年轻的时候要努力，数学、物理上的难题要趁年轻的时候解决，年纪大了以后就不好弄了。处理某些问题，用热力学的规律去计算最好，得出来的结果可靠。相对论和量子力学一定要学好，这是现代物理的基础，不会这些以后就不行了。我听叶先生的话，在20世纪50年代就努力打好这些基础。

1954年，我在翻译苏联兰斯别尔格的《光学》（下册）时，其中有关牛顿对光的性质的用词，不同的作者用了不同的俄文。在翻译成中文时，我拿不准，于是去请教叶先生。叶先生花了不少时间帮我查牛顿的《光学》原著，对照俄文，仔细琢磨，最后才确定将其翻译成"态"。

叶先生也很关心我的生活，我记得1961年最困难的时候，当时吃不饱，我很消瘦，走路都困难，叶先生有一天在路上碰到我，说你怎么这样啊？明天早上你去我家里，我给你一点牛奶喝。第二天早上我去他家，叶先生叫老周把他的牛奶热了以后，分给我和肖国屏（他的研究生）两人喝；把一个面包切成两半，一半给我，一半给肖国屏。当时我的心里非常感激叶先生，因为那时大家都吃不饱，牛奶和面包是可望而不可即的宝贵东西，他却节省下来留给我们吃。

"文化大革命"中听说叶先生被捕了，我当时很吃惊，但不了解具体情况。不久后我到江西鲤鱼洲劳动了两年。回到北京大学后，也得不到叶先生的相关消息。后来听说叶先生出来了，因为没有给他平反，我也不敢随便去看望他。过了一段时间，我到系里找到宣传队的领导，请求让我去看看叶先生，得到允许后，我便去看望他。这时叶先生已住到校外中关园一公寓二楼的一间房里，我进门见他坐在藤椅上，看起来很衰弱，脸色很不好。他见到我已经不认识我了，问我你是谁啊？我说我是张之翔啊！他说，哦！是张之翔，你好你好！他坐在藤椅上动弹不了，拉起裤脚管给我看，他的小腿肿得很粗，他说这是红卫兵打的。他没有愤慨，只是说事实。我当时心里非常难过。他询问我的情况,我说我带着妻子和孩子到江西鲤鱼洲劳动了两年,回来后在学校里劳动。当时我们也不好说什么。待了一会儿,我说叶先生您老人家多多保重,就告辞了。后来叶先生去世和开追悼会,我都不知道。对于未能参加叶先生的追悼会,我深感遗憾。总的来说,叶先生对我们真是如同对自己的孩子一样关爱。

另外,我想讲一下一流大学的建设和叶先生的伟大功劳。物理学是在西方诞生的一门科学,中国古代没有,这个完全是从西方搬过来的。我在1992年访问德国的时候,在埃尔朗根大学与该校的教授座谈,我说,北京大学物理系是1913年才成立的,是玻尔提出原子结构理论的那一年。他们都感叹说太晚了,他们比我们早几百年。但是回过头来一看,由于叶先生的努力,清华大学就办成了我们国家在当时世界上来讲也是一流的大学,为什么呢?到西南联合大学那么困难的时候,也出了李政道和杨振宁,后来获得了诺贝尔物理学奖,这是世界公认的,是一流大学的标志。叶先生努力把物理学从西方移植到我国,在中国开花结果,达到这样的高度,是非常难能可贵的。我曾经讲过,一个人要得诺贝尔奖并不太难,只要你自己有条件,有能力,受过良好的教育,这是第一;第二要有机遇,当时正好遇上某一个关键问题,你有机会在某一个国家、某一个地方,正好研究这个问题,取得了正确的结果,这样的话你就可能获得诺贝尔奖。而把物理学从西方移植到我们中国来,创造出一流大学,这可就比一个人得诺贝尔奖难多了。世界上其他国家都有先例,很不容易。亲自从西方将物理学移植到中国来,开花结果,创造出一流大学,这是叶先生伟大的功劳,对我们国家来讲很有启示,值得我们后代研究和学习。

我就讲这些。

作者简介

张之翔,北京大学物理学院教授,大学本科阶段为叶企孙学生。主要从事基础物理和理论物理的教学和研究,发表论文70余篇,主要著作有:《光的偏振》《电磁学千题解》《电磁学教学参考》。

叶企孙先生创建北京大学物理系磁学学科组对一流大学建设的启示

钟文定

建设中国特色世界一流大学需要许多条件。2018年5月2日，习近平总书记在北京大学考察时提出，办出中国特色世界一流大学、培养社会主义合格建设者和接班人，要抓好三项基础性工作：坚持办学正确政治方向、建设高素质教师队伍、形成高水平人才培养体系。叶企孙先生创建了清华大学物理系和理学院，培养了一大批自然科学领域的优秀人才，他们成为20世纪下半叶中国科学发展的中坚力量和各学科的领军人物。1952年高等学校院系调整后，叶企孙先生到北京大学，于1954年创建了物理系的全国第一个磁学学科组，也培养了一支优秀的师资队伍，以及一大批磁学和磁性材料工作者。下面对叶企孙先生创建磁学组的一些做法进行综述，尝试具体说明叶先生的一些做法与中国特色世界一流大学建设的关系。

一、根据国家需要和全局考虑设置专业培养人才

第一个五年计划期间，中央决定在我国西北几个地方建设重工业基地，需要磁学方面的人才，可是当时在西北的许多院校都未设有磁学专业。为加快人才的培养，我国邀请了一位苏联的磁学专家来华工作（为期两年），并初

步拟定派往兰州大学。由于当时兰州大学未设磁学专业，于是高等教育部征求当时已设有磁学专业的四所学校[北京大学、南京大学、山东大学、东北人民大学（现吉林大学）]有关人员的意见，在高等教育部讨论时，出现了两种完全不同的意见：一种意见认为，应该把苏联磁学专家派往已设有磁学专业的学校，以便更好更快地发挥苏联专家的作用；另一种意见认为，从全国全局考虑，西北应有一所设立磁学专业的学校，目前条件不够，可以创造条件，并且已设有磁学专业的学校须给予支援。叶企孙先生是后一种意见的倡导者和积极支持者（当时表示愿意派刚毕业的研究生和一位年轻助教到兰州大学，从事苏联专家来华前的准备工作）。高等教育部采纳了后一种意见。后来，原设有磁学专业的四所学校都派年轻助教到兰州大学支援并向专家学习（山东大学磁学专业的全体师生都到了兰州大学），使兰州大学顺利地开设了磁学专业并有了第一批磁学毕业的本科生。

1957年9月，苏联专家巴尔费诺夫到达兰州大学，在专家的指导下，全体磁学组成员通过听课、做实验和做研究等具体工作，业务上提高很快，并且加强了五所学校磁学组之间的交流与合作，促进了全国磁学教育与科研的发展，可见叶企孙先生完全是从全国着眼来培养人才的。

二、亲自当面邀请一流专家来校授课，拟定磁学课程和实验室的建设项目

叶企孙先生规划了磁学学生所需的基本知识后，一部分理论课由他讲授，其余便亲自当面邀请当时国内仅有的在中国科学院应用物理研究所工作的磁学专家施汝为、潘孝硕、李荫远、向仁生等来校授课。叶先生都是亲自登门邀请他们（尽管都是叶先生的门生）。笔者陪叶先生去请向仁生先生（清华大学物理系1936级、1946年留美博士）来校讲授铁氧体的课程便是最好的例子。那时还未有出租车，由北京大学校园至玉泉山的中国科学技术大学（当年校址），需要转乘几次公共汽车，还要顶着烈日步行一段较长的距离，叶先生当时年过六十，仍健步前行。见到向仁生先生时，叶先生向其说明来意，当时向仁生先生并未立即答应（因普通物理的讲课任务重），后来才答应。

叶先生规划了磁学实验的项目，并在讲授理论课程时，带领学生到实验室观看物理现象，同时巧妙地把实验项目当作年轻教师的科研，与学生的毕业论文结合起来，圆满地完成了各自的任务。叶先生非常重视实验，不但亲自不断督促实验工作进展，还亲自写信向有关单位索要实验样品，使实验项目很快建立起来（他经常提醒不要因为备课而忽视进实验室）。

叶先生所规划的磁学理论课和实验项目，相继为其他设有磁学专业的四所综合性大学所采用。

三、采用各种方法培养高素质的师资队伍和磁学人才

1954年，北京大学物理系固体物理的五位研究生（包括笔者），向叶先生和黄昆教授（当时任固体物理教研室主任）当面请教，希望研究生的指导教师能培养研究生的思考能力，并使其初步掌握研究方法。叶先生认为研究生的这些能力不是凭空得来的，而是通过具体的实践，在业务学习中培养得来的。他在创立北京大学物理系磁学学科组时，除了派人出国深造外，还采用了许多方法来培养学生和年轻教师，下面略述一些。

（一）亲自讲授磁学基础理论课和做学术报告

笔者在1954—1963年的十年间（除1957—1959年外），听了叶先生的两门课（固体概论和铁磁理论专题），以及科学报告11次（表1）。

表1　叶企孙先生在1955—1963年对学生和教师所做的学术报告

序号	报告题目和时间
1	中国物理学史（1955年3月25日）
2	磁陶（铁氧体）的发现（1955年4月22日）
3	铁磁体的磁致伸缩（1955年9月17日开始，讲了4次，每次3小时）
4	磁性后效（1955年11月18日）
5	铁磁学中的几个主要概念：磁化曲线、磁导率（1963年2月5日）
6	Weiss分子场理论（1963年2月8日）
7	如何测量饱和磁化强度与温度的关系 $M_s(T)$ 及绝对饱和磁化强度 M_0，居里点与交换能量的关系（1963年2月12日）

续表

序号	报告题目和时间
8	磁热效应（1963年2月19日）
9	用绝热退磁法获得很低温度（1963年2月28日）
10	超导（电）性（1963年3月1日）
11	少量氧对坡明伐和坡莫合金在磁场热处时的影响（1963年5月22日）

现在看来，对于学习磁学的人来说，固体概论和铁磁理论专题两门课是基础性的；而科学报告内容则比较广泛，既有普及性的又有专业性的，既有理论又有实验，既有学科前沿又有实际应用等。报告时间之所以集中在1955年和1963年，可能是因为其他时间受各种政治运动和三年经济困难时期的干扰与影响。

（二）为年轻教师制订研究方向和举行定期的轮流读书报告会

在读书报告会上，每人讲一个专题，分几次讲，每周一次，每次三小时。现以1955年下学期开始的读书报告会的内容、顺序、次数为例进行说明。

叶先生带头先讲一个专题"磁致伸缩的唯象理论"（4次），以后的顺序和专题是"磁性后效"（4次，由钟文定讲），"巴克豪森效应"（4次，由胡国璋讲），"固溶体的脱溶和有序无序问题"（3次，由李庆澜讲），"旋磁效应"（4次，由廖莹讲），"斯托纳（Stoner）计算与铁磁性有关的能带"（4次，由张之翔讲）。每个人负责的专题就是他的研究方向或者正在研究的课题。

报告会上大家自由讨论，相互交流，每个参加者都感到收益很大。从报告会的专题范围可以看出叶企孙先生对学科前沿的了解和今后北京大学磁学组的研究方向。

（三）经常邀请年轻教师和磁学班的学生座谈

据张之翔回忆，他们班毕业时（1953年暑假），叶先生分批请他们到他家，拿糖果点心给他们吃，一边聊天，一边让他们写下姓名和通信处，以便以后联系。①

据戴道生回忆，在四年级学习时，叶先生常邀他们磁学班同学到他的住

---

① 张之翔. 回忆叶企孙先生[M]//钱伟长，虞昊. 一代师表叶企孙. 上海：上海科学技术出版社，1995：201.

处去，多半是晚上，利用这个时间了解大家的学习生活及身体情况……同时也随性介绍一些国外物理发展现状……他对古代中国科学技术的发展非常熟悉，并引经据典地论述了我国古代磁性材料的发现……这使他们了解到我国古代科学技术的伟大发明和成就，受到很深刻的爱国主义教育。①

我曾听叶先生谈过中国的古代文艺和明朝的版图问题及《墨经》中的光学问题。他说《墨子》是公元前 4 世纪的书，里面讲了光的直线传播、反射现象、平面镜与凹凸镜的成像等。公元前 3 世纪，鲁胜对《墨子》有注释，可惜现在早已遗失了。因古代人信儒教，故过去很少有人注意到《墨子》，直到清朝乾隆时才在道藏中发现《墨子》。叶企孙先生还谈到指南针的特征和应用问题，他说北宋时的《武经总要》中有指南鱼的记载，沈括（1031—1095）做了实验，指出指南针并不完全指南，而有偏东。朱彧在《萍洲可谈》中提到，至迟在 1099 年指南针已用于航海，比欧洲早 100 多年。可惜，指南针还用在堪舆上，搞风水迷信。显然这种用途是不正确的。②

叶企孙先生不仅对在校的学生非常关心，对毕业后的学生也一样很关心。进入 20 世纪 60 年代，社会上有一种强调理论联系实际、强调专业对口的风气，甚至有些提法过了头，叶先生便约请磁学毕业一年后又在北京工作的学生到北京城内的中山公园茶点部开座谈会，大家照例无拘束地品茗、吃点心聊天。叶先生询问各人的情况，并特别关心大家参加工作后的适应情况，很多人都提到应如何理解理论联系实际和专业对口的问题。最后，叶先生将物理理论分成四类：①基本唯象理论（如力学、热力学、电动力学、相对论等）；②基本微观理论（如统计力学、量子力学等）；③物性唯象理论（如技术磁化理论等）；④物性微观理论（如铁磁量子理论等）。经叶先生这一指点，对什么叫理论，什么叫专业对口，他们如何联系等便茅塞顿开了。③

---

① 戴道生. 回忆叶企孙老师对我的培养[M]//钱伟长，虞昊. 一代师表叶企孙. 上海：上海科学技术出版社，1995：221.
② 钟文定. 北大磁学学科的奠基人——叶企孙[M]//萧超然. 巍巍上痒　百年星辰——名人与北大. 北京：北京大学出版社，1998：694.
③ 钟文定. 北大磁学学科的奠基人——叶企孙[M]//萧超然. 巍巍上痒　百年星辰——名人与北大. 北京：北京大学出版社，1998：701.

四、提倡学术自由，允许保留不同意见

在学术问题上，叶企孙先生主张学术自由，提倡独立思考并可保留自己不同的意见。有两个典型的例子说明如下。一个例子是在 1958 年"大跃进"时，全校进行教育革命，其中提出打破旧教材体系，由学生自己编书。当时磁学专业有一批尚未进行磁学学习的学生和刚毕业的年轻教师，提出要自己编写磁学专业的书，并认为旧的磁学教材以参数为纲是资产阶级的，而新编的教材必须以材料为纲才是无产阶级的。[①]持这种意见的一批学生到叶先生家去征求意见，叶先生不同意这些提法，但在当时的形势下不能说服这些学生，只能把他们请出客厅。另一个例子是关于学术报告会上发生争论的事，20 世纪 50 年代末，国际国内都为研究不含镍、钴（当时称为战略物资）的永磁材料而兴起对铁微粉的研究，当时有一种理论模型——球链模型用来说明铁微粉的磁学性能，当我介绍完球链模型的主要内容后，大家在讨论时对球链的理解发生了分歧。一派认为，"球链"是一个个圆形的单畴连在一起组成细长形的链；另一派认为，"球链"是把细长形的粒子内分成许多圆形的单畴。两派都举出实验事实来支持各自的观点，讨论空前热烈，从下午两点开始直至五点半仍然得不到统一的意见。叶企孙先生始终静听两派的意见，最后才总结说：今天讨论很好，现在已经五点半了，我想总结几句：实际的微粉颗粒是细长形的，我们必须承认。球链模型是用简化的"链"来代表它。但假设这细长形的粒子内分成许多圆形的单畴的球，和假设由这许多圆形的球组成的"链"来处理问题，所得结果是一致的，重要的在于要考虑到球之间的磁相互作用。球链模型大概是有前途的（尽管还有许多因素没有考虑），但有前途的并不只是球链模型。[②]

叶先生的这一总结，充分说明他提倡学术争论，并指出争论的实质在于分析问题的角度不同，在得到的结果却是一致的同时又指出球链模型的不足，引导学生去进一步深入研究。

---

① 以参数为纲指的是以磁学的名词术语为教学内容的大纲，以材料为纲指的是以磁性材料的生产、工艺为教学内容的大纲。

② 见 1961 年 6 月 8 日的科学报告会议记录。

五、叶企孙先生具有独特的人格魅力，品格高尚、为人师表

教师的道德品质和人格对学生有着重要的影响，教书者须先强己，育人者须先律己。这里只举一些例子，表述叶企孙先生的高尚品德和人格魅力。

叶企孙先生对学生的热爱、关怀、帮助是有口皆碑的，他一生从事科学、教育事业，是培养了一代又一代优秀人才的大师，是大师的大师。

叶先生爱护学生，喜欢与学生接触，更喜欢上讲台讲课。"文化大革命"前夕，叶先生年近七十，我曾征求他的意见："今年是否不给学生开课了？"他不同意，还是要给刚进入磁学专门化的学生开课。早在1958年"大跃进"时，教育革命轰轰烈烈，磁学组出现破旧立新，自称为"磁学风暴"，其他教研组的人认为，磁学是少派当权，壮派不得志，老派无作用。1960年2月，华北局和北京市委成立调查组到北京大学了解当时搞教育革命的经验和问题，调查组负责人亲自访问叶先生，征求叶先生是否有上述这种感觉。叶先生予以否认，从来就认为自己不是无作用。即使在"文化大革命"期间，叶先生蒙冤入狱（1973年夏—1975年夏）刚出来，并且在行走不便的情况下，还乐意为攻读科学史（物化史组）的青年（大学刚毕业，1964年8月分配到单位，10月便下乡"四清"，认识叶先生才一个多月）讲解科学史和补习英语[①]，每周两次。

叶企孙先生举贤自让，礼贤下士，聘请第一流学者。在清华大学时的典型例子就是他在1928年聘请吴有训先生时，把吴先生的工资定得比自己当物理系主任的工资还高。1934年，又推荐吴先生做物理系主任。1937年，叶先生辞职推荐吴先生做物理学院院长。叶先生为使萨本栋先生专心研究并矢电路及其数学问题，以及写好《普通物理学》等书，便自己代萨本栋先生登台讲课，以减轻萨本栋的教学负担。叶先生在1959年顶着烈日亲自去请向仁生先生的情况，已如前述不赘。

叶企孙先生勇于坚持真理，敢于说出自己的见解。20世纪50年代报上宣传水土保持和生态环境，并出了一批招贴画，其中一幅标题为"河清有日"。叶先生在一次座谈时对我们说：在水土保持未搞好以前，黄河的水是

---

① 戴念祖. 为了忘却的怀念——回忆晚年的叶企孙[J]. 物理，2003，32（10）：659.

不能清的，否则三门峡水库很快就会被填满，且下游河堤易坏，因清水的冲击力厉害。另外，牧场不能过分开垦，否则对水土保持不利。

20世纪60年代前期，在所谓辩证法经典，即"一分为二"的思想权威下，科学、哲学界滋生出一种倾向，以唯物和唯心两极端划分历史上的自然科学家，将科学发展进程归结为单纯的这两种世界观的斗争结果。叶企孙先生以大无畏精神逆潮流地写了《关于自然辩证法研究的几点意见》，指出，科学史上确是有些例子，表明一个有唯心观点的或有形而上学观点的科学家也能做出些重要的科学贡献。[1]他的意见震惊了当时的科学界和哲学界，表现出他不依附权威的真知灼见，体现出他坚持真理的秉性。

六、未了的小结

北京大学物理系磁学组从1954年组成至2001年物理学院成立、磁学并入凝聚态物理与材料研究所的48年中，共培养了磁学毕业的本科生584人（其中多数为四年制，少数为五年制、六年制），培养硕士研究生、博士研究生50—60人，这些毕业生大多成为工厂、学校、研究机构等单位的业务与管理骨干、研究员和教授等，其中三人当选为院士。

磁学组的教材和实验项目，皆为国内其他综合性大学磁学专业采用，这些教材都已出版，其中《铁磁学》（上、中、下册）被评为北京大学优秀教材。2017年，《铁磁学（第二版）》（上、下册）也已出版，作为纪念叶企孙先生诞辰120周年和逝世40周年的献礼。

磁学组的研究工作取得重大突破，在国际上有较大影响，表现在SCI上收录论文数和被引论文数为全校最多，获得奖励的人次也是全校最多，表2和表3是1989—1993年5年北京大学教研室发表的论文与结题项目、科技奖励人次和SCI发表论文的统计[2]，在北京大学申请"211工程"大学的报告中也已有提及。

---

[1] 叶铭汉, 戴念祖, 李艳平. 叶企孙文存[M]. 北京：首都师范大学出版社，2013：13.
[2] 郑英姿. 科技论文的数量分布分析[D]. 北京：北京大学，1996.

表 2　北京大学教研室 1989—1993 年发表论文与结题项目的统计

单位名称	结题项目/项	SCI 论文数/篇	中文论文数/篇	SCI 引文数/篇	合计论文数（SCI+中文）
物理系理论物理	32	59	58	38	117
物理系磁学	19	76	41	92	117
数学系函数论	11	11	95	0	106
化学系分析化学	18	22	60	29	82
物理系低温物理	15	52	48	45	100
化学系高分子	25	18	70	27	88
化学系物质结构	25	14	68	5	82
力学系固体力学	20	24	57	8	81
物理系能谱	21	29	51	15	80
力学系流体力学	10	5	75	1	80

表 3　北京大学教研室科技奖励人次和 SCI 发表论文的计量分析

单位名称	成果奖励人次/次	SCI 被引文数/篇	SCI 被引文次数/次
物理系磁学	29	92	230
物理系低温物理	4	45	98
化学系胶体化学	17	47	96
物理系理论物理	19	38	92
化学系分析化学	9	29	66
地球物理系空间物理	7	20	52
化学系高分子	20	27	48
物理系普通物理	2	24	46
物理系固体结构	2	25	43
数学系应用数学	11	10	30

磁学组的这些成绩，除了与大环境有所改观外，也与叶企孙先生的具体指导和培育有关，叶先生的具体实践，他的人才培养的全盘布局、广聘人才、教学与研究并重、理论与实验统一、热爱学生、人格魅力等是培养一流人才、创建一流高等学校的具体条件和措施，值得继承和发扬。

叶企孙先生出身书香门第，从小就熟读古籍，后入清华学校接受西方教育，20 世纪 20 年代留学美国研究自然科学，可以说是在"三通"（古今融通、中西会通、文理汇通）理念下成长的典范。

叶企孙先生的典范作用永存！

作者简介

钟文定，北京大学物理学院教授，享受国务院政府特殊津贴。主要从事磁学、磁性材料的基础和应用的教学与研究，涉及的专题有：锰铋合金、低温特异磁性、巨磁致伸缩、磁性的宏观量子效应、矫顽力理论等。著有《铁磁学（第一版）》《铁磁学（第二版）》《技术磁学》，发表论文百余篇。

一代宗师叶企孙

戴念祖

人们想到的"大师",通常是有比常人高得多的学识。其实,除此之外,真正的大师更有指引他人前进的能力、气魄与胆识。唯有此,才能凝聚强大的一股力量,推动科学和社会的进步。叶企孙就是这样的一位大师。古今建设一流大学,一流学科,出一流成果,都少不了这样的大师。

一、叶企孙其人

叶企孙(1898—1977),哈佛大学哲学博士,回国后,长期任清华大学物理学教授、物理系主任、理学院院长,1949—1951年任清华大学校务委员会主任(今日称谓为"校长")。1924—1949年,协助清华大学校长梅贻琦,将原本为留美学生预备班的一所学校办成全国一流的大学,使清华大学在为国家输送高端人才方面成全国之最。在抗日战争最艰难的岁月(1942—1943年),叶企孙出任中央研究院总干事(相当于常务副院长),清华大学特种研究所委员会主任委员。此时,他主张科学研究要为抗日急需服务。1951年后,叶企孙任北京大学物理学教授,磁学研究室主任,又培养了大批磁学的教学和科研人才,为国家通信理论和技术奠定了雄厚的基础。1948年,叶企孙当选为中央研究院院士,1955年当选为中国科学院学部委员(后改称院士)。

二、叶企孙的科学贡献

叶企孙做出了许多科学贡献。在物理学上有三个最为重要且被普遍应用的物理常数，即万有引力常数 G、玻尔兹曼常数、辐射常数（或称普朗克常数）h。叶企孙在1921年硕士研读期间，与他的同事帕尔默在导师杜安的指导下，用 X 射线精确地测定了普朗克常数 h，叶企孙的测定值被物理学界引用了十余年之久，当时被称为普朗克常数的叶值。

叶企孙的第二项重要研究，是关于高压下磁效应的测量。当铁磁性金属置于高压状态下时，其磁导率、剩磁等物理参数都会变化，这是一个既复杂又急需耐心的研究工作。在叶企孙之前，施于磁体的压力为每平方厘米 300—1000 千克，而叶企孙却用了超常的压力，即每平方厘米 12 000 千克。因此，叶企孙的这一研究得到了前人从未有过的结果。非但如此，叶企孙还提出了这一科学实验必须具备的两个基本条件，即实验样品（铁磁体）必须结构均匀；每次实验之前，必须对前一次的实验样品进行退磁。"完全退磁"的概念就是叶企孙在这项实验中提出来的。

此外，叶企孙在 1925 年指导学生赵忠尧、施汝为、陆学善等做建筑声学的研究，他们测定了清华大学大礼堂的音质，提出用中国地毯改进礼堂的混响。这一工作比美国声学家沃森（F.R.Watson）的相关研究只晚了两年。

值得注意的是，1936 年，叶企孙指导他的学生熊大缜做了"红外光照相技术"的研究，熊大缜等成功地对北京西山在深夜拍照这一技术比美国早 20—30 年。20 世纪 60 年代后期越南战争期间，美国才运用这一技术对地面拍照，以搜寻在丛林中活动的越南军队。

三、科学史和自然哲学的研究

从青少年时代起，叶企孙就喜爱科学史，读了大量的古今中外科学史书籍，也写下了不少科学史与文学史的文章，以及科学家传论。1950 年，萨本栋在美国旧金山病逝，叶企孙当即写下了《萨本栋先生事略》一文以示怀念。1951 年在中国物理学会第一届（此乃从中华人民共和国成立起算的第一届）

年会上做了题为"现代中国的物理学成就"的报告，为这个报告，他的学生钱伟长、王竹溪（此时，他们二人分别为清华大学和北京大学的领导）协助他查找了 800 余篇相关文献。但是，这一扎实的当代科学史报告在不久后受到批判，说"刚诞生的新中国何如颂扬旧制度的成就"。特别是在 20 世纪 40 年代，在昆明时期，叶企孙曾多次与李约瑟交谈。当时，李约瑟是英国驻华大使馆文化参赞，叶企孙是引导李约瑟对中国科学史感兴趣的人之一，李约瑟自后全身心投入中国科学史研究，并成为国际上知名的科学史家。李约瑟在其大作之一卷，即《中国科学技术史》第 4 卷第 1 分册（物理学）的扉页上写道："谨以本卷献给北京大学物理学教授、前中央研究院总干事，1942 年在昆明和重庆黑暗时期最诚挚的朋友叶企孙。"1957 年，叶企孙又为李约瑟的著作写书评，引起中国知识界对后者的重视。

1954—1957 年，叶企孙和中国科学院副院长竺可桢、历史研究所所长（今属中国社会科学院）侯外庐共同创办了自然科学史研究所，叶企孙还兼任该所研究员，指导年轻人从事科学史研究。

另一件令人难忘的事情是，1965 年，叶企孙发表《关于自然辩证法研究的几点意见》一文，提出"一个有唯心观点的或是形而上学观点的科学家也能做出些重要的科学贡献"，真是一语惊天，震惊了当时的科学界和哲学界，表达了一个真正的知识分子不依附权威的真知灼见与勇气，亦体现了一个忠谔之士的秉性。

四、创建教研团队，培养学生

俗话说：单打独斗不能得天下，或言，一己之力不足于撑起一片天。叶企孙深明其理，自 20 世纪 20 年代在清华大学任职后，他就在世界各地物色有才华的学者以充清华大学教授之职。比他晚三届的清华大学高才生萨本栋是斯坦福大学电机工程博士，他将其请到清华大学任教。1926 年获博士学位并参与其导师康普顿的散射实验的吴有训，叶企孙以比自己的工资还高的待遇聘请他到清华大学任职，甚至让出物理系主任之职。心灵手巧、能自制仪器做实验的赵忠尧，在无线电技术和无线理论上崭露头角的任之恭，化学家张子高，数学家熊庆来、杨武之、华罗庚等，叶企孙一一礼聘他们，组成清华大学最好的教学研究团队，为清华大学物理系、理学院的人才建设搭起了真正的学术框架。在他们的努力下，清华大学有了第一届物理系毕业生，即 1929 年毕业的王淦昌、周同庆、施士元、钟间四人。后来者，如赵九章、彭桓武、王大珩、钱三强、钱伟长、华罗庚、王竹溪、蒋之波、张宗燧、葛庭燧等都成为中国科学院院士。还有美国科学院院士、天体物理学家林家翘；美国工程院院士、无线电和无线理论物理学家戴振铎；以及诺贝尔物理学奖获得者杨振宁、李政道等都曾是叶企孙的学生。23 位"两弹一星"元勋中有一半以上是他的学生或学生的学生，出其门院士有近 80 位。

培养了如此之多的高精尖人才，人们自然会问及叶企孙以什么方式教导他们。

叶企孙曾多次强调清华大学物理系的教学方针：一是，重质不重量；二是，一个班的人数不宜多，最好在 10 人之内；三是，只授基础知识。他的主张是，基础知识必须讲深讲透，令学生能举一反三地应用这些知识。

叶企孙选取学生时也有一些趣事。1964 年，他张榜全国在中国科学院自然科学史研究室招收一名天文学史研究生，结果有三人应试：一人是某大学教师，考试成绩最好；一人是曾经在该所任职、后下放农村的工作者；一人是当年一名大学毕业生。三人考分伯仲之间，相差无几，按理当录取成绩位列第一的人，但该所领导希望叶先生能招收第二人，以便将来有类似下乡下放工作容易做好。但叶企孙坚持只收第三人，因为该人有一道答题不仅结果正确，而且是用了叶企孙本人不知道的方法解出来的，叶企孙认为唯他可造就矣。不出所料，该生在 20 余年后，在天文历法研究方面做出了杰出的贡献，令号称研究中国历法的日本专家甘拜下风。后来，该生还担任了中国科学院自然科学史研究所所长多年。

叶企孙极为爱护学生，他见学生光脚，就用自己的钱为学生买鞋穿。三年困难时期，他将特供配给教授的一份牛奶，送给患有水肿的学生，要他们加强营养。他的学生中有一位女生，毕业后到某一学校教书，但是该校师生几乎全是男生，没钱为一女老师专门盖一个女厕所。叶企孙闻讯后，自掏腰包，建议该校立一女厕。对于协助叶企孙在课堂上做实验的阎裕昌老师，叶企孙告诫学生,要称他为"阎先生",不得叫"阎师傅"或其他称谓。

叶企孙和他的学生熊大缜之间有着浓厚的师生感情。熊大缜在他的学生中非常突出,不仅身材高大强壮,在各种体育活动中都能显示自己身手,而且功课甚好,动手能力颇强,能自制相机,自己冲洗胶卷,因而深得叶企孙喜爱。当闻讯熊大缜在冀中抗日根据地被当作"奸贼"杀害之时,叶企孙正在由天津前往昆明途中,他写下了《思念熊大缜五言一首》,其中写道:"相善已六载,亲密如骨肉。喜君貌英俊,心正言爽直。"可见叶企孙爱徒之心情。

五、爱国行动

正如李政道所言:叶企孙先生是杰出的科学家、教育家和爱国者。

1937 年"七七事变"爆发,日军侵占北平,在冀中尚有中国共产党领导的冀中抗日根据地,聂荣臻、吕正操都在这里领导人民抗日。

1936—1937 年,叶企孙可出国休假,但他以养病为名,留在天津,协助清华大学转移南下,完成校长梅贻琦交代的工作,负责保存、转移清华大学的仪器、财产物品,减少损失,尤不能让日军占有。此时,学生熊大缜、实验员阎裕昌为叶企孙的助手。1937 年,熊大缜也本可赴德深造,但他随师在天津一起为抗日做贡献。

在天津期间,1937 年 4 月熊大缜入冀中,任中国共产党领导的冀中军区印刷所所长,7 月任供给部部长,先后制造了烈性炸药、地雷、手榴弹、收发报机等军用器材,叶企孙在天津为其购买相关零件、材料。

天津吃紧后,叶企孙转往昆明,路过香港见蔡元培和宋庆龄,希望宋庆龄等支援财物于冀中。到了昆明后,叶企孙以"唐士"笔名,写下《河北省内的抗战状况》一文,重点介绍共产党领导冀中抗日情况。他说:"冀中区至今还急需技术人才去参加工作,尤其是能作炸药的化学者,能在内地兴办小工业的化学者及工程师、兵工技师、无线电技师、各种机匠、医生、看护士、能管理银行的专家,及能计划如何统制输入与输出的专家。有志参加这些工作者可无须顾虑到旅途的艰难。据作者所知,到冀中去的旅途上实在没有多大危险。"

《河北省内的抗战状况》一文，又发表于《京津泰晤士报》（英文版）、美国《亚洲》杂志，文中图为吕正操将军照与冀中平原战士照。文中建议，美国总统罗斯福直接与共产党联系，协同作战。

不久，冀中开展锄奸运动，熊大缜被当作特务杀害。其档案从冀中（1936年）转移到延安（1942年）再转移到北京（1966年）。在"文化大革命"中，叶企孙也因此遭灭顶之灾。

另有两件事值得一提。

第一件事是，1929年，叶企孙首次邀空气动力学家冯·卡门访华，从而提高了中国知识界甚至军界政界有关空气动力学和建造飞机风洞并进行风洞实验的重要性的认知。

第二件事是，1931年，叶企孙邀请物理学家朗之万访问中国。叶企孙听从朗之万建议，于1932年成立中国物理学会，并多次出任中国物理学会会长。此乃叶企孙为中国物理学的发展做出的重要贡献。

作者简介

戴念祖，1964年毕业于厦门大学物理系，此后一直在中国科学院自然科学史研究所从事学术研究，研究生阶段为叶企孙的学生。曾任中国科学院自然科学史研究所物理学史和化学史研究室主任，所学术委员会委员，学位委员会委员；中国科学技术史学会常务理事，物理学史专业委员会主任委员。2003—2010年为首都师范大学特聘教授，2005—2013年为中国音乐学院音乐科技系特聘教授。1995年被授予"中国科学院有突出贡献的中青年专家"称号。撰有"中国物理学史大系"丛书、《中国物理学史》、《天潢真人朱载堉》等，任《中国科学技术史》30卷本常务编委。

叶企孙对中国科技史事业的奠基性贡献

王渝生

叶企孙是中国近代物理学的奠基人之一，中国物理学界最早的组织者之一，对中国物理学研究、理科研究、教育事业乃至世界科学发展做出了巨大贡献。同时，叶企孙还是一位科学史学家。

北京大学戴道生老先生的一篇文章《深切缅怀和纪念著名物理学家、教育家、科技史学家叶企孙先生》，我认为这是对叶企孙先生一生在三个学术领域的准确定位。令我非常激动的就是，对叶企孙的最后一个定位是科技史学家。

为什么说叶企孙对我们的科技史事业有奠基性的贡献呢？因为1949年11月1日中国科学院成立，郭沫若任院长，竺可桢是副院长之一。郭沫若任院长不久的第一次讲话，就说现在中国科学院成立，摆在我们面前的有两项最紧迫的任务，第一项任务是要收集和整理中国古代的科技典籍；第二项任务是要翻译和刊行世界近现代的科学著作。所以，作为中国科学院院长和历史学家的郭沫若就把科学史的研究提上了议事日程。

到了1952年，郭沫若又委托竺可桢在中国科学院内部召开了一个自然科学史研究的讨论会，参加会议的科学家，尤其是中国科学院系统的科学家提出，仅有中国科学院的人还不够，还要有高等院校的有关专家参加。当时就提到了清华大学的三个人，即叶企孙、刘仙洲、梁思成，要把他们也吸收到我们的科学史研究专家队伍中来。

1954 年，中华人民共和国召开了第一次全国自然科学史的研究会，邀请了叶企孙以及高等院校中对科学史有兴趣、有成就的教授们前来参加。结果在 1954 年的讨论会结束之后，就成立了中国自然科学史研究委员会，没有说是中国科学院的，也没有说是高等院校的。该委员会有 17 个人，主任委员是时任中国科学院副院长的竺可桢，而且郭沫若是委托他主持该事。副主任委员有两位，一位是叶企孙，另一位是历史学家侯外庐。所以说，从 1954 年开始，叶企孙就进入了中国自然科学史研究委员会领导层面，开始了中华人民共和国科学史研究的奠基性工作。

1956 年，中国科学院做出决定，要在中国科学院内成立一个研究机构，因为当时人员有限，不可能成立一个研究所，就成立了中国自然科学史研究室，这个研究室后来在 1975 年扩大成为研究所。当时差一点归到社会科学院，但是因为搞自然科学史的人多是学自然科学出身的，比较而言，希望这个学科离自然科学界比离社会科学界要近一些，所以就有了后来的中国科学院自然科学史研究所。

叶企孙在 20 世纪 50 年代才 50 多岁，精力充沛，参与了中国科学史学科建制化的奠基性工作。我是 1978 年考到中国科学院研究生院学习科学史的，在自然科学史研究所看到很多当时的原始资料。叶企孙经常在有关会议上说同竺可桢一唱一和，就是讲到自然科学史研究时，第一不要忘记我们的祖先，要继承我们的过往；第二要为未来的科学研究提供一些历史依据，这就是不忘传统，开创未来，这个立意很高，是很有意义的。所以在"文化大革命"前，自然科学史领域就开始招收研究生。叶企孙率先在 1964 年招收的一位研究生学有成就，后来在"文化大革命"结束后担任了自然科学史研究所所长。

1956 年年初，周恩来亲自领导主持中华人民共和国成立以来的第一个科技发展中长期规划，当时称为《1956—1967 年科学技术发展远景规划》，叶企孙负责"基础科学·物理学"的磁学部分的规划工作。2 月，竺可桢召开座谈会讨论制定中国科学史研究规划，决定由叶企孙领导制定科学史规划的具体工作。叶企孙在当年 7 月举行的中国自然科学史第一次讨论会上做了《中国自然科学与技术史研究工作十二年远景规划草案》的报告。11 月，中国科学院副院长吴有训主持第 28 次院务会议,研究中国自然科学史研究室筹建方案。叶企孙与会并发言,强调自然科学史研究与社会科学甚至艺术史有关;并且预言,中国科学院自然科学史研究室成立后,将来还要开展世界自然科学史的研究。

1957 年 1 月,中国科学院自然科学史研究室正式成立,叶企孙任该室兼职研究员和《科学史集刊》编委。

我听中国科学院自然科学史研究所老所长席泽宗院士讲过,作为兼职研究员,叶企孙每周二、周五从中关村到朝阳门内的"九爷府"上班,风雨无阻,从不间断。当时席泽宗同他在一间屋子办公,两人十分热衷于讨论中国天文学史问题。中午常常是叶企孙请席泽宗在附近吃午饭,有时还到和平饭店或新桥饭店吃西餐。

这是我讲的第一点,他对中华人民共和国科学史事业的奠基性贡献。

我要讲的第二点,时间往回推,从 20 世纪五六十年代回到 40 年代,1942 年叶企孙在重庆和昆明任中央研究院评议长,他同英国剑桥大学著名科技史家李约瑟有过交往。李约瑟在 1937 年前是一位著名的生物学家、胚胎学家,是英国皇家学会的会员(即院士)。1937 年,有三位中国留学生,其中有一位女性叫鲁桂珍,给李约瑟的夫人当研究生,受鲁桂珍的影响,李约瑟对中国古代科技史产生了浓厚的兴趣,他说自己产生了一种宗教"皈依"的信仰,于是放弃了对生化胚胎学的前沿研究,从向鲁桂珍学习古汉语、文言文开始,进而学习和研究中国古代生物学史乃至科学史、技术史。他们从 1937 年学术上的合作一直持续到了 1987 年,整整 50 年,半个世纪以后,李约瑟的夫人去世,又过了两年,李约瑟和鲁桂珍举行了婚礼。当时李约瑟说,晚到总比不到好。所以后来以他们两人的名义设立了一个国际的李约瑟鲁桂珍科学史研究基金,资助了很多人到剑桥大学去做研究,我也是受到资助的人之一。

回过头来说叶企孙,1942 年叶企孙 44 岁,就和 42 岁的李约瑟见了面。李约瑟后来写回忆文章,就说他在重庆期间印象最深刻的是郭沫若、叶企孙等,因为他们不管是学文科的还是学理科的,都对中国传统的科学史有很深的理解。所以中华人民共和国成立以后，李约瑟来华访问时要见叶企孙。一次是 20 世纪 50 年代末，叶企孙在北京大学和李约瑟以及其他科学家进行了会见，还拍了合影。后来李约瑟出版了《中国科学技术史》7 卷 34 分册，在每一个分册的扉页上他都要写上献给一个人，比如献给周恩来，献给郭沫若。在第 4 卷第 1 分册（物理学）的扉页上，他写道："谨以本卷献给北京大学物理学教授、前中央研究院总干事，1942 年在昆明和重庆黑暗时期最诚挚的朋友叶企孙。"后来叶企孙也为李约瑟的《中国科学技术史》写了书评，如 1957 年就在《科学通报》上发表了介绍李约瑟刚出版不久的该著作第 1 卷的评论文章，除了充分肯定其"将成为中国科学史方面的空前巨著"之外，也实事求是地指出了其中的缺点与错误。更重要的是，叶企孙注意到并强调了李约瑟关于中国古人对人类科技发展的贡献卓著，而近代科学和工业革命没有在中国发生的"李约瑟之问"的重要意义，这使得不仅从科技内因，而且从政治、经济、文化、社会诸多方面的外因探讨中国近代科技落后成为显学。这是我要讲的第二点。

我要讲的第三点，是再回头过去，20 世纪初，在叶企孙十几岁在清华学校读书时，就开始从事数学史研究，我曾经写过一篇文章，20 世纪末在台湾的《科学世界》上发表。1916 年，叶企孙 18 岁的时候就写过一篇数学史的论文《考正商功》。这真是不得了，中国古算书《九章算术》有九章，其中有"商功"章，都是用古文写的。我们读研究生时，即使我是学数学出身的，读起来都很费劲，立体图形没有图，完全是用古文叙述，点和线，用甲乙丙丁、子丑寅卯表示，今人很难看懂。叶企孙才十几岁就写了《考正商功》，指出了"商功"中的某些不恰当的地方。后来我查了一下，那是传抄的错误，因为中国是印刷术的故乡，但是我们所谓的胶泥活字印刷术说是北宋万历年间，但后来到了明清都是雕版印刷的多，没有怎么用活字印刷，所以雕版印刷的时候刻工刻错的字很多，比如当时考证一个词，古算书里面的，叫"夕桀"，怎么也搞不懂这是一个什么数学名词，后来有一次恍然大悟，原来是"互乘"，"互"字上下两横漏掉了，变成了"夕"，乘法的"乘"东搞西搞又刻成了字形相仿的"桀"，所以考证古算书是很难的。但是叶企孙十几岁就能写《考正商功》，并发表在《清华学报》上，开其学术研究之先河，起点是很高的。

另外，叶企孙还写了《中国算学史略》，自周秦至清末李善兰，凡两千余年之史实概要。我的老师严敦杰后来把它收进《中算史论著目录》①中去了。而我们数学史界的老前辈李俨、钱宝琮，他们发表第一部数学史的论文或数学史的著作都是在 20 世纪 20 年代以后，应该说在数学史的研究方面，也就是整个科学史的研究方面，叶企孙是第一人。

1917 年，19 岁的叶企孙在《清华周刊》连载《天学述略》，又在《清华学报》（英文版）上发表《中国天文学史的研究》。1958 年，他还在中国自然科学史研究室组织编写过专著《中国天文学史》，并在 1959 年完成了初稿，但因他坚持认为天文学的发展除了生产需要外，还要有好奇心的驱使，其历史观不合时宜，未能出版。直到改革开放以后，该书成为 1981 年中国科学院自然科学史研究所倾力编写《中国天文学史》的底本。

从以上三个方面的几个片段来看，叶企孙可以被称为科学史家，而且是中华人民共和国科学史事业的奠基者之一。

日前出席纪念叶企孙诞辰 120 周年大会，获读储朝晖所著的《20 世纪中国教育家画传：叶企孙画传》，置叶企孙于"文化大革命"前夕公开发表的《关于自然辩证法研究的几点意见》（1965 年 4 月）于全书正文之前，读到叶企孙"对历史上著名的科学家必须具体地分析，给予正确的评价""科学史上确是有些例子，表明一个有唯心观点的或有形而上学观点的科学家也能做出些重要的科学贡献"，真是振聋发聩，令人肃然起敬！叶企孙在当年被"专政"时所说的话"我是科学家，我是老实的，我不说假话"应该成为我们今天新时代的科技工作者的座右铭。

作者简介

王渝生，国家教育咨询委员会委员，中国科学院理学博士、研究员、博

---

① 该书为非正式出版物。后有：严敦杰. 中国古代科技史论文索引[M]. 南京：江苏科学技术出版社，1986.

士生导师。曾任中国科学院自然科学史研究所副所长，中国科技馆馆长，北京市科学技术协会副主席，全国政协委员。获得"全国科普先进个人"称号，享受国务院政府特殊津贴。长期从事科学史研究和科普教育工作。著有《自然科学史导论》《中国算学史》《科学寻踪》《科技百年》等，荣获国家图书奖、全国优秀科技图书奖暨科技进步奖（科技著作）、20世纪科普佳作奖、中国青少年社会教育"银杏奖"特别贡献奖、《国家中长期科学和技术发展规划纲要（2006—2020年）》战略研究突出贡献奖等。

叶企孙与中国科学社

宋业春

摘要：追寻历史上叶企孙与中国科学社的联系，为理解"大师的大师"在现代科学史中的贡献提供一个新的视角，叶企孙为创建中国科学社并推动其事业的发展做出了重要贡献。

关键词：叶企孙；中国科学社

叶企孙是著名的科学家、教育家，中国现代物理学奠基人之一，被誉为"大师的大师"。叶企孙与中国科学社有着长期广泛且密切的联系，无论是其早期所从事的科学社活动、留美担任驻美分社临时会长，还是归国后的全面参与，成为该社的骨干，以及在中国科学社后期发展面临的困境中较早地提出科学界联合行动，组织联合年会，表达共同心声，叶企孙均在其中发挥了领导与示范的作用。可以说，叶企孙为创建中国科学社并推动其事业的发展做出了重要贡献，在中国科学学术传承中起到了奠基性作用。这应当写入中国科学社的历史进程中，也是叶企孙科学事业的重要组成部分。

一、受《科学》启蒙影响，创办清华科学社

1915年1月，由留美学生任鸿隽、胡明复、赵元任、周仁、秉志、章元

善、过探先、金邦正、杨铨 9 人筹办《科学》杂志，并在上海创刊发行，在编刊"例言"中声明本刊"专以传播世界最新科学知识为职志"，大声疾呼"继兹以往，代兴与神州学术之林，而为芸芸众生所托命者，其唯科学乎，其唯科学乎！"表达了"科学救国"的理想，对当时的青年知识分子产生了积极影响。可以说，叶企孙是其中较早受到科学启蒙影响并且成为"科学救国"的实践者。

1907 年，叶企孙进上海敬业学堂学习，课程中有西算、理化、博物等学科，他开始接触西方现代科学，并对舆地、博物、算术等产生了很大兴趣。1911 年，叶企孙报考清华学堂被录取，成为走进清华芜园的第一批骄子。1911 年 10 月武昌起义爆发，清华学堂停课。叶企孙返沪就读于兵工学校，该校偏重自然科学知识的传授。1912 年秋，清华学堂复校，更名为清华学校。1913 年叶企孙再考清华学校，被录取。在清华学校求学期间，他深感美国退还的庚子赔款乃祖国人民的血汗钱，自己他日留学必须从国家的需要和自己的长处严谨思考，以图报国，并由此播下了科学救国的种子。

叶企孙在清华学校读书时就喜欢钻研，发表了多篇学术论文，表现出对科学的热爱和专注。他对于科学的追求在早年著述中也得到彰显。早在 1914 年，叶企孙就完成学术论文《考正商功》。① 1915 年叶企孙刚满 17 岁，不仅已在清华校内刊物上发表很有分量的学术论文，还与商务印书馆、中华书局、《科学》杂志建立起经常性的学术联系。如 1915 年 1 月 3 日，叶企孙在日记上写道："收商务印书馆复信一封。论翻译几何学事。"

1915 年，我国的第一个科学社团——中国科学社成立。是年 3 月 2 日，叶企孙在清华学校的图书馆见到《科学》创刊号，立刻被吸引住了，并高度重视，自创刊号以来每期必读，且做了读书笔记和心得体会。他在 3 月 3

---

① 1916 年 6 月在《清华学报》第 2 卷第 2 期上发表此文时说："是篇系二年前旧作。近日展读，自愧肤浅。学算与时偕进，固无限量。然商功为九章之一，神州国粹，不可不知。原文古意盎然，后世注释者，其文亦雅训。此篇之作，题术仍旧，说理力求明雅，使读者知吾国数学文字，自有佳者。非如近世译本，芜杂难读也。同学中方习立体几何者，读之可悟中西一贯之理。算式敬遵海宁李氏之例，以见六十年来变迁之迹，至于辩语之处，反复引申，惟恐不尽，有稗于学者之精思云。"梅贻琦先生读后加评说："叶君疑问之作，皆由于原书中'刍童、盘池、幂谷皆为长方底之截锥体'一语之误。然叶君能反复推测，揭破其误点，且说理之圆足，布置之精密，俱见深心独到之处，至可喜也。"

的日记中写道："晚往图书室，阅科学杂志"。在3月4日的日记中摘下其中要点，提到该刊有平面数学、加里倭儿（伽利略）传、奈端（牛顿）轶事、万有引力之证明等。他在3月27日的日记中感叹道："吾国人不好科学，而不知二十世纪之文明皆科学家之赐也。"[①]《科学》创刊号刊出的物理学家伽利略传、牛顿轶事三则，这两位物理学家为科学真理献身的精神深深影响了他。1916年，叶企孙自费订阅了全年的《科学》杂志第二卷，《科学》对叶企孙后来的成长和发展影响很大，他的一生追求科学，不屈不挠，始终贯穿着科学精神，并把培养学生的科学精神作为教育工作者的首要任务。

1915年5月，叶企孙与清华学校同级同学刘树墉商议创建科学社事宜，7月31日，时值暑假期间，叶企孙给刘树墉写了一封关于成立科学会的信：

沪上酷热之后，继以风灾，房屋船货损伤甚钜。环观邻省，如两广，如湘赣，屡有水患。岂天祸华夏、而使民生日困；抑国政不纲、而致阴阳乖谬。实则二说皆非也。水患频仍，由于森林不讲，疏通乏术。森林不讲，则河岸不固，而水道易迁；疏通乏术，则治水适以增水势。然欲讲森林、疏通二端，非资科学不为功。科学之源委，荒远难求。哲士日求其所以然，而理卒难穷。国工日求其所以用，而用卒无尽。然而世人犹不倦，孜孜于科学。何哉？至境之不可臻，画人知之。然景仰而向往之，日将月诸，功夫累积终能使吾身与至境距离愈近。譬彼蓬莱不可即也。然能极目遥望亦足以自豪；譬彼苦海不可渡也，然能淡薄世事亦足以长生。科学亦然。吾人之设科学会，非欲穷源委，亦使距离愈近耳。

他在拟定的科学会草章中写道：

（一）本会定名为○○科学会；
（二）宗旨：研究科学；
（三）凡本校同学赞成本会宗旨者皆得入会，暂时不收会费；
（四）科学种类甚多，兹制定以下八种为本会研究之范围：

[①] 虞昊，黄延复. 中国科技的基石——叶企孙和科学大师们[M]. 上海：复旦大学出版社，2000：37.

1. 算学；2. 物理；3. 化学；4. 生理；5. 生物学；6. 地文；7. 应用工业；8. 科学史。

前六科本校所有。余如天文、地质、重力等本校所无，不便列入。盖本会用意于已有科学加以课外之参考，非欲躐等、以求高深也。应用工业注意于实用。科学史足以奖进后学，皆别有用意者；

（五）设理事长一人，理事二人。理事长总理会务，理事分任书记、庶务等职。理事长由会员公举。理事由理事长保荐、会员认可；

（六）每星期六开会一次。会员轮流演讲，但每次演讲至多以二人为限，每人至多以一小时为限。演讲题目需在范围之内。演讲者须于一星期前将题目及大纲报告理事长，由理事长认可。并将大纲印行分发听讲者，使易领悟；

（七）于教员中聘评判一二人，至多三人。若不能到会，由会员中公推临时评判一二人，至多三人；

（八）本会会员当遵守以上规则及以下训言：

1. 不谈宗教；2. 不谈政治；3. 宗旨忌远；4. 议论忌高；5. 切实求学；6. 切实做事。

以上八条鄙见所及杂陈左右，以备采择。尚希教正。

章程中的内容与中国科学社章程的内容很相近，乃至于包括发起人等组织机构都有相近之处。可以认为，这是受到《科学》的启发和影响，仿效了中国科学社的组织模式。

1915年9月18日下午，1918级学生刘树墉、叶企孙、余泽兰、郑步青、张广舆、曹明銮、吴士桊、沈诰、李济、唐仰虞10人聚会，商议成立科学会，通过草章，推举刘树墉为会长，沈诰为书记，20日得到清华学校校长批准，并请物理教师梅贻琦作评判员，以指导他们的活动。

1915年10月3日到1916年1月9日，清华科学社每两周必举行一次科学报告会，会员14人轮流做报告，共做了19个科学报告，对传播科学起到了很好的推动作用。这个科学会的倡议者、筹划人是叶企孙，他拟订了很详尽的章程、宗旨和工作计划。1915年10月30日，叶企孙在日记中写道："下午一时级会辩论，题为'解决中国之今日，科学人才较他种人才为尤要'。"1916年4月2日,叶企孙在日记中写道:"晚级会开会,由科学会担任会序。予处事失方,以后当自谨慎。十五人之小会办不好,何以事大?"可见他对举办科学会之重视,他把在科学会的工作当作一种磨炼,也可见叶企孙早年志向之远大。

1916年1月14日,清华学校科学会召开选举会,1月15日科学会按章程进行换届选举,大家一致选举叶企孙为会长。3月27日新修订的科学社章程把这个社团正式定名为"1918级科学社"(英文名为 The Science Club of 1918)。

1916年6月3日,清华科学社通过新章程,替代已有的章程。

(一)定名:本社定名科学社(The Science Club of 1918)
(二)宗旨:本社宗旨在集合少数同志藉课余之暇研究实用科学。
(三)社友:定额十五人。凡同级者经社友一人之介绍,皆得入社。
(四)办法:进行办法分演说、调查两种。
(五)会期:两星期开会一次,定星期日晚八时。
(六)职员:社长一人,书记一人。投票公选,期限半年。
(七)修正:得以过半数之同意修正之。

新章程的宗旨在于集合少数同志借课余之暇研究实用科学,并对社友、办法、会期、职员、修正等做出规定。章程的变化,体现出自身定位的明确,这种转向应该是受到《科学》的影响和启发。1916年9月30日,叶企孙寄函美国,报名参加中国科学社,并汇去会费,成为仲社员。

1916年10月25日,叶企孙在《清华周刊》第84期上和杨绍曾、曹明銮共同发表《重组清华学会建议》,指出:"学校之用以引起学生兴味心,练习学生治事力,以辅助管理课程之不逮者,则会社也。会社之关系教育,如此其重且大。故会社之设立,不可不急。而会社之组织,尤不可不慎。""学术何以易进步?曰,研之者多,好之者多,则转习之风必盛,而学术之进步易速矣。盖各种学术皆有相关之处。譬如科学,其精到处,足以推平之理,亦文学者所宜知。"他认为,科学研究不但是个人的事,科学进步、教育改进也要通过群体的努力。

1917 年秋，叶企孙继任清华科学社社长与天文学会理事，向科学社捐书（教学书）40 余卷。随着社团活动向全校开放，1918 级科学社又进一步改组为"清华科学社"（The Tsinghua Science Club）。他们在清华学校的活动，从一个侧面反映了中国科学社成员的早期活动及其影响。在他们的努力下，学生科学社在清华园内非常活跃，以后延续多年。清华大学早期的毕业生中有许多人在选择专业时都受到了清华科学社的影响。

二、担任临时执行委员会会长，成立中国科学社北美分社

1918 年中国科学社总部迁回国内，在美骨干成员多已转到哈佛大学，《科学》编辑部在美分部也从康奈尔大学迁到哈佛大学。9 月，总编辑杨杏佛回上海总部工作，行前将工作移交赵元任，委托他担任《科学》月刊的驻美编辑部部长。

1918 年 8 月，叶企孙从上海乘"新南京号"赴美求学。9 月入芝加哥大学物理系。1920 年获芝加哥大学理学学士学位。旋即转入哈佛大学继续攻读物理，1921 年 6 月获哈佛大学硕士学位，9 月在哈佛大学布里奇曼教授指导下攻读博士学位。在哈佛大学求学期间，叶企孙与中国科学社在美骨干成员建立了密切联系。

1921 年 8 月，中国科学社理事会公推叶企孙为中国科学社驻美临时执行委员会会长。当时虽为临时性质，但叶企孙热心主持，用心改进社务，倾注了大量心血。除团结社友、联络感情、为国内出版的《科学》杂志定期组稿外，叶企孙还每周一次、从不间断地组织社友讨论科学及如何在中国发展科学。

1922 年 8 月，中国科学社在江苏南通召开年会，这是中国科学社发展史上具有重要意义的一年。中国科学社进行了重大改组，修改了社章，突出了"研究学术"的目标，将中国科学社的宗旨改为"联络同志，研究学术，共图中国科学之发达"，将原来的董事会改为理事会，另组一个董事会。同时，不再设学科性质的二级组织，根据社员数量的多少，可设区域性二级组织"分社"或"社友会"。

与此同时，在叶企孙的积极领导和筹备下，中国科学社北美分社的组建工作有了明显进展。叶企孙拟订了《中国科学社驻美分社章程》，该章程依据

1922 年 10 月 9 日修改的中国科学社章程第 53 条规定，分社定名为中国科学社驻美分社，宗旨为"联络驻美社员，协助总社进行，共图中国科学之发达"，分社办事机关定名为理事委员会，理事七人，其中设职员五人：社长、书记、会计、分股委员会委员长、驻美编辑部部长，对理事委员会的职责、选举以及分社的经费、年会社友会、修改章程等均做出了若干规定。

1922 年 12 月 19 日，中国科学社董事会讨论美国社友会拟定的分社章程，决定由董事会交大会章程修整委员会，审查委员为杨杏佛、熊雨生、王季梁三人；美国分社社员纳费，应将若干分归至总会，亦归章程内讨论；所有分社一切事情，先由分社委员会酌量办理；分社之杂志经理员，暂由分社执行委员会派定，再由董事会决定。①

1923 年夏初，叶企孙致函中国科学社：

社友钧鉴：

弟自执行中国科学社驻美事务以来，幸诸社友热情相助，得使美洲分社基础巩固，规模略具。今正式理事已经举出，将来社务之必蒸蒸日上，可预料也。弟之责任，因系临时性质，有欲举行之事，而不敢贸然行之，今特举大要之数端为诸社友陈之。

（一）留学界为中西思想之交通机关，对于国内杂志，自当常有贡献。本社总社所出版之《科学》杂志中，诸社友尤宜时常投稿。特为美洲诸社友投稿便利起见，总会之董事会，曾嘱分社每年担任编辑《科学》三期。每期稿件完整后，送国内印刷。

（二）本社原为研究学术而设，社员之同科者，宜常接触，以资切磋，故分股委员会，宜积极整顿以副此旨。

（三）各地社员宜如何巩固其团结之精神。

以上诸端，弟未能使之实现，甚以为恨。深望诸社友热心协助正式职员，俾有成绩，是所至盼。

驻美临时执行委员会会长叶企孙

---

① 何品，王良镭. 董理事会会议记录[M]. 上海：上海科学技术出版社，2017：12.

附：临时执行委员会书记唐启宇附笔

本年事务，殊形发达。计由临时执行委员会通过入社新社员，有三十九人之多。习农学者四人，习林学者一人，习医学者四人，习理化学者十人，习植物学者一人，习土木工程者四人，习水工程者一人，习化学工程者五人，习电气工程者三人，习机械工程者二人，习兵器学者一人，习历史学者一人，教育心理学者一人，是皆赖各地会员及征求委员李君顺卿，丁君绪宝，郝君坤巽热心征求之效果。年内中国科学社驻美分社章程附则，亦由社员通过。并由执行委员会委任陈枢、李善述、唐在均三君为司选委员，执行选举事务。现在下届职员，既经选出。驻美分社组织，已告完成。用人等事务，自本年六月底以后，完全交与驻美分社。来日驻美分社之发达，可以预卜也。

临时执行委员会书记唐启宇谨启①

从信中可知，叶企孙在离美返国之前，中国科学社驻美临时执行委员会举行会议，在会长叶企孙主持下，制定了驻美分社章程，选举了由丁绪宝、顾毓成、曾昭抡、钱昌祚、丁绪贤等 7 人组成的理事会，成立了正式机构，吸纳了新社员加入，使中国科学社驻美分社基础巩固、规模略举，日见发达。本次会议宣告中国科学社驻美分社正式成立。

驻美分社这一盛况在 1925 年《科学》第 10 卷第 5 期上也进行了报道："本社驻美社员甚伙。自民国十二年驻美分社成立以来，社务发达，组织益备。去冬以来，又有无线电筹备委员会之设，从事研究推广及提倡无线电之方法。数月以来，该委员会考虑之结果，已有具体办法。闻不久将有详细之设计书及施行细则寄请总社董事部理事部核定施行云。先驻美分社不下一百二十人。"

上述可见在会长叶企孙的领导下驻美分社当年发达之情形，并非"整顿"效果不佳。

应该说，自中国科学社总部迁回国内，骨干成员相继回国之后，1918—1921 年，中国科学社在美的组织出现了空档期。直到 1921 年，叶企孙担任驻美分社临时执行委员会会长之后，这一情况才发生了改变。虽然是临时性质，

---

① 此信原刊于 1923 年 11 月出版的《科学》第 8 卷第 9 期。

但叶企孙从不懈怠,热心主持,用心投入社务。除团结社友、联络感情、为国内出版的《科学》杂志定期组稿外,叶企孙每周召开一次例会,组织讨论,很快拿出草案,通过了章程,建立了正式的组织机构,社务发展取得了显著成效,中国科学社在美的组织基础巩固、规模略具、社务发达。到了1925年,仅当年新增加的社员就达到19人,北美分社社员更达到了120人之多,可见,叶企孙在其中发挥了多么重要的领导作用。他的执着且坚持的精神,让在美学子为之感动。

1923年6月,叶企孙在哈佛大学提交博士论文,当年夏末取道欧洲回国。1924—1926年,北美分社均进行了选举,组织活动正常开展。据1924年《中国科学社概况》记载,首届美洲分社理事会分社长顾毓琇,书记钱昌祚,会计丁绪宝,分股委员会程耀椿,驻美编辑曾昭抡,理事丁嗣宝、唐启宇。1925年驻美分社正常改选,美国分社社长程耀椿,书记曾昭抡,会计方光圻,分股长倪尚达,理事张绍忠、葛成慧。1925年11月,美国分社理事会再次进行了改选,选出新的理事会成员:美国分社社长杨光念,书记孔繁祁,会计王篯,分股长李运华,理事周兹绪、洪绅。但1927—1929年理事会似乎没有正常开展活动。1927年8月29日,在中国科学社第十二次年会上,总干事路敏行在报告中指出:"本年度美国分社竟无新社员加入。"1928年7月31日,在中国科学社第十三次年会上,总干事路敏行在报告中指出:"美国分社消息不通,更无新社员加入。"①这一状况引起了中国科学社总部的重视。

1929年11月22日,中国科学社理事会和总干事杨孝述致信清华大学留美监督梅贻琦重组美国分社:"本社成立于美,向来留美社员甚多,故有美国分社之设置。近数年来,分社职员四散,主持乏人,几同消灭,其影响所及,留美社员人数逐年减少。本社刊物向赖分社征集之,文稿来源遂陷于绝境。本社失此枝生力军,自感困苦。以另一方面言之,本社为科学人才集中之机关,每年各学术团体来社接洽人才者甚众,而本社以中美消息隔阂,每苦无从绍介而失国内科学人才之调剂。是以美国分社有急须重行整理之必要。兹经本社理事会议决,公推先生出任艰巨,重组分社。"②接到杨孝述的信之后,

---

① 《科学》第12卷第11期。
② 王作跃. 中国科学社美国分社历史研究[J]. 自然辩证法通讯,2016,3: 1-11.

梅贻琦马上对在美社员展开调查，重建美国分社。1930 年 5 月举行选举，梅贻琦当选为理事长，吴鲁强当选为书记，黄育贤当选为会计，并于当年 8 月 30 日至 9 月 1 日，美国分社与中国工程学会美洲分会合办年会。中国科学社美国分社再一次焕发出生机和活力。

三、成为中国科学社领导成员，共图中国科学之发达

1923 年获得博士学位后，叶企孙赴欧洲考察，先后参观了德国、法国、荷兰和英国的一些大学的物理研究所，历时 4 月余，于 1924 年 3 月回到上海。其后受聘于东南大学，担任物理系副教授。这时的东南大学集聚了一大批中国科学社社员，如杨杏佛、胡刚复、吴宓、温德、任鸿隽、张子高、熊庆来、秉志、胡先骕、陈桢、陆志韦等，他们大都是中国科学社早期的成员。

叶企孙应聘东南大学物理系副教授，与中国科学社社长任鸿隽联系是分不开的。任鸿隽在美时即与叶企孙有了联系和交往，二人的友情更多地来自于对中国科学发展的信念认同，他们都主张科学救国，希望发展中国科学，提倡和传播科学。而叶企孙早期积极参与科学社的活动，也增进了两人的友谊。因此，当叶企孙毕业回国，在任鸿隽的引荐和帮助下，出于同样科学救国的主张，加入了中国科学社的大本营——东南大学。1924 年 3 月东南大学举行第 10 届理化研究常会，特别请叶企孙和任鸿隽任新指导员，会议合影中就有赵忠尧、施汝为、柳大纲等学生和张子高、熊庆来、秉志、陈桢等教师。叶企孙在东南大学受到热烈的欢迎与格外的尊敬，这与叶企孙已经取得的学术成就是分不开的，其获得的国际盛誉与测 h 值论文有关。

叶企孙在东南大学虽然任教仅三个学期，先后讲授了力学、电子论和近代物理，但这段经历使得他获益良多，给他留下了美好的记忆。他晚年回忆道："对所开课程，我尽力讲透。同时，也使自己获益良多。短短的 3 个学期，虽只有教育工作的初次尝试，但却给我留下了愉快的回忆。"在东南大学期间，除了在教育上获益良多外，叶企孙还经任鸿隽介绍，正式加入了中国科学社，结识了更多的中国科学社同人，彼此之间建立了深厚的友谊。他全面参与了中国科学社的各项活动，其工作得到了中国科学社认同，成为中国科学社的

重要领导成员。

（一）热心中国科学社社务

归国以后，叶企孙积极地投身于国内科学社团的活动。中国科学社召开年会，他几乎次次必到。1924 年，中国科学社在南京召开第 9 次年会暨十周年纪念会，该年年会提交的论文数量大增，两次讨论会共计 27 篇。翁文灏在会上回答了"中国虽有科学社，中国究竟有无科学？"的疑问，宣称"中国有科学了"。1925 年 4 月 22 日，中国科学社理事会第 41 次会议讨论年会事宜，在指定年会委员各股委员时，专门提及要叶企孙加入。①1929 年 4 月 28 日在上海社所召开中国科学社第 78 次理事会，推定叶企孙等 9 人为年会筹备委员。12 月 5 日在上海召开中国科学社第 84 次理事会，讨论北平理事翁文灏、赵元任、秉志、胡先骕、叶企孙、任鸿隽等的提议。②

1930 年 3 月 17 日，中国科学社在上海社所召开第 86 次理事会，会上讨论本年度"高（君韦）女士纪念奖金"征文，应即指定学科，并推选征文委员案，议决本年度征文学科指定物理学，公推胡刚复、丁燮甫、叶企孙为征文委员。4 月 26 日中国科学社第 87 次理事会，公推赵元任、秉志、翁文灏、叶企孙等 8 人为年会论文委员会委员。③8 月 13 日，中国科学社在青岛大学召开第 90 次理事会，叶企孙出席。1934 年 5 月 6 日，中国科学社在上海召开第 117 次理事会，公推叶企孙等 9 人为年会论文委员。1936 年 3 月 17 日，中国科学社在上海召开第 129 次理事会，公推叶企孙等 9 人为本年度年会筹备委员会委员。

叶企孙长期担任《科学》杂志编辑，为《科学》刊物编辑、审稿。1925 年 5 月 16 日和 20 日，中国科学社理事会在社所召开第 43 次、第 44 次会议，秉志、王琎、过探先、任鸿隽、叶企孙、竺可桢到会，讨论中国科学社发展计划和修改章程等事宜。可见，叶企孙这时已经进入中国科学社领导层，实际参与中国科学社发展决策。④1925 年 8 月 25 日，中国科学社第 49 次会议在

---

① 何品，王良镭. 董理事会会议记录[M]. 上海：上海科学技术出版社，2017：73.
② 何品，王良镭. 董理事会会议记录[M]. 上海：上海科学技术出版社，2017：126，135.
③ 何品，王良镭. 董理事会会议记录[M]. 上海：上海科学技术出版社，2017：141.
④ 何品，王良镭. 董理事会会议记录[M]. 上海：上海科学技术出版社，2017：75-76.

北京召开。会上，丁文江提议将中国科学社编辑部移往北京，推任鸿隽为编辑部部长，叶企孙等 8 人为编辑员。①不过这一提议后被否决。抗日战争时期，中国科学社在大后方最重要的工作之一就是《科学》的复刊。1942 年 6 月，中国科学社业务转移到重庆北碚。7 月 1 日，北碚的王家辑、吕炯、杨钟健等 9 人组成由卢于道任主编的编辑委员会，共同议决编辑条例，决定特约各科撰稿员 30 余人，其中数理为叶企孙、吴有训、严济慈、郑衍芬，后感编辑委员不足，又邀请重庆的任鸿隽、叶企孙等加入。9 月中旬，完成第一期集稿，1943 年 3 月，《科学》第 26 卷第 1 期正式出版。

（二）积极筹募科学社经费

1924 年 10 月 8 日下午 4 时，至中国科学社开编辑部会议，到者为任鸿隽、竺可桢、叶企孙等，议决请下列数人作文讨论庚子赔款用于科学事业，即任鸿隽、叶企孙、秉志、赵承嘏、颜任光、胡适之、丁文江、翁文灏、梁启超、马君武、马相伯等，并致函工程学会、农学会、中华医学会、工业化学会、地质学会、天文学会诸团体，征求意见。1924 年 11 月 7 日，中国科学社理事会第 33 次会议推定叶企孙等 6 人为请款委员会，拟一计划向中华教育文化基金董事会要求津贴，该计划须于十二月底拟好。②

1925 年 6 月 5 日，中国科学社理事会第 45 次会议在南京社所召开，叶企孙、胡刚复、秉志、王琎、过探先、任鸿隽、竺可桢等到会。会上，因南京方面代理会计过探先将于两星期内赴内蒙古调查农业，此间会计事务不可无人维持，会议推选叶企孙担任代理会计。③

1925 年 1 月 9 日，中国科学社理事会在南京社所召开第 37 次会议，叶企孙到会。会上，通过美国分社转来新社员沈在善等 19 人为中国科学社社员，讨论向中华教育文化基金董事会请款问题，当以该委员会在五月间支配款项用途，而孟禄于本月十六抵沪，届时当开一预备会，本社急应将计划拟就。决请各委员从速草定计划。④

---

① 何品，王良镭. 董理事会会议记录[M]. 上海：上海科学技术出版社，2017：81.
② 何品，王良镭. 董理事会会议记录[M]. 上海：上海科学技术出版社，2017：65.
③ 何品，王良镭. 董理事会会议记录[M]. 上海：上海科学技术出版社，2017：77.
④ 何品，王良镭. 董理事会会议记录[M]. 上海：上海科学技术出版社，2017：69.

（三）科学名词审查

审定名词是中国科学社自成立以来章程明确规定的事业之一。从 1915 年创刊开始，《科学》每期都发表新审定的名词。在名词编订、审查方面，中国科学社的主要贡献在于物理和数学名词。1916 年，中国科学社设立名词讨论会，讨论的结果随时发表在《科学》上。1922 年，中国科学社与江苏教育会、中华医学会这些团体合作组织了名词审查会，每年都开会。直到 1934 年国民政府设立国立编译馆，审查工作才开始由政府办理。

1924 年 7 月 14 日，中国科学社理事会第 27 次会议推定叶企孙等 6 人为整理电机名词草案委员，负责电机名词审查工作。[①]1928 年 6 月 21 日，中国科学社理事会第 69 次会议在南京成贤街社所召开，会议推定叶企孙、饶毓泰等 11 人为整理已审定及已审查之科学名词（医学除外）委员会委员。议决函复科学名词审查会，推定叶企孙等 12 人担任整理名词出版。[②]

（四）理事会选举与科学奖励评议

1926 年，选举叶企孙、宋梧生及褚民谊为司选委员，负责次年理事选举。在翌年年会上，叶企孙以次年理事选举，一是参选人数不足，二是他对选举结果没有表示同意，按照章程司选委员 3 人中只要 1 人不同意选举无效的规定，宣布此次理事选举作废。与会代表重新选举。这在中国科学社的发展史上是绝无仅有的。[③]

1927 年 2 月 10 日，中国科学社理事会第 58 次会议在南京社所召开寒假理事大会。会上讨论科学奖金应即成立案，推举秦汾、姜立夫、叶企孙、李协、王琎为奖金委员会甲组委员，李四光、唐钺、秉志、竺可桢、胡先骕为奖金委员会乙组委员，由社通信各委员筹备一切，定期宣告成立。[④]

1928 年，叶企孙担任中国科学社理事，进入领导层。8 月 23 日，中国科学社在上海召开第 72 次理事会，会议主席为竺可桢，叶企孙等到会，叶企孙

---

① 何品，王良镭. 董理事会会议记录[M]. 上海：上海科学技术出版社，2017：58.
② 何品，王良镭. 董理事会会议记录[M]. 上海：上海科学技术出版社，2017：116.
③ 中国科学社第十二次年会记事[J]. 科学，1927，12（11）：1616-1654.
④ 何品，王良镭. 董理事会会议记录[M]. 上海：上海科学技术出版社，2017：97.

被推举征求新社员委员。① 故在 11 月 2 日中国科学社第 74 次理事会上，讨论新社员入社意见，叶企孙虽未到会，但中国科学社特征求未到会各理事意见，叶企孙来信表示赞成。② 中国科学社对新社员入社有严格的程序。

（五）积极参与中国无线电事业的建设

1924 年 7 月 10 日，中国科学社在南京开会，由朱其清试验刚建成的无线电话。方子卫在上海用无线电话向南京中国科学社做题为"无线电的趋势与用途"的演讲，首次试验良好。由中国人自己设计的首台无线电话机的建成，打破了外国资本垄断中国通信技术的局面。1924 年 6 月，从美国归国的无线电工程师方子卫多次呼吁北京政府重视无线电事业的发展。6 月中旬，中国科学社理事会成立，选举方子卫、胡刚复等 5 人为委员，竺可桢任理事会书记，议决立即组织研制无线电话机。1925 年《科学》第 10 卷第 7 期首创无线电专号，介绍国外无线电发展情况，推进民族无线电事业发展。1925 年 6 月 19 日，中国科学社第 46 次会议在社所召开，任鸿隽、王琎、叶企孙、过探先、竺可桢到会。因美国分社无线电委员会倪尚达、张绍忠、周兹绪 3 人提议在南京社所设立无线电台，开办费定美金 1000 元，60%在国内募集，40%在美国募捐，会议决议请叶企孙召集南京方面于无线电素有研究者讨论办法。③ 在 6 月 28 日中国科学社理事会第 47 次会议上，听取了美国分社关于在南京本社社所设无线电台的建议，议决推定叶企孙等 5 人为建设无线电台筹备委员会委员，李熙谋为委员长。1925 年 8 月，叶企孙到清华大学任教，担任清华科学社的顾问，指导学生的科学活动，就曾在科学馆楼上做过接收无线电话的实验。

（六）科学与人生观的讨论，推进中国科学教育

1923—1924 年年底，中国思想界爆发了一场科学与人生观的大讨论，主要问题是科学与人生观的问题，当时的知名人士几乎均参与了论战。中国科学社许多重要成员参与了论战，站在"科学派"一方，其中丁文江、胡适、任鸿隽、朱经农、唐钺等均发表了专文。这一论战对叶企孙深有影响，触发他对这一问

---

① 何品，王良镭. 董理事会会议记录[M]. 上海：上海科学技术出版社，2017：119.
② 何品，王良镭. 董理事会会议记录[M]. 上海：上海科学技术出版社，2017：121.
③ 何品，王良镭. 董理事会会议记录[M]. 上海：上海科学技术出版社，2017：78.

题进行了持续和深入的思考，先后在 1929 年和 1943 年发表演讲，讨论科学与人生观的问题。1929 年 11 月，叶企孙在清华大学科学会上做演讲《中国科学界之过去现在及将来》，说道："研究自然科学，是研究环境的工作，是要去了解环境，同时并注意应用，以改进人生。研究环境所得的许多乐趣，我们可以看做一种人生观；研究环境所能得到的应用，是人类的希望。"1943 年 6 月 21 日，叶企孙在重庆做演讲《科学与人生——自然科学对于现代人生的贡献》，提到了 8 个贡献，分别是：供给正确的时间及距离；推广视觉及听觉在距离上及时间上的限度；增加知识工作效率；增加农业生产的效率；使人类明了宇宙的伟大及人生的意义；增加人类物质生活上的幸福；增加国家的自卫能力；增加国家的组织能力。总之，"科学对于人生有莫大的帮助。二者之间，具有密切的关系。在一个现代国家中，每个人都应该重视科学，提倡研究的精神，使科学能够有日新月异的进步，那么这个国家没有不强盛的。"

1924 年 7 月 6 日，中国科学社理事会在南京社所召开第 26 次会议，讨论决定科学教育委员会除去年所推定王季梁、张子高、秦景阳、饶树人、秉农山、翁文灏、胡刚复 7 人外，再推选叶企孙、赵石民、任叔永 3 人为科学教育委员会委员；推定叶企孙、秦景阳 2 人为科学教育执行委员，叶企孙负责编辑，秦景阳负责调查。①1924 年 7 月，叶企孙在中华教育改进社第三届年会上提交《中等物理教科书问题》并做相关报告。据《新教育》1924 年第 9 卷第 3 期报道，叶企孙演讲"旁征博引，娓娓动人"。

可以说，叶企孙在 20 世纪 20 年代，尤其是在东南大学工作期间，与中国科学社联系非常紧密，参与了中国科学社的许多重要活动，从《科学》编辑、年会组织、经费筹募到科学名词审查、编订均有广泛参与，发挥了重要作用。借助于中国科学社平台，叶企孙参与了中国科学社的科学教育活动，并一度担任中国第一台无线电台建设的召集人，其本人在东南大学所受到的礼遇，也足见东南大学师生对叶企孙的好感和尊重。②然而，不久东南大学发

---

① 何品，王良镭. 董理事会会议记录[M]. 上海：上海科学技术出版社，2017：56.
② "在南京国立东南大学担任物理系副教授时（1924 年 3 月—1925 年 6 月），我加入了中国科学社。那时的江苏省还在北洋军阀势力的统治下，该社大约每年向江苏省政府请求补助款项，以资维持社务。这类与江苏省政府的联络工作是由该社社长任鸿隽做的。我是新加入的社员，并未担任过这类联络工作。"（见：《中国科技的基石——叶企孙和科学大师们》，第 21 页。）

生"易长风波",叶企孙不愿介入,适逢北京清华学校创立大学部,1925 年 9 月,他便离开东南大学,前往清华学校任教。

四、倡导联络国内学术团体,致力中国科学共同体建设

1925 年,东南大学发生"易长风波",任鸿隽、竺可桢、王琎、过探先、胡刚复、叶企孙、熊正理、熊庆来、叶元龙、汤用彤、柳诒徵、萧纯锦、秉志、胡先骕、陆志韦等一批中国科学社成员相继辞职离开东南大学,作为"中国科学社大本营"的东南大学,其人才流失令人扼腕叹息。叶企孙于 8 月到清华学校大学部物理科任副教授,并把东南大学刚毕业的学生赵忠尧、施汝为两人带到清华学校做助教。不久,梅贻琦因为教务长工作太忙而把物理科全部工作交由叶企孙负责,并把科上升为系,由叶企孙任物理系教授兼系主任。从此,叶企孙就把创建清华物理系作为他的终生事业。

从清华和中国科学社的事业展开过程中,随处都可以看到两者间的互动和影响。他们执教于清华,使中国科学社的理想和事业渗透到这所学校成长着的教育和学术当中,同时也使这里成为中国科学社在北方的一所重镇或大本营。[①]

(一)《科学》成为发掘人才、培养人才的重要平台

借助于中国科学社平台,学生辈陆学善、王淦昌、施汝为等在吴有训和叶企孙等的指导下,茁壮成长起来,中国科学社年会为他们的成长提供了外在的"动力"。

1929 年 12 月出版的《科学》第 14 卷第 4 期上发表了当年只读过初中的华罗庚的文章《Sturm 氏定理的研究》,正是这篇文章的发表,才有了后来华罗庚这位自学青年的崭露头角。后来,华罗庚又在《科学》杂志上发表了他的第二篇论文,而这篇文章被清华大学数学系主任熊庆来发现,聘请华罗庚前往清华大学算学系担任资料员,为华罗庚的数学兴趣提供了发展平台,彻底改变了他的命运。《科学》杂志是华罗庚成为一代数学大家的支点,可以说,

---

① 杨舰,刘丹鹤. 中国科学社与清华[J]. 科学, 2005, 5: 44-48.

华罗庚能成为一代数学家,中国科学社功不可没,同样离不开叶企孙的知人善任。叶企孙聘用教师敢于打破常规,唯才是举。他支持熊庆来先生把只有初中学历做店员的华罗庚一步步擢升为大学教员,登上清华大学讲坛讲授微积分。1984年7月1日,已重病在身的华罗庚在给叶企孙侄女叶铭英的信中,激动而深情地说:"道及叶企老,不觉泪盈眶,他对我的爱护是说不尽的。"

(二)共同致力于国际科学界的交流与合作

20世纪二三十年代,世界科学文化名人杜威、罗素、爱因斯坦、玻尔、推士、班乐卫、马可尼、萧伯纳、卡曼、郎之万等纷纷来中国访问,中国科学社与国际科学界建立了密切联系,积极参与国际学术交流与合作。20世纪20年代更是作为中国学术界的代表,参加国际学术会议,《科学》对世界科学家来中国都给予了及时重要的报道。叶企孙在其中发挥了重要枢纽作用。

20世纪30年代,叶企孙和饶毓泰、吴有训、严济慈一起被人称为我国物理学界的"四大名旦"。1929年1月12日,中国科学社召开成立15周年纪念大会,吴有训在会上赞扬叶企孙领导的清华大学物理实验室:"中国现在的物理实验室可以讲述者唯中央大学、前北京大学、清华大学而已。然此三校则以清华为第一。此非特吹,乃系事实。盖叶先生素来不好宣传,但求实际。以后我们希望在本校得几位大物理学家,同时还希望出无数其他大科学家。"①

(三)主张联络国内各学术团体

随着中国科学的发展,到了20世纪二三十年代,各专门学会相继成立,这些学会大都是在中国科学社的影响下成立的,中国科学界学会林立,色彩纷呈。这些专门学会的发起人多为中国科学社社员,如中国天文学会发起人高鲁,中国气象学会发起人竺可桢,中国化学会发起人曾昭抡等。各个专门学会的成立和发展,与中国科学社这个母体有着割不断的联系,但同时也给中国科学社的发展带来一定的困境和压力。中国科学社到底扮演何种角色,走综合还是专门的道路,成为中国科学社发展面临的一个问题。

---

① 叶铭汉,戴念祖,李艳平. 叶企孙文存(增订本)[M]. 北京:科学出版社,2018:605.

早在1925年中国科学社北京年会上，叶企孙就提议与其他团体联合召开年会，以"联络国内学术团体"，加强与各个专门性学会之间的联系，推进学术团体联合发展，致力于科学共同体建设和科学研究环境的改善。1933年，叶企孙作为发起人和筹备人，在清华大学成立中国物理学会第一次大会上做报告，并当选为副会长。中国物理学会成员多为中国科学社社员，许多人也是领导成员。叶企孙既是中国科学社理事，也是中国物理学会的负责人。20世纪30年代后期，他与中国科学社联系更多的是借助于中国物理学会这个平台，加强各学术团体之间的合作和联系，通过召开联合年会，扩大科学的影响，培养学术人才。

1934年，中国科学社开始邀请各专门学会共同召开联合年会，以加强科学界之间的联系与合作。1936年8月，叶企孙当选为中国物理学会会长。是年，中国科学社、中国数学会、中国物理学会、中国化学会、中国动物学会、中国植物学会、中国地理学会7团体在北京举办联合年会，清华大学和燕京大学成为这次空前盛会的东道主。联合年会成为战前中国最盛大的科学集会①，被誉为"最大也是最后"的中国科学界盛会，体现了中国科学界的团结和共赴国难的决心。叶企孙在其中发挥了重要作用。

1944年3月14日，中国科学社理事会内迁后在中央研究院总办事处召开第六次理事会，吴有训、叶企孙、竺可桢、任鸿隽、钱崇澍等出席，叶企孙在会上认为，如有与其他机关合作之机会，不妨进行，以期于经费上有所补助。②叶企孙认为大家应该团结起来共赴国难。1945年10月，为方便对外合作交流起见，中国科学社将英文名称改为Chinese Association for the Advancement of Science。

叶企孙与中央研究院也颇有渊源。1928年中央研究院的成立，标志着中国有了自己的中央国家科学机构。中央研究院从筹备、建立乃至发展，都与中国科学社有着千丝万缕的联系。1935年，叶企孙即以清华大学物理系主任的名义与姜立夫、李书华一起，当选为中央研究院首届评议会数理组聘任评议员，该评议会为当时国家最高的学术评议机关。

---

① 中国科学社北京年会记事录（书记报告）.
② 何品，王良镭. 董理事会会议记录[M]. 上海：上海科学技术出版社，2017：265.

1950年8月21日，科代会举行期间，中国科学社理事会召集社员开会，到会60余人，任鸿隽任主席，叶企孙、沈嘉瑞、陈立等讲话，会中，叶企孙对于中国科学社何去何从是何态度，限于资料，不可得知。但这次会议在中国科学社史上确是一次重要会议。至少从现有资料可以看出，会上有主张"结束论"，也有被污蔑为"最反动论"，竺可桢等主张将中国科学社解散，但具体商讨结果暂不得而知。1951年5月，《科学》历经各种磨难与困苦，不得以再一次宣告正式停刊。1960年，中国科学社解散，在经历长达近半个世纪的发展历程中，中国科学社完成了历史使命。

在中国科学社历史中，其成员不少与叶企孙有着十分密切的交往，叶企孙的很多学生也加入了中国科学社，且不少人成为中国科学社的骨干。其与中国科学社的联系，是自始至终的。尤其是在后来，通过中国物理学会与中国科学社的合作，作为中国物理学会的主要负责人，推进了中国科学社团的联合，这是有其进步意义和不可忽视的价值的。可以说，中国科学社到了20世纪30年代后期渐入困境，时局动荡，日子艰难，但因为中国科学各个团体的联合行动，为中国科学发展带来了一丝曙光。

作者简介

宋业春，法学博士，副研究员，《东南大学学报》主编，致力于中国传统思想与文化、近现代大学校长思想研究。著有《〈老子〉荣辱思想发微》《论郭秉文的高等教育改革观》等十多篇学术论文。

世界一流人才培养：科学大师叶企孙的启示*

耿有权

习近平总书记在全国高校思想政治工作会议上指出，只有培养出一流人才的高校，才能够成为世界一流大学。[①]叶企孙先生（1898—1977）是著名物理学家、教育家，培养了一批"两弹一星"科学家以及李政道、杨振宁等世界一流人才，被誉为"大师的大师""当代宗师""中国科技大厦的总设计师""'两弹一星'的老鼻祖、奠基人、主心骨"等[②]，可谓誉满全球，功勋卓著。李政道在叶企孙先生诞辰120周年纪念会的题词中说："我的老师叶企孙先生曾经把清华大学办成全国一流，鼓励今天想办一流大学的人向他学习。"确实，在长期的办学和教育实践中，叶企孙先生运用他博古通今、学贯中西的知识与智慧，遵循教育教学规律培养人才，最好地实现了培养世界一流人才群体的宏伟目标，不仅为现当代中国科学技术人才储备工作做出了重要贡献，而且为世界科学技术事业发展做出了历史性贡献。

---

* 本文为全国教育科学规划基金（国家一般）项目课题"'双一流'建设的历史发展及其理论体系研究"（编号：BIA180177）阶段性成果之一。

① 张烁. 习近平在全国高校思想政治工作会议上强调：把思想政治工作贯穿教育教学全过程 开创我国高等教育事业发展新局面[N]. 人民日报，2016-12-09（001）.

② 姚蜀平. 回首百年路遥——伴随中国现代化的十次留学潮[M]. 上海：上海教育出版社，2017：156-157.

一、科学大师叶企孙怀抱科学教育救国理想培养国家需要的世界一流人才

叶企孙先生是中国近代教育史上的一个传奇人物。他的传奇经历,既是那个时代的反映,也是那个时代的杰作。他生活在动荡不安的社会中,幸好受到家庭提供的良好教育,使得他能够比一般人接触和见识更广泛的世界,造就了他观察和思考世界的独特眼光与战略视野。首先,他受到了良好的教育并形成了教育救国、科学救国的理想,这是他得以贡献国家的一个最大前提。叶企孙的教育经历是独特的,也是那个时代的一个代表。叶企孙出身于书香门第,从小受父亲、清朝举人叶景沄(字醴文)很大影响,叶景沄于1914—1916年任清华学校国文教师,国学功底深厚。叶企孙于1913年考入清华学校,1918年赴美国留学,先后入芝加哥大学、哈佛大学学习深造,获哈佛大学博士学位。这种教育经历,在当时落后的中国人中是不多的甚至是极其稀少的。因为只有那些家境不错、年少聪明、机遇较好的青年人才可能有这样的经历,而这是一个青年人能够得到的最好的教养。可以说,正是这种世界一流的基础教育和高等教育,培养了叶企孙超越一流的眼光和对教育的热忱、梦想和追求,以至于影响中国教育发展事业。在清华求学期间,叶企孙先生曾在日记中写下这样的话语:"要想洗刷民族耻辱,要祖国强盛,必先加强自身的学识和修养,努力于学习科学文化知识。"[1]叶企孙的科学报国之志,溢于言表。

叶企孙从哈佛大学毕业后,在欧美巡游考察了全球的教育情况,后回到当时国内最著名的高校——东南大学从事大学教育工作,开启了他终生追求教育救国、科学救国的人生行程。由此,他开始与那个时代共命运,与那个时代的人物相呼应,与那个时代的青年人打成一片,成就了一段又一段的教育佳话。也许,在这个过程中,叶企孙先生对终生从事教育事业有了更加执着、更加坚定、更加投入的决心和志向。毫无疑问,他的科学教育思想就是在这个过程中形成和巩固的,并且充分地贯彻落实到教育教学过程中。1929年11月22日,叶企孙先生在《国立清华大学校刊》上发表《中国科学界之过

---

[1] 张衡. 民国名人传记丛书: 民国科教精英百人传[M]. 南京: 南京出版社, 2013: 34, 36.

去现在及将来》的文章中说:"有人疑中国民族不适宜于研究科学。我觉得这些说法太没有根据。中国在最近期内方明白研究科学的重要,我们还没有经过长时期的试验,还不能说我们缺少研究科学的能力。惟有希望大家共同努力去做科学研究,五十年后再下断语。诸君要知道,没有自然科学的民族,决不能在现代文明中立住!"①从这段话中可以看出,叶企孙对发展中国科学事业还是满怀信心的,只是希望大家共同努力,瞄准方向奋斗下去,必将取得成功。应该说,正是在他的带领下,清华大学物理系包括后来的理学院,在发展自然科学特别是物理科学方面做出了非凡的贡献。

认识到科学对中华民族的发展如此重要,自然在行动上有所追求。叶企孙于是从清华大学的人才培养开始谋划未来。因为只有教育事业发展了,科学人才培养出来了,那还用怀疑我们的民族没有科学前途吗?他从20世纪30年代创建清华大学物理系开始,把自己毕生的精力献给中国科学教育事业。历史没有忘记,创系之初,清华大学开设了高中物理学和大学部的普通物理学、力学、电磁学等21个课目,但是师资力量严重不足,仅有两位教授、一位讲师和两位助教。而在梅贻琦出任教务长之后,物理教授只有叶企孙一人。为了解决物理系师资紧缺问题,叶企孙千方百计延揽良师,他先后聘请了熊庆来、吴有训、萨本栋等著名教授到清华大学担任教师。当时的清华大学可谓名师汇集、盛极一时,短短几年就成为全国物理学科研和教学的重镇,吸引了一批希望科学报国的优秀青年加盟其中。

1937年"七七事变"之后,清华大学决定南迁。叶企孙先生积极组织筹划南迁事宜,并谋划如何为根据地培养急需的科学技术人才。在西南联合大学时期,他筹划在昆明建立清华大学特种研究所(包括航空研究所、无线电研究所、金属研究所、农业研究所和国情普查研究所),并担任特种研究所委员会主席,委员有包括:梅贻琦、陈岱孙、施嘉炀、李继侗、李楫祥、戴芳澜、庄前鼎、任之恭、陈达、吴有训。特种研究所在极为艰苦的条件下取得了较高水平的科研成果。1941年9月—1943年7月,叶企孙在重庆中央研究院担任总干事,后又返回西南联合大学和清华大学,同时继续主持特种研究

---

① 王向田. 叶企孙的教育思想和教学实践[J]. 清华大学教育研究,2005,26(增1):9-11.

所工作。当时在研究所工作的专家都是叶企孙利用自己广博的知识和前卫的见识精心挑选配置的。更重要的是，特种研究所培养了一批"特种学生"，包括中国原子能权威赵忠尧等著名科学家。历史不会忘记，1955 年中国科学院近代物理研究所就是在赵忠尧的支持下，利用他千方百计从国外带回的零部件建成了中国第一台加速器，从此中国开始培养出一批又一批年轻的科技人员，并由他们在王淦昌、彭桓武、钱三强等知名专家带领下成功制造出了中国的原子弹和氢弹。那个年代的那个重要时刻，令人难以忘怀。1988 年，在北京正负电子对撞机建造成功时，邓小平曾说："如果 60 年代以来中国没有原子弹、氢弹，没有发射卫星，中国就不能叫有重要影响的大国，就没有现在这样的国际地位。这些东西反映一个民族的能力，也是一个民族、一个国家兴旺发达的标志。"[①]

大师远去，功名永存。有文献记载，在西南联合大学和清华大学特种研究所期间，叶企孙曾授业并学有所成的学生有张恩虬、陈芳允、何家麟、胡宁、李正武、王天眷、向仁生、张守廉、朱光亚、杨振宁、李政道、屠守锷等。西南联合大学物理系毕业生中后来成为著名科学家的还有黄昆、戴传曾、李荫远、萧健、徐叙瑢、邓稼先等。1955—1957 年，中国科学院学部委员中有 118 人为西南联合大学校友。专家指出："倘若再加上 1946 年后叶企孙在清华、北大所培养出的学生，入其门的优秀人才迄今比国际上任何一个物理中心或学派都要多，他对国家、民族的贡献，不论是数量还是质量，都应该比肩历代任何一位教育家。"[②]

二、科学大师叶企孙遵循教育教学规律培养世界一流人才的启示

叶企孙自身受到良好教育，又决心投身于教育救国的事业中。他从芝加哥大学毕业，后又到哈佛大学学习，获得哲学博士学位。他深知教育有基本规律可循，因此在长期的教育教学过程中总是按照教育规律培养人才，不仅

---

① 李政道. 纪念叶企孙老师[N]. 大众科技报，2006-05-11（A03）.
② 储朝晖. 20 世纪中国教育家画传：叶企孙画传[M]. 成都：四川教育出版社，2016：168.

培养了一大批一流人才，也形成了自己独特的教育思想。他最重要的教育思想体现在遵循教育教学规律培养人才上面。尽管在实践过程中遇到了一些困难，但是他凭借自身的魄力、毅力、智慧和魅力，让教育和培养人才始终处于正确的轨道上，从而造就了一段令中国人倍感骄傲的育人佳话。

(一) 尊师重教

《礼记·学记》中曰："凡学之道，严师为难，师严然后道尊，道尊然后民知敬学。"康有为也说过："师道既尊，学风自善。"[①]作为教育工作者，要办好教育，培养好人才，首先自己必须率先尊师重教。在这方面，叶企孙先生可以说做出了表率，发挥了引导性作用。例如，1928年，他邀请到物理学著名学者吴有训到清华大学物理系任教，并把吴有训的工资定得比自己这个系主任的工资还要高，以表示尊重。后来他发现吴有训的工作能力很强，又于1934年推荐吴有训当系主任。1937年，叶企孙辞去理学院院长的职位，郑重推荐吴有训接任院长一职。他这样做，既不是自己的能力不行，也不是遭遇了众人的反对，更不是已到了退休的年龄——相反，他辞去系主任时年仅38岁。这是他身体力行、礼贤下士、尊师重教的生动表现。

(二) 名师出高徒

《孟子·尽心下》中曰："贤者以其昭昭使人昭昭。"意思是"贤者先使自己明白。"培养优秀人才的人本身应该优秀，这是一条育人金则。清华大学老校长梅贻琦有句名言："所谓大学者，非谓有大楼之谓也，有大师之谓也。"作为被梅校长邀请来的教员，叶企孙先生认同这一教育思想。到任清华大学物理系以后，无论是担任系主任还是担任理学院院长，叶企孙始终把聘请第一流的师资队伍作为自己的头等大事。有记录显示，1926—1937年，叶企孙先后聘来了熊庆来、吴有训、张子高、萨本栋、黄子卿、周培源、赵忠尧、任之恭等知名科学家到清华大学任教。正是有了名师指导教育，清华大学理学院才培养了大批优秀人才，当时可谓人才辈出的清华时代。1955年中国科学院学部成立时，数理化学部半数以上的学部委员来自清华大学。

---

① 汤志钧. 康有为政论集[M]. 北京：中华书局，1981：953.

（三）聚天下英才而教育之

孟子说，君子有三乐，其中一乐就是"得天下英才而教育之"。叶企孙国学功底深厚，深刻理解中国传统文化，并亲力亲为实践这个理念。例如，排除万难聘请华罗庚到清华大学工作，最能体现叶企孙的报国精神和伯乐情怀。据记载，当时任教于清华大学的熊庆来在图书馆阅读文献时被发表于1930年12月号《科学》杂志上的一篇论文《苏家驹之代数的五次程式解法不能成立之理由》吸引住了，该论文水平很不一般，作者就是当时名不见经传的华罗庚。熊庆来即和同在图书馆读书看报的同事唐培经讨论起这个人的情况，一致认为华罗庚是个人才。后经过熊庆来推荐、唐培经联络、叶企孙决定，终于将华罗庚聘来清华大学。值得一提的是，在议论聘用华罗庚的教授会上，叶企孙力劝大家重视华罗庚的学术才华，莫看重人的身份和生理残疾问题。他说："以我个人的判断，不日之后，华罗庚会成为我国数学界闪亮的星辰，我们清华会以为荣的。至于他的残疾，这正是华罗庚的骄人之处。"[①]在叶企孙的坚定支持下，华罗庚来到清华大学，不久叶企孙又破格提升他为教员，几年后又送他到英国留学，华罗庚从此真正走上了国际数学舞台。

（四）不拘一格选人才

按照叶企孙的原则，只要他看上的是国家发展需要的且值得培养的人才，他都会千方百计招来或送出国培养。据李政道回忆："1946年春，华罗庚、吴大猷、曾昭抡三教授受政府委托，分别推荐数学、物理、化学方面的优秀青年助教各两名赴美国深造。吴大猷老师从西南联合大学物理系助教中，推荐朱光亚一人，但尚缺一人他无法确定，就找当年任西南联合大学理学院院长的叶企孙老师商量，叶老师破格推荐当时只是大学二年级学生的我去美国做博士生。所以没有叶老师和吴大猷老师，就没有我后来的科学成就。叶老师不仅是我的启蒙老师，而且是影响我一生科学成就的恩师！1946年秋，经吴大猷和叶企孙两位老师的举荐和帮助，我进入芝加哥大学攻读物理。"[②]

---

① 游宇明. 不为繁华易素心：民国文人风骨[M]. 杭州：浙江大学出版社，2012：204.
② 李政道. 纪念叶企孙老师[N]. 大众科技报，2006-05-11（A03）.

（五）重质不重量

事物的"质"与"量"，永远都是一对矛盾。如何处理人才培养中这两者之间的关系，确实是教育者需要不断思考和解决的问题。叶企孙为此专门撰写文章加以论述。他指出："……本系只授学生以基本知识，使能于毕业后，或从事于研究，或从事于应用，或从事于中等教育，各得门径，以求上进。科目之分配，则理论与实验并重，重质不重量。"①叶企孙的教育原则十分清楚。事实上，从清华大学物理系讲课内容看，老师们也多注重基本知识传授，如大学普通物理，"本学程目的，在使学者了解物理学之基本概念并发展其运用之本能"；又如中级热学，"本学程在使学者明了热学之基本事实及原理、热力学定律及分子运动论，亦作初步讨论。"②

（六）宁缺毋滥

教育一旦重视"质"而不是"量"，那么，很显然，不仅教师教育教学的关注点会发生显著的变化，而且相关人才政策包括招生培养政策都会发生相应的变化。在这一点上，为了培养优秀人才，叶企孙真是毫不含糊，他对学生录取工作非常重视，规定也非常严格，通常要求确实可造就的人才能被录取进校。为此他提出"宁缺毋滥"的招生原则，要求从清华大学理学院毕业的个个是人才。那时，清华大学物理系每年只毕业七八人，但优秀人才所占的比例很大，如王淦昌、王竹溪、赵九章、彭桓武、钱伟长、王大珩、钱三强、何泽慧、葛庭燧、林家翘等。③

（七）扬长避短

金无足尺，人无完人。每个人都有长处和短处，关键是发挥好长处，避免使用短处，这样才能最大限度地发挥人才的作用，为社会做出最大的贡献。叶企孙在人才培养过程中非常注重运用这个原则。根据李政道院士的回忆述说，叶企孙长期主管清华庚款留学基金，清华大学每年选派留美公费生，都

---

① 叶企孙. 物理系概况[J]. 清华周刊，1934，41（13，14）.
② 清华大学校史研究室. 清华大学史料选编[M]. 北京：清华大学出版社，1991：397-399.
③ 何学良，李疏松，何思谦. 海国学志：留美华人科学家[M]. 上海：上海人民出版社，2007：116.

由叶企孙定夺。1934年，叶企孙在遴选航空机架专业留美公费生时，注意到钱学森虽然其他科目的成绩不是太好，但是航空工程这门课程考了87分高分，看得出钱学森有志于航空工程的学习，于是破格录取了他。他还亲自聘请王士倬、钱莘觉、王助三位航空工业名家组成指导小组指导钱学森，最终把钱学森培养成为我国最重要的战略性科学家之一。

（八）寓教于研

教学与科研之间的关系密切，优秀的教学一定是与优秀的科研紧密相关的。叶企孙强调要"以研究促进教学水平，以教学培养研究人才。"①叶企孙具有发展我国科学事业的战略眼光，坚持高水平学校必须有高水平学术研究的观点。清华大学理学院和物理系的一大特点，就是教授们边教课、边进行科学研究，把教学与科研紧密结合起来。据钱三强回忆："我是1932年考进清华大学的，当时，正是清华的鼎盛时期，当时的清华大学，可以说是中国理科，特别是物理这一行，第一个在中国生根的园地。"② "叶先生认为一个高水平的学校必须开展科学研究工作，因而在延聘学术造诣较高的教师的同时，积极筹备研究工作用的实验室、设备较好的金工厂和有专门书刊的图书室。"③

（九）因材施教

北宋理学家程颐（1033—1107）说："孔子教人，各因其材。"（《河南程氏遗书》卷十九）朱熹（1130—1200）注释："圣贤施教，各因其材。小以小成，大以大成，无弃人也。"（《孟子集注》卷十三）意指教师根据学生的实际情况和个别差异，有针对性地进行有差别性的教学，让每个学生都能够扬长避短，获得最佳发展。叶企孙主持下的清华大学物理系，突出了因材施教的原则，"每班专修物理学者，其人数务求限制之，使不超过约十四人，其用意在不使青年徒废其光阴于彼所不能学者。"④这一施教原则，既可以集中力量建立国内

---

① 何学良，李疏松，何思谦. 海国学志：留美华人科学家[M]. 上海：上海人民出版社，2007：116.
② 郭梅尼. 记著名核物理学家钱三强在居里实验室的十年[J]. 清华校友通讯，1998（18）：154.
③ 钱三强. 缅怀敬爱的叶企孙教授[M]//钱伟长，虞昊. 一代师表叶企孙. 上海：上海科学技术出版社，1995：101.
④ 叶企孙. 物理系概况[J]. 清华周刊，1934，41（13，14）.

物理研究和教学中心，培养高精尖创新人才，促进近现代自然科学在中国的传播和发展，也顺应了那个时代的实际情况，是切合当时国家政策及社会实际的。关键是，物理系只授学生基本知识、务求限制人数的种种措施，目的在于"不使青年徒废其光阴于彼所不能学者"，其核心思想就是因材施教。

（十）循序渐进

颜渊曰："夫子循循然善诱人。"（《论语·子罕》）钱穆解释："孔子之教，依学者之所已至而循序诱进之。"①当年叶企孙先生领导下的清华大学物理系，遵循此教育规律和教育原则，并落实在循序渐进的教学计划和管理制度上，"在教课方面，本系只授学生以基本知识……从讲课内容看，多注重基本知识，如大学普通物理""本学程目的，在使学者了解物理学之基本概念并发展其运用之本能"；又如中级热学，"本学程在使学者明了热学之基本事实及原理、热力学定律及分子运动论，亦作初步讨论。"②每堂课始公布指定自学材料，学生可在图书馆阅览室随时借阅。各位老师讲课都很精彩，多数人并不按教材讲，而是按逻辑发展历史讲，一般都能启发学生思考问题、争论问题，使科学精髓深入学生思想，经过自由争论，变成自己的东西，终生不忘。据钱三强回忆："叶先生讲课把基本概念讲得非常清楚，在那些重要而关键的地方，不厌其烦地重复讲解，直到学生弄清楚为止。"③王大珩回忆："在思路上，叶老往往讲出我们看书不易领会的要点。他不是通过内容的堆砌来讲授，而往往是通过提纲挈领式的讲述，整个课程的基本概念、框架结构就都有了。在这点上，他所有的学生大概没有不推崇他的。"④

（十一）因势利导

西汉史学家司马迁在《史记·孙子吴起列传》中曰："善战者，因其势而利导之。"意思是，顺着事情发展的趋势，向有利于实现目的的方向加以引导。此处意指教育要根据国家发展要求制定和设置专业，并引导学生结合兴趣选择主攻方向，既形成自己的专业优势，同时又能够为国家和民族发展事业做出最大

---

① 钱穆. 论语新解[M]. 上海：生活·读书·新知三联书店，2012：210.
② 清华大学校史研究室. 清华大学史料选编[M]. 北京：清华大学出版社，1991：397-399.
③④ 钱伟长，虞昊. 一代师表叶企孙[M]. 上海：上海科学技术出版社，1995：193.

贡献。叶企孙在培养一流科学人才的过程中将这一原则运用得恰到好处。例如，1934年，叶企孙从国家需要的角度考虑，指引当时清华大学物理系学生赵九章转入高空气象学领域，希望他将数学和物理理论及方法引入气象学研究。赵九章后来不但成为中国大气物理、地球物理学的开拓者，而且是中国人造卫星的倡导者和奠基人之一。1938年，叶企孙派王大珩赴英国留学，攻读应用光学专业。在谈到自己为什么从物理学改学光学时，王大珩曾这样回忆说："在设置留学生的专业和名额上，叶企孙先生有深谋远虑。在抗战前中国的光学工业是零，而国防需要光学机械，为此他设置了应用光学这个名额。"[①]王大珩学成归国后，成为中国现代国防光学技术及光学工程的开拓者和奠基人之一。

（十二）以身作则

孔子云："其身正，不令而行；其身不正，虽令不从。"（《论语·子路》）叶师尊重所有人，平等相处，关爱亲如一家人，使物理系成为团结和谐的小社会，令人羡慕，就是清华园的工人们，也无不对叶先生敬爱称颂。王淦昌曾回忆起一件令他终生难忘的事，他有一次忘了叶老师教导学生要敬重工人的话，匆忙中喊阎裕昌为"听差"，叶师听到后，立刻严厉地批评他，全系同学闻知后从此都敬重地称他"阎先生"。后来阎裕昌和大儿子阎魁元染上肺病，当年对贫苦人说这是最危险的病，叶先生立刻把他送到西山疗养院，与邓颖超、葛庭燧等同住一院，由叶先生自己出钱并长期给他父子俩喝牛奶等营养品，很快父子俩恢复了健康。1935年，叶先生按规定去德国学术休假，物理系工人们依依不舍，竟集资买了花瓶送他留作纪念。抗日战争爆发后，清华大学理学院不少职工参加支援冀中的抗日，有的甚至是独生子（如张瑞清），父母也舍得他参加叶先生组织的极端危险的抗日工作，从这里可见叶先生以身作则的榜样示范作用太大了。

（十三）亲其师，信其道

《礼记·学记》云："夫然，故安其学而亲其师，乐其友而信其道，是以虽离师辅而不反也。"主旨是学生亲近师长，就会深信所学之道。例如，王淦

---

① 钱伟长，虞昊. 一代师表叶企孙[M]. 上海：上海科学技术出版社，1995：193.

昌一进清华大学，就迷上了化学，对化学试验有浓厚兴趣，可是一年以后在选系的时候，他既没有考虑从小就喜欢的数学，也没有进入化学系，而是选择了物理系。因为物理系有叶企孙教授讲普通物理课。有一次在课堂上，叶企孙提出了一个问题，王淦昌很快给出了答案，叶先生很高兴，下课后，他找来王淦昌了解其学习情况，并对他说："以后有什么问题，可以随时来找我。"叶先生的教导和影响，最终促使王淦昌选择了试验物理学，后来王淦昌在试验物理上取得了很大的成功，为国家做出了重要贡献。

（十四）爱的教育

没有爱的教育，不可能赢得学生的理解、信任和尊重，教育也难以取得成功。从叶企孙的一生行动来看，他从骨子里热爱教育事业，深爱他的学生乃至学生的学生。无数案例表明，凡跟随他学习的学生对他都十分崇敬，很多学生回忆说，上学期间，叶师经常邀请学生和青年教师到家中茶叙或吃饭，当然那时的师生情感十分淳朴，叶师通过这种方式了解学生，和学生亲近交谈，给以感染和熏陶。生活中，他常慷慨资助学生和同事，帮助他们渡过学习和生活上的难关。据王淦昌回忆："我和叶老师是同时进清华，他当先生，我当学生。叶先生非常关心学生，我经济困难没钱回家，叶先生给我钱让我回家。"①这是什么教育？这是爱的教育。世上唯有爱的教育，才能够真正滋润人们的心田，才能够培养出德才兼备、勇担重任的栋梁之材。

作者简介

耿有权，东南大学高等教育研究所教授，主要研究方向为高等教育管理、学位与研究生教育、教育伦理学研究。主要代表作：《论中国特色世界一流大学》《儒家教育伦理研究——以西方教育伦理为参照》。

---

① 清华人. 中国科学界的基石人物——著名物理学家、教育家叶企孙[EB/OL][2008-10-13]. http://www.tsinghua.edu.cn/publish/thunews/9668/2011/20110225232147765123269/20110225232147765123269_.html.

叶企孙成长的轨迹与成就

白　欣　王洪鹏

叶企孙（1898—1977），中国物理学家和教育家，中国现代物理学奠基人之一，清华大学物理系和理学院的创建者，1948 年当选为中央研究院院士，1955 年当选为中国科学院学部委员（后改称院士），培养出了 79 名院士。他与陈寅恪、潘光旦、梅贻琦并称"百年清华四大哲人"。叶企孙是实至名归的"大师的大师"，在祖国研制"两弹一星"的科学家中，王淦昌、钱三强、彭桓武、朱光亚、邓稼先、周光召、于敏、黄祖洽、赵九章、钱学森、王大珩、陈芳允、唐孝威、陆祖荫等，几乎都是叶企孙培养过的学生或者学生的学生。但由于种种原因，叶企孙现在知名度仍然不高。

2018 年是叶企孙先生诞辰 120 周年。我们纪念科学大师的目的是什么？是弘扬科学大师的精神，更重要的是为我们在新时代培养出新的科学大师提供借鉴。因此，我们要考察和营造科学大师成长的环境，首先要找到科学大师成长的源头，也就说，科学大师在成长当中的所见所思。科学大师的日记就是难得的一手资料。

一、叶企孙成长的初轨迹

叶企孙生前有记日记的习惯。但是，由于时间久远，再加上军阀割据、抗日战争、解放战争等，现存的日记已经残缺不全了，很多没有保存下来。笔者重温由叶铭汉、戴念祖、李艳平编著的《叶企孙文存》，主要通过梳理叶企孙在 1915 年和 1916 年的日记，研究他在这一时期的学习、生活等相关内容，尝试还原叶企孙成长的初轨迹。

叶企孙出身书香门第，家学深厚。叶家也是官宦人家，叶企孙的曾祖和祖父均在清朝官场为官；父亲叶景沄曾被派往日本考察教育，此后一生致力于创建新式学校。由于其很好的学养和道德，他先后担任过敬业学堂校长、江苏省第三中学校长和上海教育会会长等职。从叶家的家谱上看，叶企孙是"寿春堂"（宗祠的堂号）的第 12 代子孙。

家庭熏陶使叶企孙 3 岁时就开始背诵一些开蒙读物，如《三字经》《百家姓》《千字文》《千家诗》等，这显示出叶家儿郎的聪慧，也使父辈们对于叶企孙有所厚望。自 6 岁起，父亲叶景沄便指导叶企孙阅读"四书"，即《论语》《孟子》《大学》《中庸》。叶企孙按照父亲的要求，既要背熟指定的内容，还要反复抄写，以能初步理解书中的部分内容。正是父亲的学养的滋润，叶企孙的聪慧萌发出来。为了熟悉天文知识，父亲在夤夜之时，还与叶企孙一起在庭院之中看星象之位置。在这样的学习过程中，叶企孙不断受到启发和鼓励；而随着年龄的增长，父亲的讲解日深，对于格物致知、诚意正心、修身齐家、治国平天下，叶企孙的理解也随之日新，理想也随之明确。正如《中庸》中的话，叶企孙对学问的态度可谓："博学之，审问之，慎思之，明辨之，笃行之。"

1907 年秋，9 岁的叶企孙上小学，在学校（他父亲任校长）中，叶企孙要学习国文和经史，还要学习博物、舆地、算术和外语等课程。尽管叶企孙性格内向，不爱运动，体格也略显单薄，但是，他很擅长演算、咏诗和朗读，表现出了良好的素质。

清末，美国政府把部分庚子赔款退还给中国，为此清政府设立学堂，以培养为留学美国做准备的学生。1911 年，叶企孙参加国文、算学、外语考试，每科成绩都是优秀，因而考取了四年制的中等科。只是由于辛亥革命爆发，学堂停课，叶企孙只得入上海制造局的兵工学校读书。课余时间，叶企孙听父亲讲授文史知识，学习天算历律方面的书籍，甚至叔祖父也向叶企孙讲解一些自然常识。13 岁的叶企孙常常独自一人阅读家中的藏书,还常常到上海豫园的书摊上翻阅书籍。对于一些书中的数据,他总是要验算一番,这不但满足了年轻的叶企孙旺盛的求知欲,而且也成为叶企孙一生的习惯。

二、叶企孙崭露头角

1912 年,清华学堂重新开学(不久更名为清华学校),叶企孙再次考入。1913 年夏,叶企孙来到清华学校,插班上中等科 4 年级。从此,叶企孙便与清华结下了不解之缘。

叶企孙在清华学校学习的 5 年间,把一些日常的学习和生活情况都记了下来。按照学校的要求,照例要学习全部的课程,同时他还花大量的时间自学。从日记中可以看到,年轻的叶企孙通过加强自身的修养和学习、制订完善的自修计划和总结自己的学习情况,最终成长为一名科学大师。

年轻的叶企孙对数学有着特殊的爱好。他对于秦九韶的《数书九章》用功较多,还进行了大量的推导和计算,以证明其中的原理。在日记中,他记下了一些算题的详细推导过程。尤其是对于秦九韶提出的"大衍求一术"(一次同余式的解法,此法在 300 年后也为高斯所研究),他深有感触地写道:"出入《九章》,旁通元代,诚算题之至妙者也。"在学习近代数学知识时,他下的功夫更大,体会更深。在研读解析几何时,他抽出许多时间来钻研高斯("高乌斯")的理论,为此他还写道:"近日上几何课时,每以暇研究圆、椭圆及其内容多等边形之关系。此学自高乌斯以来已将百年,未有光明之一日。未卜予之研究有效果否?书以勉之。"可见,叶企孙并不回避学习上的困难,尽管不能肯定都有收效。

叶企孙坚持阅读美国杂志《中学科学和数学》(该杂志面向的主要读者是中学数理教师),他对杂志的"征答题"和"游戏数学"栏目兴趣更浓。看到题目之后,就废寝忘食般地求解,并将解法和答案迅速地寄到编辑部。当在杂志上看到自己的题解被登载出来时,叶企孙兴奋的心情是无法形容的。叶企孙写下的有关古代科学史的文章,如《考正商功》《天学述略》《中国算学史略》等,还登载在《清华学报》上,这也是中国科学技术史研究最早的一批成果，同时为他后来从事科学技术史研究打下了基础。这种初步的研究工作，也使他逐步形成了自己的科学思想。

不只是数学，年轻的叶企孙下功夫更大的是文史。在阅读古代典籍之后，叶企孙写下了许多文章，甚至还锻炼着用英文写出来。从日记中所记载的内容来看，他刻苦研读了中国古代的一些经典之作，如《左传》《诗经》《通鉴纪事本末》《礼记》。还有一些科技经典，如《梦溪笔谈》《九章算术》《夏侯阳算经》《五经算术》《数书九章》《同文算指》等。更为难得的是，叶企孙对西方科技文化有着浓厚的兴趣，这也正是"既重格致，又重修身，以为必以西方科学来谋求利国利民才能治国平天下"。

叶企孙的日记内容分为提要和正文两部分，提要包括修学、治事、通信三项；正文一般记录的是最近的学习心得体会、个人的写作、某些书籍的札记、日常起居、考试情况等。在叶企孙的日记中，我们可以看到，他对于古代科技文化有一些独到见识。限于篇幅，在此只引用1915年8月11日（星期三）的日记。在这一天，叶企孙记下了他学习行列式（"定列式"）和矩阵（"方维术"）的内容，还作了"按语"。他写道："谨按，方维术为西土之新法，实则中土之旧法也。盖方维术之端，始于行列，而其用则资乎互乘。行列为天元之根本，互乘为方程之常规。故曰方维术者，中土之旧法也。吾国事事后西人，独于数学则不然。中古之世，且有驾于其上者。惟吾国人喜墨守而恶更新。上等社会又轻视为九九小技。彼西国则家传户诵，视为常识所必需。习者既众，则其进愈速。此近百年来，西算所以大胜于中算也。曾考几何之学始于冉求。《史记》亦称畴人弟子分散四夷。然则西算亦何曾不起源于中国哉。乃自有明季以来，观象历算，反资乎西士，即清代畴人事业，运驾汉唐，然亦借西算以发明中算。学者多先习借根方，而后再习天元四元。既通天元四元之后，又昌言西算为中算之薪传，西算实不如中算等说，其忘本之罪，固不必论，而庐山终无真面目矣。"其中"冉求"是孔子的弟子，"借根方"即列出方程的方法。一个中学生能有如此的见识，即便是从书中看到的，也着实是不简单的。

在清华大学学习期间，叶企孙与刘树墉等创建了清华科学社。叶企孙创办清华科学社的起因，就是由于中国科学社的建立。1915年3月2日，叶企孙阅读了《科学》创刊号后,被这本杂志所深深吸引,他摘录了包括平面数学、伽利略、牛顿、万有引力的一些故事,并发表了自己的感慨。后来,叶企孙成为《科学》杂志的长期读者。

叶企孙除了参与清华科学社的活动以外,还参与了促进社、民德社等其他学社的活动,活动形式包括茶话会、演讲会、读书会、参观工厂等。这些活动不仅使得叶企孙对于科学有更深入的理解,更重要的是提高了其人际交往能力。叶企孙在日记当中记载了当时开展的社会实践活动。他经常和同学们一起参观古陈列馆、圆明园、大钟寺、机械厂、公园等,还经常和同学一起看戏剧,去茶楼探讨国家的前景和未来。他也经常参加学校的辩论赛,还经常获得学校的"最佳辩手"称号。叶企孙还利用暑期时间,对一些场馆、新机械厂和纱厂进行了深入考察和调研。他的参观就像现在逐渐兴起的"研学"一样,不仅是看,而且带有研究性质,在这个过程当中记录自己的所听所见。

1918年6月,弱冠之年的叶企孙从清华学堂高等科毕业,怀着科学救国的理想出国留学,进入芝加哥大学物理系,插班上三年级。1920年,叶企孙获芝加哥大学理学学士,并入哈佛大学攻读硕士学位。1921年6月,他获哈佛大学理学硕士学位。这一年,他还当选为中国科学社驻美临时执行委员会会长。1923年,获哈佛大学博士学位。1923年10月,叶企孙取道欧洲回国。1924年,叶企孙回到上海。

三、叶企孙的成就

不论是留学期间对科研方向的选择,还是归国后创办清华大学物理系和北京大学磁学专门组、选送青年人出国留学等做法,都彰显了他科教兴国的梦想和伟大的爱国情操。

(一)叶企孙精确测定了普朗克常数

近代物理学的几乎所有内容都与普朗克常数发生关系,所以精确测定普朗克常数值,具有非常重要的科学价值。早在1917年,美国第一个生物物理学教授杜安就曾经测量过普朗克常数 h 值，但是不够精确。1921 年，在杜安教授指导下，叶企孙与帕尔默合作，用 X 射线法重新测定了普朗克常数 h 值。他们三人合作的论文《用 X 射线重新测定辐射常数 h》在美国物理学会的华盛顿会议宣读。他们共同把普朗克常数值精确到了小数点后第二位，被国际物理学界沿用十余年。美国物理学家康普顿称该实验是"一次对普朗克常数最为可靠的测定"。

（二）叶企孙开创了高压磁学的研究方法

1921 年，叶企孙转向磁学研究，在高压物理学家布里奇曼的实验室中研究液体静压强对磁导率的影响。布里奇曼所著的《高压物理学》中"压强对磁导率的影响"这一节的主要内容就是叶企孙的工作，并说明后人在此基础上继续对铁镍合金进行研究。1946 年，布里奇曼因发明超高压装置和在高压物理学领域的贡献获得诺贝尔物理学奖。

（三）叶企孙是建筑声学的先驱

叶企孙带领赵忠尧、施汝为等几位助教对清华学校大礼堂的吸音情况进行了测试分析，并发表了《清华学校大礼堂之听音困难及其改正》一文，定量说明了清华大礼堂听音困难的原因，并提出了改进方法。

（四）叶企孙是中国科技史研究的推动者

"商功"是《九章算术》中非常重要的一章，是讲述用来测量体积计算工程用功的方法。叶企孙将"商功"中各种体积的计算方法进行了收集和辨析，写了一篇《考正商功》并发表在《清华学报》上。文中的算术符号具有传统与近代相交融的形式，是我国以近现代科学方法研究写出的最早的中国古代数学史论文之一。

叶企孙还和李约瑟博士共同推动中英两国文化科学合作事宜。叶企孙引导李约瑟对中国科学技术史感兴趣，为李约瑟搜集中国科学技术史方面的资料提供不少帮助。李约瑟在《中国科学技术史》第 4 卷第 1 分册的扉页上写道："谨以此卷献给北京大学物理系教授、前中央研究院总干事，1942 年在昆明和重庆黑暗时期最诚挚的朋友叶企孙。"叶企孙还协助竺可桢建立了我国第一个自然科学史研究机构,是中国科技史研究的开创者之一。他亲自给研究生讲述《物理学史》《世界天文学史》《墨经》《考工记》等,培养了中华人民共和国的第一代科技史研究工作者。

(五)叶企孙乐育英才,甘当梯石

叶企孙将毕生精力献给了中国科技教育事业,视学生如儿女。华罗庚仅初中毕业且身有残疾,叶企孙唯才是举,调他到清华大学工作。当华罗庚名满天下之后,从他对陈景润的提携和培养,可以看到昔日叶企孙的风范。1946年,叶企孙不拘泥于学历,将出国深造机会给了只有19岁的大二学生李政道,11年后,李政道获得诺贝尔物理学奖。有一名学生数学成绩不及格,但航空工程课程却得了高分。叶企孙帮他变更了专业,并为他安排了中国顶级航空工程专家做导师,他就是后来的"人民科学家"钱学森。

(六)叶企孙科技抗日,上马击贼

叶企孙和他的学生们在国家有难、民族危亡之际,以自己的行动彰显了中国知识分子深厚的爱国情感,是"在关键时刻挺身而出,敢于为国家民族事业献出自己的一切的楷模式人物"。电影《地雷战》中威力巨大、样式繁多的地雷,就像主题曲中唱的"用地雷筑起钢壁铁墙,炸得敌人寸步难行,炸得敌人无处躲藏",曾经令日军步步惊心。其实,这些地雷并不完全是农民用土办法制造的,幕后的主角是叶企孙和他的学生熊大缜等。他们用科技知识制造出烈性炸药,为八路军的军工事业奠定了基础,得到吕正操和聂荣臻等的表扬。叶企孙还多方筹措资金购买军需材料送进抗日根据地,缓解了冀中根据地武器、药品等奇缺的局面;他介绍的汪德熙等10多名专业技术人员,都成为冀中根据地的技术骨干,后来成为中国科学院院士的汪德熙还曾经亲自炸毁日军的军列。

四、一点启示

叶企孙出生在战乱频仍的时代,他通过参与各种社会活动,体会到要想洗刷民族耻辱、祖国强盛，必须加强自身的学习和修养，努力学习科学文化知识。他践行着"即重格致，又重修身，以为必以西方科学来谋求利国利民，治国平天下"的思想，最终成为一名中西贯通、古今汇通、文理汇通的哲人科学家。

叶企孙的成长过程，所经历的是一条"通才"之路，这也是现在大学中要开设通识课的原因。有趣的是，叶企孙的学生李政道也曾为在中国开设通识课而奔走呼吁了多年。这里的"通才"是要满足"文科"与"理（工）科"（包括医科等）兼通的要求，这也是今天建设世界一流大学的一个基本要求。在叶企孙攻读中小学课程的过程中，他应该是一个范例。这样的学养也为他修成了一身儒雅且学贯中西的气质。今天，我们纪念叶企孙诞辰 120 周年，梳理叶企孙成长的初轨迹，不能忘记叶企孙及其学生为抗日战争胜利所做过的贡献，不能忘记他把一生都献给了中国的物理科学和教育事业，是一位值得广大青少年学习的光辉典范。

作者简介

白欣，首都师范大学初等教育学院教授，博士生导师，主要从事科学史与科学教育、博物馆教育与综合实践活动研究。任中国物理学会科普工作委员会委员，中国科学技术史学会物理学史专业委员会秘书长。入选首都师范大学青年燕京学者培育对象，主持国家自然科学基金三项，发表学术论文近百篇，出版科普图书若干，曾获国家图书馆"文津图书奖"。

王洪鹏，中国科技馆副研究员，兼任中国科普作家协会科普图书出版编辑专委会委员，主要研究方向为科技史、科学教育。代表作包括《浅谈科技馆展品的评价标准》《物理文化与物理教学》等。

叶企孙现象的社会建构

陈印政

摘要：叶企孙是中国近现代史上卓越的物理学家、教育家、中国科学史事业的开拓者之一。他本应在学术领域发挥更大的作用，却因晚年受到牵连而遭受不公正对待。在叶企孙逝世之后的十余年时间，其事迹仅限科学共同体内部知晓，并不为公众所认识；恢复名誉之后传统媒体开始关注他本人及其事迹，但并没有引起大的社会反响，影响力远低于被公众所熟知的陈景润等科学家；近年来伴随着新媒体的逐步普及和公众阅读习惯的改变，叶企孙的经历开始借助新媒体得到广泛的传播，特别是柴静的博文，以及清华大学、杨振宁等的推介，进一步加快了传播的速度和影响的范围。总体而言，叶企孙是以爱国知识分子的正面形象出现在公众视野中的，但公众更多地讨论了叶企孙的生平阅历和政治遭遇，却没有深入地分析其学术贡献、科学思想和爱国精神。而对于建设创新型国家而言，这具有更为重要的借鉴意义。

关键词：叶企孙；社会建构；科学共同体；新媒体；传播

1993 年，时任中国科学院院长的周光召在《纪念叶企孙先生》一文中指出，叶企孙"是我国近代物理学的奠基人之一和我国物理学界最早的组织者之一，为我国物理学研究与理科教育、科学事业与教育事业的发展，做出了突出的贡献。""为国家、社会始终勤奋地工作……把全部心血灌注于中国的科学事业和教育事业……把毕生精力与智慧贡献给国家与民族，为后辈学人树立了良好的典范。"①

叶企孙作为我国近现代史上卓越的物理学家、教育家、中国科学史事业的开拓者之一，本应在学术领域发挥更大的作用，但是因为受到牵连，于 70 岁时被捕入狱，出狱后仍长期被隔离审查，后来虽恢复教授待遇，但却没有再做出重要的学术贡献，直到 1977 年辞世。叶企孙逝世之后的很长时间内，虽有对其的怀念和讨论，但仅限于科学共同体内部，且主要在其学生和生前好友的范围之内，对于社会公众而言，叶企孙这一姓名无疑是陌生的。

伴随着微博、微信等新媒体的广泛应用，以及公众的阅读习惯从传统的纸质媒体转移到电子媒体上来，特别是知名主持人柴静发表博文《而我却今天才知道他的存在》②之后，叶企孙获得了极大的社会关注。从此之后，各种媒体纷纷报道叶企孙，在回顾叶企孙的生平同时，无不为他的晚年遭遇而感到惋惜。我们需要思考的问题就是：社会公众为什么会关注叶企孙？公众视野中的叶企孙又是什么样的社会形象？社会公众又是如何建构了"叶企孙现象"？本文试就上述问题展开讨论。

一、早期科学共同体内部的呼吁

"文化大革命"开始后不久，叶企孙于 1967 年 6 月被红卫兵纠斗并停发工资，1968 年 4 月被捕入狱，1969 年 11 月被释放后仍被隔离审查，直到 1975 年解除隔离。从此之后，叶企孙虽然获得了人身自由，但直到 1977 年 1 月 13 日逝世，对其政治问题仍然没有结论。所以在他逝世之后，并没有媒体关注这一消息。在为他 1 月 19 日举行的追悼会上，吴有训甚至愤然离场，以此表示对悼词和悼念规格的不满。

对于叶企孙遭遇的关注开始于科学共同体内部。他逝世之后，以他生前

---

① 周光召. 纪念叶企孙先生[M]//钱伟长，虞昊. 一代师表叶企孙. 上海：上海科学技术出版社，2013：16.

② 柴静. 而我却今天才知道他的存在[EB/OL] [2010-03-29]. http://http://blog.sina.com.cn/s/blog_48b0d37b0100ifeq.html.

同事、学生为代表的众多科学家，在小范围内为他鸣不平。"1979 年 11 月 29 日，中国科学院发文，拉开了为叶企孙平反的序幕。"①1982 年 8 月，《物理》杂志为了纪念中国物理学会成立 50 周年，发表了纪念老科学家的系列文章，其中包括钱三强②、钱临照③、王竹溪④撰写的纪念叶企孙先生的文章。这些文章不但系统地回顾了叶企孙先生与中国物理学会的关系，而且详细介绍了叶企孙先生的科学贡献。从此之后，胡宁⑤、钱三强⑥等又陆续在《物理》杂志发表纪念文章。这些文章主要以回忆叶企孙的科学贡献为主，使用的是严谨的学术语言，社会公众受知识基础的限制，较难读懂文章的内容，加之杂志的发行量有限，因此取得的社会反响并不大。

与撰写纪念文章类似，在由科学共同体内部编撰的各类科学家传记辞典等文献中，也都收录了叶企孙的情况。例如 1980 年出版的《自然杂志年鉴》⑦、1982 年出版的《中国科学家传略辞典》⑧，中国科学院近现代史研究所中华民国史组编撰的《中华民国史资料丛稿》⑨等，都收录有叶企孙的传记。这些传记简要介绍了叶企孙的学术贡献，其篇幅与其他科学家的传记大致相当。在当时的社会环境下，能够记录下这一贡献已经是难能可贵了。

这一时期正是召开全国科学大会的时期，被科技界称为"科学的春天"，也是徐迟发表报告文学《哥德巴赫猜想》的时期，全社会正以崇高的热情倡导学习科学家，营造了良好的"尊重科学、尊重人才"的氛围。在这一历史时期，叶企孙却未被社会大众所记起，更不能与华罗庚、钱学森、陈景润等科学家所受到的社会关注相提并论，不能不说是一种遗憾。

---

① 梁玲. 叶企孙：中国近代物理学奠基人[J]. 人物, 2005,（6）.
② 钱三强. 我对吴有训、叶企孙、萨本栋先生的点滴回忆[J]. 物理, 1982（08）：455-456, 465.
③ 钱临照. 纪念物理学界的老前辈叶企孙先生[J]. 物理, 1982（08）：466-469.
④ 王竹溪. 深切怀念叶企孙先生[J]. 物理, 1982（08）：469-470.
⑤ 胡宁. 怀念叶企孙先生[J]. 物理, 1984（01）：50-52.
⑥ 钱三强. 缅怀敬爱的叶企孙教授[J]. 物理, 1987（09）：520-523, 519.
⑦ 自然杂志编辑部. 自然杂志年鉴1979[M]. 上海：上海科学技术出版社, 1980：3-56.
⑧ 中国科学家辞典编委会. 中国科学家传略辞典（现代第 4 辑）[M]. 中国科学家辞典编委会, 1982：1340.
⑨ 中国科学院近代史研究所中华民国史组. 中华民国史资料丛稿·人物传记（第 20 辑）[M]. 北京：中华书局, 1984：132.

二、传统媒体的关注

"拨乱反正"之后,一大批受到错误批判的人开始陆续得以平反,但叶企孙的名誉长期没有得到恢复。在科技界同人的不断争取下,河北省委经过调查做出"关于熊大缜问题的平反决定",并于 1987 年正式公布,其中特别指出叶企孙是爱国的进步学者。不久之后,《人民日报》发表《深切怀念叶企孙教授》①,正式为叶企孙恢复名誉。从此开始,叶企孙的事迹才能正式被公开提及,并近一步以正面人物的形象得到传播。

几乎与《人民日报》的纪念文章发表同时,《自然辩证法通讯》杂志就发表了王大鸣所写的《作为科学教育家的吴有训》②,该文在回顾吴有训学术贡献的同时,也间接介绍了叶企孙的工作,并且肯定了叶企孙确立的清华大学理学院的若干教学原则。《自然辩证法通讯》作为一本以弘扬科学精神、播撒人文情怀为宗旨的思想性刊物,在当时的社会环境下,能够率先肯定叶企孙的贡献,是难能可贵的。

在同一时期,有两位年轻学者刘克选、胡升华也同时关注了叶企孙的贡献,并在《中国科技史料》《科学》等杂志发表了系列研究文章,特别是二人联合署名的《叶企孙的贡献与悲剧》③一文。该文详细介绍了叶企孙科学救国的一生,阐述了他作为实验物理学家、教育家、科学活动的组织者与倡导者、忠诚的爱国者等不同的角色,同时也回顾了历史在他身上表现出的"不公":"年逾古稀,却惨遭凌辱,备受折磨,含冤去世,而且身后数年,九泉之下,也未能洗清所蒙受的不白之冤。"④由于该文内容详细,引证资料准确,所以也成为后来介绍叶企孙的文章的主要资料来源。

随后,叶企孙的事迹也伴随着一些标志性事件而得到传播,例如中国物理学会设立胡刚复物理奖、饶毓泰物理奖、叶企孙物理奖、吴有训物理奖、王淦昌物理奖,清华大学设立叶企孙奖并为其立铜像等,都得到媒体的关注,但传播效果有限。

---

① 沈克琦,孙佶,汪永铨. 深切怀念叶企孙教授[N]. 人民日报,1987-02-26(05).
② 王大鸣. 作为科学教育家的吴有训[J]. 自然辩证法通讯,1987(01):48-51.
③④ 刘克选,胡升华. 叶企孙的贡献与悲剧[J]. 自然辩证法通讯,1989(03):64-76,80.

1992年正值叶企孙逝世15周年之际,《物理》杂志又发表了系列纪念文章,包括任之恭的《怀念叶企孙老师》①、余瑞璜的《向叶企孙先生致以最崇高的敬礼》②、虞昊的《叶企孙老师的典范永存》③等。这次纪念活动仍然只是在科学共同体内部起到了一定的影响作用,同样没有得到社会公众的关注。

几乎与此同时,也有一系列纪念叶企孙的学术专著出版,例如钱伟长、虞昊的《一代师表叶企孙》④,虞昊、黄延复的《中国科技的基石——叶企孙和科学大师们》⑤,刘克选、周明东的《叶企孙传》⑥,邢军纪的《最后的大师:叶企孙和他的时代》⑦,叶铭汉、戴念祖、李艳平的《叶企孙文存》⑧,储朝晖的《20世纪中国教育家画传:叶企孙画传》⑨等。

通过上述分析可以看到,在电子媒体产生之前,也就是在纸质媒体时期,对叶企孙这位为中国科学事业做出重要贡献的人物,纸质媒体虽然能够公开地报道叶企孙的贡献,但受制于纸质媒体传播影响力,没有得到社会公众的广泛关注。值得欣慰的是,科学共同体内部长期以来都没有忘记叶企孙,一直在呼吁全社会对叶企孙的贡献给予更加客观公正的评价。

三、新媒体推动下的广泛传播

伴随着社会信息化的发展,特别是微博、微信等新媒体出现之后,公众获取信息的渠道更加便捷,逐渐成为媒体传播的重要渠道,特别是自媒体的出现,使得信息传播的渠道与内容,不再受到传统媒体的诸多限制,变得更

---

① 任之恭. 怀念叶企孙老师[J]. 物理,1992(08):450-451.
② 余瑞璜. 向叶企孙先生致以最崇高的敬礼[J]. 物理,1992(08):451-452.
③ 虞昊. 叶企孙老师的典范永存[J]. 物理,1992(08):452-454.
④ 钱伟长,虞昊. 一代师表叶企孙[M]. 上海:上海科学技术出版社,1995.
⑤ 虞昊,黄延复. 中国科技的基石——叶企孙和科学大师们[M]. 上海:复旦大学出版社,2000.
⑥ 刘克选,周明东. 叶企孙传[M]. 杭州:浙江文艺出版社,2000.
⑦ 邢军纪. 最后的大师:叶企孙和他的时代[M]. 北京:北京十月文艺出版社,2010.
⑧ 叶铭汉,戴念祖,李艳平. 叶企孙文存[M]. 北京:首都师范大学出版社,2013.
⑨ 储朝晖. 20世纪中国教育家画传:叶企孙画传[M]. 成都:四川教育出版社,2016:169.

加开放与多元。叶企孙的生平经历,也在新媒体的关注之下,获得了更加广泛的社会传播。

借助大数据分析的工具,以"叶企孙"为关键词,将相关的传统媒体与新媒体的资讯进行分析,可以发现其中的一些规律。经过对叶企孙相关报道文章的检索与分析,可看出新媒体的传播效果要明显高于传统媒体。特别是 2008 年以后,叶企孙的轶事借助博客、微博等媒体得到了广泛的传播。这其中最具有标志性的事件当属柴静所发表的博文《而我却今天才知道他的存在》[①],截至 2018 年 7 月 12 日,其直接转发量已达到 1988 次,直接阅读量达到 31 万次,间接阅读量达到 500 万次。

虽然纸质媒体的报道数量与传播速度无法与新媒体相比,但就纸质媒体发表文章的权威性而言,仍然具有较高的公信力。另外,虽然纸质媒体发表的叶企孙的相关文章总量不大,但就纸质媒体发表的科学家类人物文章的总体而言,自 2010 年之后,与叶企孙相关的文章属于数量较多。

就读者阅读渠道的习惯偏好而言,近年来表现出明显的电子阅读偏好。仅就 2018 年 1 月 1 日至 6 月 30 日的阅读来源进行统计分析,发现其中网页阅读的频率最高,为 43.87%;其次为微信,占 30.53%;而选择报刊作为阅读来源的比例仅为 0.95%。

四、叶企孙现象社会建构的反思

(一)叶企孙作为正面形象出现

对 2018 年 1 月 1 日至 6 月 30 日能搜集到的各类媒体上所发表的有关叶企孙的文章进行整理,并提取其中涉及的主题词进行统计,可以看到叶企孙在媒体报道中以正面形象居多。在整理得到的共计 20 个主题词中,依据出现的频率进行排序如下(表 1)。

---

① 柴静. 而我却今天才知道他的存在 [EB/OL] [2010-03-29]. http://blog.sina.com.cn/s/blog_48b0d37b0100ifeq.html.

表 1　热频主题词及频率表

排序	关键词	频率/%	排序	关键词	频率/%
1	中国	15.38	6	杨振宁	5.21
2	历史	9.02	7	物理	5.13
3	学术	6.54	8	西南联大	4.88
4	清华	6.16	9	国家	4.23
5	科学	5.79	10	知识分子	4.04

从获得的上述主题词及频率可以看出，这些主题词均为充满正能量的褒义词，包括反映叶企孙爱国形象的"中国""历史""国家"，反映其成长经历的"清华""西南联大"，反映其贡献的"学术""科学""物理""知识分子"，以及为叶企孙事迹的传播做出重要贡献的"杨振宁"等。由此可以看出，叶企孙在公众媒体中是以正面形象出现的。

（二）热点事件加速了叶企孙形象的传播

前已述及，叶企孙得到社会公众的广泛关注，最初来自于柴静 2010 年发表的博文的传播力量，在该博文得到大量转发的同时，又有众多的自媒体开始撰写纪念文章，从而掀起了叶企孙事件传播的第一次高潮。

2017 年年初以来，伴随着公众对中国建设创新型国家的讨论，特别是关于科技体制改革和创新人才培养的讨论，叶企孙的故事再次成为公众关注的热点话题，并接连有多篇有影响力的文章面世，例如《叶企孙：被时代抛弃得最远的大师》《中国最后一位大师也是被时代抛弃得最远的大师——叶企孙》等。

2018 年正值叶企孙诞辰 120 周年，公众对叶企孙的关注再次升温。首先是众多的学者从不同角度撰写了纪念文章，这些文章虽然阅读量并不大，但是营造了良好的舆论氛围。随后，在清华大学 2018 年的毕业典礼上，校长邱勇在致辞中提到"被誉为'大师之师'的叶企孙先生，一百年前也从这里毕业。"这一论述被众多媒体所引用，甚至作为文章标题，因此使得社会关注度得到较快提升。与此同时，设立于清华大学内的清华学堂物理班，更名为"清华学堂叶企孙物理班"，并设立"叶企孙奖学金"。杨振宁出席更名典礼并提出"中国培养一流科学家为何不再成功？"的疑问，这一疑问得到了媒体更为普遍的关注，因此传播量非常大。

通过上述具有影响力的传播过程可以看出，叶企孙的事迹得到社会公众的关注，具有明显的借助公众事件进行传播的性质。而杨振宁等公众知晓度较高的人物对其的关注，则加速了传播的效率，提升了传播效果。

（三）缺少针对叶企孙思想的深层思考

纵观纪念叶企孙的系列文章，可见其基本关注叶企孙的政治遭遇，并为叶企孙受到的不公正对待发声，这些文章主要关注了叶企孙的生平，特别是其晚年的遭遇。

叶企孙一生的学术贡献，首先是其在学术领域的贡献，如普朗克常数的测量等；其次是其对学术共同体的贡献，如先后担任清华大学物理系、清华大学的负责人；再次是培养学生，如杨振宁、李政道等。目前对叶企孙的讨论，其政治遭遇成为非常核心的关键词，而本应成为关注重点的学术贡献、学术管理思想、爱国精神等，却没有得到应有的关注，甚至缺少深入的研究，而这对于科技的发展而言，才是最重要的。

通过对叶企孙现象社会建构过程的分析可以看出，微博、微信等新媒体的广泛使用，促进了叶企孙现象的社会传播；传播的报刊等纸质媒体，无论是发表的文章数量还是传播效率，都有较大的提升空间，但其发表的文章更具有权威性。在公众"碎片化"阅读的时代，媒体更多地关注了叶企孙晚年的遭遇和受到的不公正对待，这符合公众的阅读需求。但从深层次上分析，在倡导科技创新和科技体制改革、建设创新型国家的征程中，对于叶企孙科学方法、管理思想的深刻反思，将更具有时代价值。媒体不能只关注公众的阅读兴趣，更应该传播思想等深层次的内容，这也值得整个学术界深入思考。

作者简介

陈印政，天津大学大学文化与校史研究所助理研究员，研究领域为高等教育史、近现代科学技术史，先后在《自然辩证法通讯》等期刊发表论文 10 余篇，主持或参与课题 20 余项。

大 国 脊 梁

邵 瑜

1952年院系调整后，我家从清华大学搬到北京大学。到北京大学的第一个春节，父亲带母亲和我去给他的一些亲友拜年，说是"认认邻居"。我们去了叶企孙伯伯家，他个子不太高，穿戴得干干净净、整整齐齐。我遵父命叫了他一声"叶伯伯"，他弯下腰微笑着答应，两眼眯成一条缝，跟我这个小孩打招呼。我当时刚学会一个词"笑眯眯"，我想叶伯伯的样子就是笑眯眯的。我感觉他非常和气，对我这样一个4岁的小孩也没有架子，所以我不怕他，愿意和他说话。

离开叶伯伯家，母亲就开始唠叨父亲："叶先生单身一个人，还能把自己收拾得整整齐齐，头发一丝不乱，很绅士派的。你就马马虎虎，有时出门去衣服扣子都没扣对……"父亲立刻拿出对付母亲唠叨的惯用手法——打岔，一手牵起我的手，一手指着前面说："走了，走了。前面不远就是金克木先生家，我们去看看他。"母亲只好停止唠叨，跟着往前走。我又学会一个词"绅士派"，叶伯伯那样穿戴整整齐齐，头发一丝不乱就叫绅士派。

后来，我只是偶然在校园里遇见他，上中学后，我每天早上都要骑车穿过北京大学到101中学上学。有一天我正急匆匆地骑着车，半路上遇见他，我叫了一声"叶伯伯"，他一边很绅士地退到路边给我让路，一边笑眯眯地说:"当心,不要骑太快。"我连车都来不及下,大声说了一句"我要迟到啦"就一溜风地骑过去了。

渐渐地,我听长辈说起叶伯伯发现和培养了中国很多的科学家,父亲的很多朋友都是他的学生。

1968年,有一天父亲回来时对母亲说:"叶企孙先生被捕了,说他是特务。"母亲吃惊地问:"怎么会呀?那么老实的一个人不会是特务吧!"父亲想想说:"当特务恐怕要机灵点儿,像他这种做事老老实实,书生气十足的人怎么做得了特务?"两个人怎么也不相信叶伯伯能当特务。

1970年前后,听说叶伯伯被放出来了,住在他侄子叶铭汉先生家。叶铭汉夫人的父母是我姨和姨夫的好朋友,她告诉我姨,叶伯伯身体很糟糕,洗澡是叶铭汉先生陪他去澡堂帮他洗。有一次她给叶伯伯打了一盆热水请他洗脚,他洗了一只脚就再也不肯洗另一只,而是躺到床上去了。他们从没想到还会有人洗脚时只洗一只脚,怀疑叶伯伯精神出了问题。现在想想,他那时可能已虚弱到洗了一只脚就没有力气再洗另一只了。可是像他那么绅士派的人又不肯麻烦别人帮他洗,结果引得侄辈怀疑到他精神不正常。

后来有一天我从中关村32路车站往海淀走,看见一个"奇怪"的人迎面走过来。这个人的腰弯成90度,低着头,头发长长地披散在脸上,衣服皱巴巴地套在身上,松松垮垮地垂下来,两只手几乎沾到地面,只有两条腿慢慢地向前移动,像一张移动的小茶几。走到面前,他微微抬起头来,我大吃一惊,原来是叶伯伯。我叫了一声"叶伯伯"。他停下来细细地看看我,脸上带着我小时候看见的那种和蔼的微笑。他已经认不出我来了,似乎很绅士派地对我微微点了一下头,然后又像一张移动的小茶几一样,慢慢向中国科学院的宿舍方向走去。我觉得在他身后,跟着一串闪亮的名字,他们是:理论物理学家王竹溪、彭桓武、张宗燧、胡宁,核物理学家王淦昌、施士元、钱三强、何泽慧,力学家林家翘、钱伟长,光学家王大珩、周同庆、龚祖同,晶体学家陆学善,固体物理学家葛庭燧,地球物理学家赵九章、翁文波、傅承义,以及秦馨菱、李正武、陈芳允、于光远等。西南联合大学物理系毕业生中,后来成为著名科学家的有:黄昆、戴传曾、李荫远、肖健、徐叙瑢、朱光亚、邓稼先、杨振宁、李政道等。1949年后毕业于清华大学物理系,后来成为著名物理学家的有周光召、何祚庥、唐孝威、黄祖洽、胡仁宇、蒲富恪等。

以上都是他的学生，有些是他亲自教过的学生，有些是他发现是可造之才，不论是否与他同行，但也着力提携，为他们创造深造的条件。如果没有叶伯伯，他们中的一些人可能就没有机会上大学，没有机会出国留学，也不可能成为科学家，为中国和世界的科学事业做出贡献。中华人民共和国成立后，23位"两弹一星"功勋奖章获得者中有一半以上是他的学生或学生的学生。如果叶伯伯还活着，还能正常工作，他一定能为中国发掘出更多的人才。

我不知道是什么人，在什么情况下，用什么方法把他的腰弄成那样的。但是，当中国的火箭腾空而起、直冲云霄时，当中国的卫星翱翔长空、环游宇宙时，请不要忘记那张移动的"小茶几"，因为他是真正的大国脊梁。

作者简介

邵瑜，中国人民大学附属中学高中毕业，曾任初中教员。其父为中国历史学家邵循正。1979—1981年任北京大学历史系资料室资料员期间，考上北京大学图书馆系函授大学。1981—1983年随夫到美国罗德岛大学陪读，学习英语，旁听计算机及数学课。后陆续在丹麦技术大学、美国金西学院进修，1992年起，在佛罗里达州布瓦罗郡做公务员。偶尔在《世界日报》上发表短文。

一代宗师叶企孙

孟凡明

叶企孙（1898—1977），中国物理学的开山鼻祖，一代宗师，清华大学著名教授，其学术成就是令人瞩目的。1920年获芝加哥大学理学学士学位，1923年获哈佛大学哲学博士学位。1921年，他精确地测定了普朗克常数，曾经被国际物理学界"沿用了长达16年之久，经历了爱因斯坦相对论的证实、量子力学的建立和发展、核裂变的认识和利用等许多近代科学的考验。"[1]同年，"他独自进行了高压强流体静压对铁镍磁导率的影响的研究，达到当时国际先进水平。"[2] 1923年，他的博士论文《流态静压力对铁、钴和镍的磁导率的影响》被当时的科学家广泛引用，成为第一个载入经典物理学著作的中国科学家，为世人所铭记。

叶企孙是卓越的教育家。1924年叶企孙回国，担任东南大学物理系副教授，1925年回清华学校任教，当时是副教授，系主任是梅贻琦；次年升为教授，并担任物理系系主任，1929年兼任理学院院长，1930年曾经代理过校长职务三个月。"叶老师不论在学校的行政工作多么繁忙，但每学期都要讲一门课。"[3]关于大学讲课的讲义，叶先生也给我们树立了榜样。"叶老师博览群书，

---

[1] 钱伟长. 怀念我的老师叶企孙教授[J]. 自然杂志，1998，4：229.
[2] 田彩凤. 叶企孙先生年谱[J]. 清华大学学报（哲学社会科学版），1998，3：35.
[3] 钱伟长. 怀念我的老师叶企孙教授[J]. 自然杂志，1998，4：233.

他把金属学学术期刊上的最新发展中利用热力学定律的富有成效的部分,吸收入了讲稿。叶师这份不到十页的讲稿,对我教育很深,体会到做一个大学教授很不容易,每年虽然讲同一门课,但应该随着时代改变其基础理论的应用范围,使一门基本课一定要跟上科学发展的时代步伐,经常阅读大量有关科技的国际期刊,消化吸收到教材中去,才算尽了教授的讲课责任。"①

为了发展壮大清华大学物理系,叶先生做了大量工作:①延聘一批学术造诣较高的理学院教授,如熊庆来、吴有训、周培源等;②创建高水平学校开展科学研究工作的条件;③主持确定物理系学生的教学计划,兼顾实验与理论;④扩大学生视野,组织毕业参观②;⑤创办清华研究所;⑥出版学术刊物《国立清华大学理科报告》;等等。正因为清华大学物理系重视教学和科研,重视理论与实践相结合,重视人才培养质量,才培养了大量卓越的人才。叶企孙最大的贡献之一在于他为中国教育事业做出的杰出贡献,"两弹一星"元勋很多都是他的学生,比如我们知道的"中国原子弹之父"王淦昌、钱三强、邓稼先,"中国卫星之父"赵九章,"中国导弹之父"钱学森,诺贝尔物理学奖获得者杨振宁、李政道等,因此,他又被称为"大师的大师"。"叶企孙及清华同人能成功地实现英才教育,这是教育史上一个了不起的实验和成就。"③还有一件事情也一直被传为美谈,熊庆来慧眼识英才发现了华罗庚,想请他来清华大学算学系工作,在教授会上,华罗庚只有小学学历、腿有残疾的情况引发了激烈争议。"关键时刻,叶企孙力排众议。他说:我希望大家认真看看华罗庚先生的论文再说话。他来清华后,我们曾经交谈多次,每次我都颇受教益。以我个人的判断,华罗庚将来会成为我国数学界闪亮的星辰。"由此,华罗庚得以担任清华大学算学系的助理员,后来还提携他做了教员,并安排华罗庚到英国剑桥大学深造。④

叶企孙是庚款留学的受益者,他在选拔庚款留学生时也不仅仅限于清华

---

① 钱伟长. 怀念我的老师叶企孙教授[J]. 自然杂志,1998,4:233.
② 钱三强. 缅怀敬爱的叶企孙教授[J]. 物理,1987,9:521.
③ 王孙禺,李越,叶赋桂. 大学之道:叶企孙的教育思想与办学实践——纪念叶企孙先生诞辰100周年[J]. 清华大学教育研究,1999,1:14.
④ 欧阳悟道. 叶企孙:大师的"专职"提携者[J]. 百年潮,2015,10:78.

大学的学生,而是面向全国高校,只要是优秀的学生都在遴选之列,如上海交通大学的钱学森等。这是一种博大的胸怀和海纳百川的气度。如同北京大学宽容并包的精神,如允许旁听生听课就是北京大学的一大特色。北京大学的学术大门向任何一个愿意求学的人敞开,著名的旁听生就有毛泽东、瞿秋白、沈从文、丁玲、季羡林等。

叶企孙是思想进步的爱国者。熊大缜是叶企孙的学生,也是他的重要助手。1937年抗日战争全面爆发后,熊大缜放弃了到德国留学的机会,他郑重地向叶企孙提出想去冀中抗日根据地参加抗日斗争,得到了叶先生的支持。熊大缜在冀中军区做出了重要贡献,例如电影《地雷战》中先进的地雷就是熊大缜等设计的。叶企孙也为抗日战争出了不少力,例如,他在天津租界为冀中抗日根据地筹备军用物资,将"包括制造雷管用的化学原料和铜壳、制造电雷管用的白金丝和控制起爆用的电动起爆器等"偷偷运到根据地。"他在天津租界从事的筹备军用物资工作,其危险性和困难的程度要大得多。他以自己的实际行动,体现了中国的优秀知识分子强烈的为国分忧解难的责任感和炽热的爱国情怀,为他的学生们树立了光辉的榜样。"①

中华人民共和国成立前夕,叶企孙意志坚定地留在大陆,因为他相信中国共产党,相信新中国。"国民党特派飞机接他,联合国也力邀他去担任教科文官员,他一生为人最重爱国大方向,认为教育关系全民族的生存与发展,绝不可轻言放弃,因此他和清华师生留在原地不动不变。这不但稳定了整个清华的人心与教学,而且成为全国大学的表率!"为此,陈毅还专程到清华大学拜访叶企孙,合影留念并签名题词。②

人民没有忘记叶企孙为中国教育事业做出的杰出贡献。"1990年,清华大学理学院物理系校友决定组织'叶企孙奖'基金会,设立'叶企孙奖'。1995年,叶企孙铜像在清华大学新区第三教学楼落成。"③

---

① 常甲辰. 叶企孙、汪德熙等科学家与冀中抗日[J]. 中国党史资料, 2006, 3: 167.
② 虞昊. 一代师表叶企孙[J]. 思想理论教育, 2011, 6: 36-37.
③ 纬零, 孟玮. 让历史和未来记住他[J]. 民主与科学, 2012, 2: 15.

以上内容仅仅是叶企孙先生伟大人格和光辉事迹的点点滴滴。他为我们树立了教书育人的楷模，是广大教师学习的榜样。作为教师，更应该牢记为中国的革命和建设事业做出过贡献的前辈们，并将其作为我们前进的精神动力。

作者简介

孟凡明，六盘水师范学院历史系副教授，主要研究方向为中国近现代史。

为了忘却的纪念

王洪见　刘树勇

当我在课堂上提起"叶企孙"这个名字的时候，班里的学生们都面面相觑，表示不知道这个人。也罢，自己年少的时候，也如此这般，不知道叶先生其人其事。

在真正了解叶先生生平事迹之前，很多人也许对这个名字略有耳闻，"是个科学家吧""是个搞物理的吧""民国时候的人吧""当过清华的校长吧"……仅此而已，并没有想深入了解先生生平的兴趣。我想，如果人们完整地了解了叶先生的人生轨迹之后，大多数人都会像我一般，为先生高尚的人格所折服，为先生做出的巨大贡献而震惊，为先生坎坷的晚年而深深叹息……2018年是先生逝世40周年，特撰文纪念。

一、书香门第，少年成名

叶企孙（1898—1977），原名叶鸿眷，上海人，20世纪我国著名的物理学家、教育家，中国现代物理学奠基人之一，中国物理学会创建人之一，中国科学史事业的开拓者，中国科学院学部委员（后改称院士），数理化学部常务委员。

叶家是书香门第，叶企孙的曾祖、祖父均在朝为官；父亲叶景沄曾奉派赴日本考察教育，致力于创建新制学校，先后担任过敬业学堂校长、江苏省第三中学校长、上海教育会会长等职。家庭的熏陶让叶企孙幼年时便熟读经史子集，修得了一身儒雅气质。更为难得的是，叶企孙对西方科技文化也有着浓厚兴趣，"既重格致，又重修身，以为必以西方科学来谋求利国利民才能治国平天下"。

1911 年 3 月，清华学堂首次招生，叶鸿眷成为其第一批学生。后因辛亥革命爆发，清华学堂停课，叶鸿眷回沪就读于上海制造局兵工中学。1913 年夏，叶鸿眷以其字"企孙"为名，重新考入清华学校。①

他与清华的不解之缘就此展开。在清华学校 5 年间，叶企孙与刘树墉等创建了清华科学社，参与创办《清华学报》，并担任清华科学社社长、天文学会理事等，发表了《考正商功》《天学述略》《中国算学史略》等科学史文章，逐步形成了自己的科学思想。

1918 年 6 月，叶企孙从清华学堂高等科毕业，怀着科技救国的梦想出国留学，进入芝加哥大学物理系，插班上三年级。1920 年，获芝加哥大学理学学士，入哈佛大学攻读硕士学位。1921 年，他精确地测定了普朗克常数，他的论文《用 X 射线重新测定辐射常数 h》在美国物理学会的华盛顿会议上宣读。他测定的数值在学界沿用达十余年，中国人的姓名第一次被载入现代世界自然科学学术著作中，那一年，他不过 23 岁，就在大洋彼岸为祖国赢得了荣誉。1921 年 6 月获哈佛大学理学硕士学位，9 月，开始攻读博士学位。同年，他当选为中国科学社驻美临时执行委员会会长。1923 年，他完成博士论文《流态静压力对铁、钴和镍的磁导率的影响》，获哈佛大学博士学位。

1923 年 10 月，叶企孙取道欧洲回国，回国之前，他主持召开了中国科学社驻美临时执行委员会会议，推举正式理事成员，成立正式机构，制定驻美分社章程等，使得该学术团体在美洲日益巩固、发达。

二、归国效力，薄名精艺

1924 年，叶企孙在欧洲参观考察多所大学、实验室后回到上海，他本可

---

① 北绛. 平生在怀，犹可寺，不悉知[N]. 中国科学报，2013-12-20（7）.

以安心做好自己的研究，做一名科学家，然而要实现科学救国的梦想，仅靠单打独斗是不可能的，他决定投身教育，为祖国培养更多的科技人才。尽管执鞭从教不能让自己声名远播，不是实现他个人抱负的最佳选择，但一支阵容齐整的科学家队伍，才谈得上科技救国，才能改变祖国落后的面貌。叶企孙知难而上，全身心投入教育事业中。

从美回国后，他历任东南大学副教授；清华大学教授、物理系主任、理学院院长、代理校长；抗日战争期间，任西南联合大学教授、理学院院长，清华大学特种研究所委员会主任；西南联合大学校务委员会委员，中央研究院总干事；中华人民共和国成立初期，任清华大学校务委员会主任、北京大学物理系教授、金属物理及磁学教研室主任；等等。这一串串的头衔不仅仅是领导职务，更代表着当时中国科技与教育的最前沿，也是中国希望之所在。

叶企孙坚持主持招考留美公费生，支持、倡导发展中国航空科技、中国兵工事业、无线电科学，这些都与建设现代化国防相关。叶企孙十分重视这些在当时的中国尚是空白的学科，他鼓励学生选择这些空白或薄弱的学科到国外去深造。他在招考留美公费留学生时，设立无线电领域名额，为之后中国信息科技与国防事业的发展储备了人才，后来当选为中国科学院院士的吕保维、洪朝生便是如此。

叶企孙积极建设清华大学的师资队伍，把聘任第一流学者到清华大学任教列为头等大事。熊庆来、吴有训、萨本栋、张子高、黄子卿、周培源、赵忠尧、任之恭等一批学者先后来到清华大学任教。吴有训不过是刚到校的普通教师，资历不如他，他却把吴有训的工资定得比自己的工资还高，后又引荐吴有训接替自己任物理系主任、理学院院长。叶企孙还重视实验室的建设，1931年，清华大学物理系实验室的仪器已有3000多种。

1929年，叶企孙的学生施士元到法国留学，由于他带着叶企孙的推荐信，很快便拜入居里夫人门下。他还帮叶企孙向居里夫人购买了0.5克镭，这是中国第一次购买镭；学生许孝慰等的毕业论文是与方位测量器相关的课题，可在军事上测定敌军炮位所在；学生熊大缜研究的是红外照相术，属于国内首创、国际前沿，拍摄的西山夜景清晰可见。叶企孙始终站在一个令人难以企及的高度，放眼世界，引进国际先进的仪器设备，为教师队伍的成长铺路搭桥，将他的学生送到一个个新的科学领域，为中国日后的科技发展铺下一块块坚实的基石。

叶企孙还是中国物理学会的创建人。1931年，在国际联盟中国教育考察团成员郎之万的建议下，叶企孙筹备成立中国物理学会，担任发起人。1942年，他在担任中央研究院总干事期间，当选为国际科学技术策进会理事。他还和李约瑟博士共同推动中英两国文化科学合作事宜，引导他对中国科学史感兴趣。由此，才出现了困扰无数人的"李约瑟之问"。

叶企孙在中国烽火战乱的焦土中播下科技的种子，辛勤培育，用心呵护，终有了金灿灿的收获。

三、乐育英才，甘当梯石

叶企孙满门英杰，在他培养的大批科学家中，有"两弹一星"元勋、两院院士、诺贝尔奖获得者，以及诸多知名科学家，包括：王淦昌、赵九章、彭桓武、钱三强、王大珩、陈芳允、朱光亚、邓稼先、屠守锷、赵忠尧、施汝为、李善邦、顾功叙、周同庆、施士元、龚祖同、傅承义、王竹溪、翁文波、张宗燧、钱伟长、何泽慧、郁钟正（于光远）、葛庭燧、秦馨菱、陆学善、李政道等。在留美、留英考选的学生中，受叶企孙指导的有钱学森、慈云桂、毕德显、余瑞璜、钱临照、马大猷等。

叶企孙培养和造就的这一支科技劲旅，是20世纪下半叶中国科学发展的中坚力量，这些人在国防建设、地震研究、信息科技、能源激光等方面都大有建树。他们是独当一面的科学泰斗，名满天下，天下却很少有人知道他们的老师是谁。

这里主要讲一下叶企孙对华罗庚、李政道和钱学森的培育与提携。

华罗庚仅初中毕业且身有残疾，叶企孙唯才是举，调他到清华大学工作。短短几年时间，华罗庚便在国内外有影响力的数学杂志上发表了十多篇论文。叶企孙又力排众议，让他担任助教，讲授微积分课程。1936年，叶企孙安排华罗庚到剑桥大学进修，华罗庚由此迅速成长为世界一流的数学家。可以说，叶企孙为华罗庚登攀数学高峰起了不可估量的指引作用。日后，当华罗庚名满天下之时，从他对于陈景润的提携和培养，可以看到昔日叶企孙先生的风范。

1946年，西南联合大学物理系有两个学生出国深造的名额，叶企孙不拘泥于学历，将其中一个名额给了只有19岁但在理论物理方面已显现出非凡才能的大二学生李政道。他允许李政道不听他讲的物理课，但不允许他不认真做物理实验。11年后，李政道获得诺贝尔物理学奖。有一次，清华大学录取了20名留美公费生，有一名学生因数学成绩不及格未达到留学标准，但他的"航空工程"这门课程却得了87分高分，叶企孙就让他住到自己家里，帮他补习功课，并帮他变更了专业，为他安排了中国顶级航空工程专家做导师，他就是"人民科学家"钱学森。

1948年12月15日，叶企孙拒绝了南京政府的南下邀请，先后担任清华大学校务委员会主席、全国政协委员、中华全国自然科学专门联合会（后改称中国科学技术协会）常务委员、中华全国科普协会委员、中国科学院数理化部常务委员。1954年、1959年和1964年，分别当选第一、第二、第三届全国人民代表大会代表。[①]

四、科技抗日，上马击贼

电影《地雷战》曾经家喻户晓，影片中威力巨大、样式繁多的地雷，令日军胆战心惊。不知有没有人认真考虑过，这种地雷肯定是由专业人士研制，而不是农民用土法制造的。其实，真正的研造者却被时代抛弃得最远，尽管他们为中国的抗日战争做出了巨大贡献，却终究鲜有人知道他们。直到2015年6月，中央电视台播出了短片《抗日战争中，有一批用专业知识杀敌的边区科学家》，片中提到：在抗日战争中，一批青年科技人员抛家舍业来到冀中根据地，用专业知识制造出杀伤力强大的烈性火药，成为攻击日军铁路运输线和装甲车的利器，他们的研究也奠定了根据地军工事业的基础。

"地雷战"后面的主角是叶企孙教授和他的学生熊大缜。1938年，熊

[①] 王士平，李艳平，刘树勇. 细推物理：戴念祖科学史文集[M]. 北京：首都师范大学出版社，2008：347-356.

大缜到达冀中根据地之后，得到司令员吕正操将军的赏识，被任命为军区供给部部长。熊大缜在这里筹建了技术研究社，开展烈性炸药、地雷、雷管和通信设备等的研制工作，多次炸毁日军列车、桥梁，受到聂荣臻司令员的表扬。

叶企孙在天津多方筹措资金、购买军需材料，以大无畏的精神把这些军需材料送进抗日根据地，缓解了冀中根据地武器炸药、通信器材、药品等奇缺的局面；他还先后介绍了阎裕昌、汪德熙等十多名专业技术人员，成为冀中根据地的主要技术骨干。

不久之后，熊大缜被打成"特务"，其老师叶企孙被诬陷为"特务头子"。此时的叶企孙毫不知情，还在昆明出版的《今日评论》上以"唐士"笔名发表《河北省内的抗日状况》一文，号召科技人员、机匠、医生，到冀中根据地参加抗日。除此之外，叶企孙还积极参加平津学术团体对抗日本联合会议，以清华大学教职员公会的名义发电文、汇钱财犒劳卫国战士。

叶企孙和他的学生们在国家有难、民族危亡之际，以自己的行动彰显了中国知识分子深厚的爱国情感，是"在关键时刻挺身而出，敢于为国家民族事业献出自己的一切的楷模式人物"。①也正是这段经历，"文化大革命"期间，叶企孙受到牵连，开始淡出众人的视野，渐渐被人们所遗忘。

五、顺逆交替，晚年多舛

熊大缜的口供静静地躺在档案柜中，终使叶企孙晚年受到严重的身心摧残。1951年，教育知识界开始了"思想改造运动"。8月，叶企孙在中国物理学会第一届会员代表大会上做了《现代中国的物理成就》的报告，主要内容是介绍1900—1950年中国物理学的成长、发展，物理学工作者与国外发表的重要论文和取得的成果。报告得到了与会者的欢迎，但却不为其时的政治所容。②"刚诞生的新中国何如颂扬旧制度的成就"，原定在期刊上刊发的报告也不得不撤稿。1952年1月，54岁的叶企孙先后做了三次思想改造方面

---

① 董城. 用事实和鲜血写成的抗日教科书[N]. 光明日报，2015-07-16（04）.
② 叶铭汉，戴念祖，李艳平. 叶企孙文存[M]. 北京：首都师范大学出版社，2013：1-26, 668-693.

的检讨；10 月，叶企孙被调离清华大学，到北京大学任教，从清华大学的领导转变为北京大学的普通教授。

1967 年开始，叶企孙被红卫兵揪斗、关押、停发工资、送劳动队改造，多次被勒令就"熊大缜""为何被选为中央研究院总干事"等问题写书面交代。1968 年 4 月，受"吕正操案"牵连，叶企孙被逮捕入狱，身患重病，获释后接受隔离审查。1972 年，任之恭、赵元任、林家翘、杨振宁等回国访问，希望见叶企孙，均被有关方面拒绝。1973 年，从河南干校回京的戴念祖前去看望叶企孙，叶企孙要他每周来一两次，学习英语和物理学史，以兑现 9 年前因下乡"四清"而终未能实现的"补业务学习"的诺言。①

也许是叶先生已经看淡得失荣辱，也许是搞科学史研究的人特有的平和、宽容的心态，解除隔离后，叶企孙没有对任何人抱怨什么，他说历史上、世界上被冤枉的人和事很多，没有必要抱怨自己的人生。

1977 年 1 月 13 日，叶企孙逝世，北京大学有关领导告知家属，叶企孙问题仍是"敌我矛盾按人民内部矛盾处理"。在追悼会上，时任中国科学院副院长吴有训因悼词中对叶企孙评价过低，中途退场以示抗议。

1980 年，吕正操冤案平反；1986 年，熊大缜冤案平反；1987 年，《人民日报》发表文章《深切怀念叶企孙教授》，以示恢复叶企孙的名誉。

六、先生之风，山高水长

叶企孙是一位忠诚的爱国者，一位著名的物理学家、教育家。他深感中国科技落后，中国科技人才匮乏，始终以创建和发展祖国科学事业为宗旨，不论是在留学美国期间对科研方向的选择（精确测定了普朗克常数、开创了高压磁学的研究方法），还是回国后创办清华大学物理系、主持特殊研究事业、选送青年人出国留学等做法，都彰显出他科教兴国的梦想和伟大的爱国情操。可以说，叶企孙是中华人民共和国科教兴国的先驱，他对中华人民共和国的科学家群体与早期的中华人民共和国建设产生了深远的影响。

---

① 郭倩. 一代宗师叶企孙的晚年——戴念祖回忆恩师[N]. 中华读书报，2013-05-29（07）.

在叶企孙身上可以清晰地看到中国传统文化与西方科学文化两种不同文化的完美结合：文理相济、中西融会的学习经历；顺逆交替、宠辱数变的人生经历，造就了他特别的感悟和深刻的思考。我们可以在对叶企孙先生生平的研究中看到中国最早一批现代科学家的创业历程，增强对那个年代科学研究工作者的生存环境的反思和对科学大师们的纪念，对当下如何为知识分子提供一个宽松的学术环境和社会环境、营造世界一流的学术氛围具有启示作用。

叶企孙的教育思想对我们今天培养科技大师、构建创新型人才成长环境很有启发，他在培养学生和选取科学研究领域上的卓越见识也值得我们认真学习。他善于发现优秀教师，也善于发现不同学生的长处，并推荐到他们擅长的岗位工作。清华大学地学系建系之初，叶企孙邀请了翁文灏先生到清华大学任教，在创建鹫峰地震台时，叶企孙向翁文灏推荐了一个合适之人，即后来被称为中国地震事业"三元老"之一的李善邦。

在培养学生的过程中，叶企孙从自身做起，以学生为中心，尊重学生，听取学生的意见。叶企孙的学生们在为中华人民共和国科技事业的艰苦奋斗的过程中，展现出的团结协作、无私奉献的精神，有着他言传身教的影响。清华大学物理系教授朱邦芬等在谈及"钱学森之问"时指出：叶企孙先生的学生能够成长为各领域的开创者，绝不是偶然。叶企孙在教学中"只授学生以基本知识""课程设置上重质不重量""理论与实验并重""对考试出题充分重视"，在课程内容"少而精"的前提下，鼓励学生根据兴趣主动学习，再根据国家需要到国外一流大学深造。当下，我国建设创新型国家急需创新型人才，叶企孙的教育思想和他培养学生的方式，或许可以回答"钱学森之问"。

120年再回望，叹历史之动荡，也叹大师之辈出，拂去历史的尘埃，一个沉毅、高尚的灵魂出现。叶企孙将自己的一生都奉献给了中国的物理和科技教育事业。达，志不改；贫，气不改。他的为人处世、道德文章、教学理念都为我辈做出了很好的示范，他的人格魅力影响着一代代后来者。中国今日的强大，离不开叶先生遍地桃李的荫蔽，相信将会有越来越多的人，去追寻先生的事迹……

作者简介

王洪见，北京财贸职业学院讲师，主要研究方向为科学技术史。代表作品：《人类对真空认识的几次转折》等。

刘树勇，首都师范大学副教授，主要研究方向为物理学史，代表作品：《大众物理学史》、"中国物理学史大系"丛书等。

塑造大学品质

康建伟

摘要：从现代社会的发展脉络中理解大学的品质，中国大学在西学东渐的背景下有着更繁重的改革负担。适应社会提出的新挑战，本文提出平台和生态两个观念作为引导大学改革、塑造大学品质的切入点。

关键词：大学品质；平台；生态

大学品质是核心竞争力，塑造大学品质辐及大学各项工作。中国大学亟待改革以提升大学品质，完成其社会功能。

一、大学品质的根据

如果要塑造大学的品质，首先要问，我们从哪里去寻找大学确立其品质的根据？

大学的品质是从大学的功能生发出来的。有学者在研究近代科学技术的发展机制时，曾经总结出"实验—理论—实验"和"技术—科学—技术"两个循环[①]。不过，这还只是在科学技术内部，如果再扩大观察范围，就会发现

---

① 刘青峰. 让科学的光芒照亮自己：近代科学为什么没有在中国产生[M]. 北京：新星出版社，2006：21-31.

"科学—技术—企业—市场""市场—企业—技术—科学"这个循环,由市场获得的资本回报将补偿前面的各个环节,为前面的各个环节提供不竭的动力,由此形成了具有自发功能的调节机制,这恐怕是工业革命以来更为全面的社会发展图景。

知识、科学、技术嵌入社会发展的链条之中,成为最活跃的生产力要素,具有不可替代性。把科技系统地、经常地应用于商品生产和服务,科学发明与企业革新互动密切,产品供应与社会需求相互诱导造成科技革新的持续动力,经济实现自我维持的增长。这种发展规模大,速度快,气势磅礴,席卷一切。现代社会是信息社会,经济是知识经济,产业是文化产业,表明现代社会的运转是以知识生产为引领的,知识生产节奏加快,进而商业更新换代加快,生活节奏加快。

科学不仅改造产品和生产环节,也改造社会的制度支持系统。"由于现代工业生产方式是在崭新的科学技术基础上创造的经济高速增长的生产方式,社会财富的形态和积累方式都发生了重大转变,经济因素上升为支配社会发展速度的主导力量。"[1]经济具有塑造政治制度和社会运行的能力,这自然会有流弊,但我们要更历史地看到这一现象所具有的革命性。社会制度正是据此而演化。

为了充分开发自然资源与人力资源,现代社会斩断了人的乡土属地关系,在更大的范围以至于全球内安排分工协作,确立个人的认同。流动性是现代社会最明显的标志。传统的礼治秩序明显满足不了开放型社会的交往要求,为了保障新的条件下的合作与信任,现代社会为陌生人的聚集创造了大量具有公共性的社会制度,开放而客观,鲜明地体现了它面向所有人、为了所有人、依靠所有人的特点。现代社会开发了丰富的知识领域和概念工具,不仅限于自然科学领域,同时也形成了社会科学,社会科学对工具理性的重视丝毫不亚于目的理性,社会在自身的合理化建设方面取得了新的进步。有三种社会建制,标志着"现代"之所以为"现代",那就是医院、法院、学院。医院,表示人对人没有神秘感,以客观的方法观察和研究;法院,表示人对权

---

[1] 罗荣渠. 现代化新论[M]. 北京:商务印书馆,2004:127.

力没有神秘感，以公开的方式质疑和辩论；学院，表示人对知识没有神秘感，以开放的方式对话和积累。客观、公开、开放，相互说明，根本一致，它们衍生出来的品质包括自由、理性、正义……这些表示了大学的基本品质，大学与现代社会高度共契，是现代社会基本的制度设施。

二、在西学东渐中理解中国大学

中国大学曾经在20世纪初取得相当多且重要的成就，产生了包括叶企孙在内的诸多有影响力的杰出人物，形成了一个群体。他们在新与旧之间的过渡非常自然，传统的修身之学与时新的格致之学合于一身，只是极其敬业地投入其中，参与学术积累，只期能在其中做出中国人的贡献。没有中学与西学的对比产生的焦虑，学习就是自尊。他们也进行制度创造，不惮于引进域外新制度，只要是适应学术生产，便不问东西。他们热情地参与这种新的现代知识生产的竞赛，成功了，这就是"中国"；如果不成功，无论怎样标榜"中国"又有何用？

大学是西学东进的产物，是知识生产的典型场所。如果对比中国传统的知识格局，大学则要为配合整个社会的大转型而进行知识生产的转型。这是一场涉及知识对象选择、知识生产机制重构的深刻变革。中华文化有面对大规模外来知识冲击的经验。但这一次"三千年未有之大变局"与汉代以来佛教传入中国，最终以宋明理学为结果的文化交流历程极不相同。第一，这次的文化碰撞夹裹着武力压迫和对抗，使得"中国"与"西方"，"古"与"今"的冲突显得尤其剧烈；第二，文化碰撞不再局限于作为一个部门的狭义的"文化"，西方别具一格的政治组织、经济运行、社会构架形成了一个相互支持的"文化"系统，整体呈现出了"压迫"的力量；第三，"西方"与"中国"的关系表现为以"西方"为发动力而结构起来世界体系中的"中心"与"边缘"的关系，与中国历史上熟谙的农业民族与游牧民族的关系并不对应。

费孝通注意到，"工业革命之后所发生的那一套西洋文化是以自然知识和技术作重心的。"他对近现代以来西学东渐有一个判断值得我们继续深思："文化的传播是受到社会结构的限制的。我们用了这个自然知识和规范知识分化的格局和西洋文化相接触时,西洋文化的重心也就无法传播进来。中国具有自然知识,依赖技术为生的人,限于他们的财力和社会地位,不容易和西洋文化接触。他们可以从西洋运来的货品和工具上间接地去猜想西洋的技术,但是很少有机会可以直接去传授技术。和西洋文化有机会直接往来,懂他们的文字,能出洋的却多是知识分子。在这阶级里发生了'中学为体,西学为用'的公式,这公式不过是中国社会结构本身格式的反映。在这公式下,'在上者'看到西洋技术的效用,但是他们依旧要把这种知识割裂于规范知识,他们要维持社会的形态而强行注入新的技术——一件做不通的事。"①建立一个适应于知识生产的体制,需要解决影响社会发展的权力的重心放在哪里的问题。大学的品质与此息息相关。

三、改革提升大学品质

中国大学的发展出现过严重的倒退,至今仍在恢复元气。当今时代以"现代"命名从而选择了一个以变为恒的姿态,"改革"则是一个配得上时代节奏的精神气质和战略选择。全面深化改革正当其时。以改革为名的时代已经有四十年,我们再也不能满足只管"增量"悬搁"存量"、只管"数量"忽视"质量"的现状。四十年积累了财富,也积累了民心,民心是最大的政治号召和政治资源。我们可以更得力地调整各个领域的"双轨",狙击各种形式的"既得利益",激发创造力的不断涌现,此谓之"全面";我们应该把作为工具的改革所积累的共识升华为一种制度的精神,让改革成为具有自我生长能力的社会内在机制,此谓之"深化"。

大学应当时为社会提供发展动力、文化典范,引领先进的生产方式和生活方式的场所。不得不承认,今天的大学离民众的期望还比较远。改革所面对的既有传统自然经济时代的长久负担,也有与新时代不相合的机制。由于一些机制是在过去发展中形成的路径依赖,所以,改革往往也意味着自我革命,其难度可想而知。

大学改革的压力越来越大,适应社会发展已经很难,引领社会发展则难

---

① 费孝通. 论"知识阶级"[M]//费孝通. 费孝通文集·第五卷. 北京:群言出版社,1999:482-483.

上加难。在新媒体技术条件下，知识与信息遍地都是，知识生产主体多元化，知识学习方式多样化，知识传播途径社会化。大学的价值在哪里？课堂的价值在哪里？这关系到整个社会的教育分工再调整，也关系到教课人的职业定位和职业尊严。中国整个产业链需要再提高一个层次，把分工在东西部之间、国内外之间铺展得更宏大，非如此，就无法迈上更高的发展阶段，而且，不进则退，落入发展陷阱。教育领域同样如此，如果大学不能主动地在新的教育格局下谋求新的发展制高点，将会落于恶性循环，上不去，下不来，僵滞而乏力。乡村的农民都开始关注"罗辑思维"，用付费的方式进行阅读和学习，新媒体教育适应这个潮流，形成了一批对应市场多层次需求的"亲民"的网络课程。如果消极地看，大学教育将被挤入更狭仄的角落，甚至被边缘化；如果积极地看，大学反而由于"危"而有新的"机"。由于危机的逼迫，以前想改而改不动的必须要改了，以前改了但改不好的必须要好好改了。大学教育改革的目标很清晰，那就是提供高质量的教育服务。乡村的农民关注了那么多的网络教育，他们反而提出了更高的教育需求。他们开始更愿意讨论问题，把自己的看法与别人交流。他们有了更敏感的问题捕捉能力和更浓厚的学习兴趣。

　　大学就是要迎着危机改革。我想提出"平台"和"生态"两个观念。大学是一个平台。平台是人与人、资源与资源碰面和对接的地方。好的平台，就是在这里能见到人，人也能见到我，能认识更多的人，能为更多的人认识，以此做甚？实现经验的大汇集，为个人的工作提供参考、借鉴和支持。之所以提出"平台"，是因为在知识和信息遍地的今天，大家都是自带资源来到大学的。大学不是"城堡"，内外界限分明，把守森严。但大学依然可以在"平台"的意义上成为一个"高地"。大学将更聚焦自己的功能和价值。知识和信息并不稀缺，如何感受、鉴赏知识成为最为稀缺的学习品质，保持学习的兴趣和学习的敏感是最稀缺的学习能力，同学共进是最能焕发热情的学习经历，这些都是大学的价值。大学将提供可通用的能力、可迁移的方法，关注可以创造价值的价值，可以激发能力的能力，可以生成知识的知识。

　　大学应该成为这样一个平台，有助于智力资源的会面和碰撞，在社会化的交流中深刻感受自己的个性，为未来的长期发展奠定基础。大学应该在师生之外，重视同学与同学之间的沟通，并为之创造环境，尤其要改革对学生事务行政化的处理方式。学生"被活动"而自己不活动，学生为了满足一个讲座、一个庆典而"被安排"成为观众，用"参与则加分"等诸种名义调动参与的积极性，场面好看了，但同学所获甚少。大学利用自己的组织资源和"名义权力"（这个词是为补充费孝通在《乡土中国》里的提出的横暴权力、同意权力、教化权力而构想出来的），破坏了同学的自组织能力，也减损了同学之间最有价值的学习资源。大学缺少独特的品质，千校一面，有趋于中学化的倾向，根源即在千篇一律的行政化。大学的行政应当以最为基本的学校运行设施和制度为主要服务对象，其他则委诸基于专业主义的学术共同体、教师共同体、同学共同体、师生共同体，自己做协调的工作。

第二个就是"生态"的观念。大学里的同学各有各的特点，而且这些个性应当获得正视、鼓励和发展。从"生态"的角度看，同学各有异彩，相互呼应，我们很难用一把尺子完全度量。现在大学里还是存在着过多的评优、达标、争先活动，奖励名目繁多，由于与后续保送读研究生、奖学金挂钩，鼓励了同学来不及思考这些活动本身的规则和意义就竞相趋赴，唯恐落下。大学应该鼓励合作而不只是竞争，应该鼓励各美其美，而不只是以一种美为美。因为未来的个人塑造将是一个长期的过程，保持一个开放的心态反而能获得更符合预期的发展前景。大学的"生态"也包括学科生态。从政绩角度看，一招鲜、一俊遮百丑显然是不错的选择，但考诸同学专业学习与未来就业并不完全对接，则要考虑布局更适合同学长远发展的学科生态，即使不在学科的角度也要在教学的角度考虑。

把权力归还给同学，做好服务的工作，实现大学高质量的发展，是提出"平台"和"生态"两个观念的初衷。20世纪末以来的大学扩招推动了大学的繁荣，但其中有泡沫。在这一过程中，要素投入成为关键，但教学力量的增长相比于同学数量的增长则有很大欠缺。不过，强大的入学需求足以支撑起这一阶段的教学活动。现在大学面临学校招生竞争化、学校定位品牌化的压力，同时在可见的未来学生数量将减少，今后的发展动力将从需求侧转到供给侧，只能靠教学效率提高，品质提升，适应同学需求，增加教学魅力。

大学教育要真正面向市场，其实就是真正面向同学。大学行政化往往减少了面向同学和市场的动力。大学行政化是一种系统性的行政化，一个大学按照要求完成了所有的"规定动作"，可以交差。至于效果，没有权力的同学不掌握评价权力。改革行政化弊端，同时也是促成民主、开放、公开、自由、理性的大学品质。我们要关注改革进程，拒绝违背潮流的"不改革"，摈弃害国扰民的"坏改革"，防止改头换面的"假改革"，抵制畏葸不前的"慢改革"，不断积累改革的共识，保持国家的锐气和朝气。事实上，塑造大学的品质，不是要不要做的问题，全球化已经为检验知识生产制度提供了更大的比照空间，而在一个开放的环境中，制度在竞争中见高低。

作者简介

康建伟，中国石油大学（北京）人文学院讲师，主要研究方向为中国近现代思想史，主要代表作：《公私之辨：从梁启超到梁漱溟》。

一流大学必须有一流的理科：叶企孙教育思想与清华物理人才培养实践

薛 平

今天我代表清华大学物理系向各位汇报一下我们最近做的一些工作。在叶企孙先生诞辰120周年这个特殊的时期，我们怀有特别的感情，因为叶先生把最好的年华都贡献给了清华大学物理系的建设。

一流大学必须有一流理科，物理又是一个最关键的学科。大家都已充分认识到了这一点。而建设一流的理科首先一个目标就是要培养一流的理科人才。因此，我在这里向各位汇报一下我们在叶企孙的教育思想下是如何做好人才培养的具体实践工作的。

从2018年开始，清华大学把清华学堂物理班正式命名为"叶企孙班"。经过多年的实践，清华学堂物理班还是初有成效的，因此我们才敢把这个班命名为"叶企孙班"，希望在叶企孙的教育理念下，可以培养出更多的物理人才。

今天清华大学物理系最重要的目标之一就是培养人才。一个一流的物理系一定要培养出一流的科学人才，这也是我们的首要目标和使命。就像叶企孙培养了一批这么优秀的物理学家一样，我们要沿着叶企孙走过的路一直走下去。其实，叶企孙的育人思想，我们系很多老师都在仔细地研究，其中以物理系老系主任朱邦芬院士为代表，他身体力行，亲自指导，做清华学堂"叶企孙班"的首席教授。归结起来，叶企孙先生的育人思想有几个特色：首先是学生个个有自动研究的能力，这是他在1927年讲的。1929年他又说，没有自然科学的民族，绝不能在现代立得住脚。而对学生的培养，他说只授学生以基本知识，理论与实践并重，重质不重量，这是他在1931年讲的。所以，我们也是在叶企孙先生的这种教育理念下贯彻、执行来培养清华的物理人才的。

我们知道，当初清华大学的物理人才荟萃，培养了很多科学家，各行各业都有。其中，特别著名的是杨振宁和李政道，他们都上过叶先生的课。全国23位"两弹一星"元勋中毕业于清华大学的有14位，而直接受教于叶企孙先生的就有9位。清华大学的历史非常辉煌，很重要的因素之一，就是叶企孙在清华大学建立了物理系。

叶企孙所建立的清华大学物理系经过院系调整，于1982年复系，现在又重现了当年辉煌。现在清华大学物理系有80多位教师，其中有10位已经是中国科学院院士，这里产生了顾秉林校长，还有薛其坤副校长。近期，薛其坤在物理学研究中做出了一个非常突出的贡献，这就是反常霍尔效应。这是个被杨振宁称赞为中国实验室里面在物理学方面首次的诺贝尔奖级的工作。

关于人才培养，我们经过了二十多年的探索和实践，也都是按照叶企孙的育人理念来进行的。因为1997年杨振宁回到清华大学，1998年我们便建立了数理基础科学班，北京大学副校长王义遒老师也来参加过。我们培养学生的目标是数理并重，打好数理基础；同时为学生的今后发展提供很好的方向：一个是做物理研究或者基础科学研究，当然也可以做其他的（如工科、文科、社会科学）的研究。这是当初设立基础科学班的基本理念。

在这里，我可以给大家介绍下我们取得的一些成绩。数理基础科学班9班是1999年第二届的学生，一共有55人毕业。现在我们统计了一下，大概17人在世界一流的大学或者研究所任教，他们一直在从事科学研究，这个比例是很高的，可以反映出，数理基科班应该是初见成效的。

举几个例子。

数理基础科学班2006年的一个女学生郝景芳，她虽然学了物理，但是后来对经管感兴趣，而她真正成名是写了一部科幻小说《北京折叠》，获得世界这一领域的最高奖——雨果奖。这就是我们培养的一个本科生。

再举两例。一位是翟荟，他是第一届数理基础科学班的学生，师从杨振宁，两年拿到博士学位，现在是国家杰出青年基金获得者、长江学者特聘教授，现在又被我们聘回到清华大学高等研究院做长聘教授，他现在是国际冷原子研究领域的领军人物之一。另外一位叫祁晓亮，他则是清华大学基础科学班本科、清华博士，最后去了斯坦福大学做教授。

这里再列举些数据，是关于我们现在培养的学生的。我们的学生有很多在世界一流的学科或者机构从事科学研究，并崭露头角。其中有个标志性的数据——获得美国斯隆奖的人数，斯隆奖相当于国家杰出青年基金的水平。据我们一位系副主任统计，2009—2018 年，华人获奖的大概 26 位，从大陆去的 17 位，而 17 位中有 6 位都是清华大学数理基础科学班培养出来的，占全国的近 1/3。所以从这个比例来看，我们觉得还是很有说服力的。

2010 年，清华大学成立了清华学堂物理班，杨振宁先生参加了开班典礼，他说，十年以后我们再聚首，评价这种学习模式是成功的还是失败的。而且他伸出了一个手指头，代表"十年"，他还说"我说这个话是认真的"。昨天我们在清华大学又举办了清华学堂班和数理基础科学班纪念会，因为恰逢数理基础科学班成立二十周年，所以杨先生果真如约，又到了这个礼堂，跟同学们见面。现在看来，我们办数理基础科学班和清华学堂班应该是很成功的。

昨天我们有个学堂班和基础科学班的庆典，这些同学自发地已经开了很多论坛，所以从今天一直到 21 号，每天都有不同的论坛。第一个论坛叫斯隆论坛，后面还有物理论坛、计算机论坛、经管论坛、各种交叉学科的交流论坛。可以看出，清华大学的数理基础科学班或者说清华大学的物理学堂班已经培养出一批崭露头角的、在各行各业的领军人物。

我们在叶企孙早期建设基础之上，后来又经过吴有训以及一批中国物理学家的建设，取得了一定成绩，我们希望学生不要忘记最早的奠基人。清华大学物理系形成了一个传统，在物理系设了三个大奖：第一个奖奖励最优秀的本科毕业生，叫叶企孙奖；第二个奖奖励最优秀的研究生，叫吴有训奖；第三个奖奖励最优秀的做实验的物理系学生，叫任之恭奖。我们一个物理系毕业的学生，有感于叶企孙对中国教育的贡献，捐了巨资资助这三大奖。其中叶企孙奖的金额，在以前的奖金后面增加了一个零。

总之，我们将一直鼓励清华大学的本科生、研究生，沿着我们前辈的脚印继续做好中国的科研。

作者简介

薛平，清华大学物理系教授，博士生导师，党委副书记，中国物理学会科普委员会副主任，清华大学国际纳米光电子学研究中心副主任，清华大学-创律前沿科学研究中心副主任。主要研究方向为激光物理、生物物理、光信息处理、激光谱学及冷原子物理等。主持和参与了国家高技术研究发展计划（"863计划"）、国家重点基础研究发展计划（"973计划"）项目，以及国家自然科学基金重大研究计划、科学仪器重大专项和联合基金等项目。获得科学技术部和北京市科技进步奖多项，发表研究论文150多篇，获得专利15项，应邀在国际会议上做特邀报告几十余次。

一流大学呼唤一流的课程教学：纪念"大师之师"叶企孙先生诞辰 120 周年

钟 进

摘要：自恢复高考制度 40 余年来，中国的大学教育取得了飞速发展，但整体上人才培养质量还不够高，凸现的很多问题还没有得到有效解决，这就需要对教育进行反思，完善教育体制机制，改变近年来粗放型的人才培养模式，建设一流大学，培养一流人才。

关键词：人才培养质量；实际问题；课程教学；一流大学

2018 年 7 月 15 日，我们在北京大学中关新园科技报告厅举办了"叶企孙与一流大学建设学术会议暨叶企孙先生诞辰 120 周年纪念会"，由叶先生创办清华大学物理系、培养出一大批科学巨匠联系到当前一流大学的建设问题。

自 1977 年恢复高考制度以来，我国的大学教育发生了翻天覆地的变化，截至 2017 年，我国普通高等院校已发展到 2631 所，毛入学率达到 45.7%。相比投资，我们的人才产出却不尽如人意，毕业即失业的问题不同程度地存在。

一、大学课程教学中存在的问题

调查显示，我们的大学教育课程教学乃至整个教育的课程教学主要存在以下问题：课程体系过于陈旧，缺少整体布局，缺少优秀文明成果的传承，脱离实际、课程建设错位或失误，过于相信和依赖权威，课程建设参差不齐，盲目引进课程等。

（一）课程体系过于陈旧

关于课程过于陈旧的问题，正如北京大学原教务长、副校长王义遒先生在纪念叶企孙先生120周年诞辰所写的文章中所说的："北大在上世纪末还在沿用当时七八十年前的国内外基础学科教学的课程体系。"笔者在调研大学相关课程特别是英语课程的时候也发现，相当一部分传统专业的基础课程和专业课程存在不同程度的陈旧问题。近年来，为扩大学生的知识基础面以增强学生的创新能力，我们采取了大学大类招生的办法，但相关专业的课程融合更新却没有跟上。

（二）课程缺少整体布局

在纵向上，课程缺少与大学阶段之前教育各阶段课程的上下贯通，在横向上缺少各学科、各专业、各领域之间的连接，缺少整体规划和各阶段课程内容的协调分配，各阶段自行建设，就出现了大学教育的课程不是按学前教育、基础教育、中等教育的逻辑顺序自然生成的，而是直接建设，犹如空中楼阁。一直以来要求减负，其实就是由课程在内容上没有做好整体规划设计而导致的。

（三）缺少优秀文明成果的传承

由于现代意义上的大学是从学习西方开始的，我们便把科学技术作为学习的重点，抛弃了以往学习经书的做法。这样做的好处是，兴建了一大批新式学堂，为国家各行各业培养了一大批科技人才。然而，从当前的人口素质来看，我们的很多传统美德及西方文明中好的做法并没有很好地传承下来。如我们一提到西方的课程就觉得好像都比我们自己的课程高级，而事实上，从国外引进的课程教材有的根本不适合中国国情，甚至没有引进的价值。

（四）脱离实际，课程建设错位或失误

脱离实际的大学课程教材也较为普遍，包括语文、数学、英语、物理、化学、生物、地理等几乎所有课程都或多或少地存在抽象的过于文学化的或者过于理论化、公式化的东西，与实际结合不够紧密，学生学习的可能是机械地死记硬背，推导演算，很多实验也仅限于验证前人已有的结论。2018 年的世界数学最高奖菲尔兹奖四位获奖者无一人是中国数学家就能很说明问题。由于奥林匹克数学竞赛奖获得者与菲尔兹奖获得者之间存在年龄相关性，所以一般每届菲尔兹奖获得者中至少有一位是 20 年前的奥林匹克数学竞赛奖获得者，而中国队在 20 多年来的国际奥林匹克数学竞赛上可以用"霸主"来形容，这就不能不引起我们反思。有业内人士表示，奥林匹克数学竞赛是一场闭卷考试，更倾向于考查学生短期的学习能力；而菲尔兹数学竞赛更像是一场开卷考试，需要持久的研究和努力。带领美国队夺得 2018 年奥林匹克数学竞赛金牌、卡内基-梅隆大学数学系教授罗伯森也曾表示："从数学竞赛转向数学研究是非常难的，因为奥数竞赛是别人给你题目你会做就行了，做研究需要自己选自己的题目，这就需要你真的会数学，知道整个数学的'地图'是什么样的。"[①]我认为，其问题可能还是出在我们的课程教学上。因为我们的数学课程很可能不是数学课程，而是习题集。

（五）过于相信和依赖权威

大学课程教材大多由知名教授、权威专家编写，这里就有一个问题，即我们片面地认为找到某个或某些知名教授、权威专家就能做好大学课程建设工作，但事实上并非如此。因为任一学科的课程设计固然需要该学科、该专业领域的知识，但它却不是哪一个单科的知识就能完成的，而是需要自然的、科技的、文化的、家庭的、生活的、社会的、传统的、阅历的等方方面面的跨学科、跨领域的与实际紧密结合的知识和视野，同时还得具备正确的世界观、人生观和价值观及审美能力以做保证。知名教授、权威专家可能在某个领域研究透彻，但编写的课程教材未必适合学生。表现为有的课程内容过深

---

① 牛伟坤. 新一届菲尔兹奖得主无中国人 "奥数大国"为何拿不了数学大奖？[N]. 北京晚报，2018-08-09（07）.

过窄，有的课程内容过于抽象，与实际相脱节。以大学英语课程建设来说，很多大学英语教授有的是主修外国文学，有的是主修语言学，有的是主修翻译方向，但大学英语课程建设有可能涉及上述所有方面，但是这些知识是远远不够的，甚至是两码事。

（六）课程建设参差不齐

这种情况通常出现在新兴专业或小专业的课程建设上。例如，有的新兴专业没有相关的课程教材，就不得不找一些相邻学科的课程来组合拼凑；而有些专业的课程教材（如培养国际法官的法律英语课程），也才在两三年前编写完成。

（七）盲目引进课程

通常情况下，引进的课程都有一个在编排风格、国情及与实际结合不够紧密的问题，比如西方管理学课程就普遍存在不适合我国企业的情况，因为国情不同，人的个性或者素养不同，而这两点恰恰是企业的关键之处；再如我们从英国引进的《新概念英语》系列培训教材，在本土化与实际应用方面仍然有很大差距。基于以上出现的各种情况，目前在使用大学课程教材时甚至出现了任课教师"教材无可选择"的情况。[①]

大学教学中存在的问题主要有两点：一是本科教育阶段出现重科研轻教学的现象；二是大学教学仍局限于知识掌握式教学，对教学效果的评价仍局限于学生听懂课与考试过关。

二、大学课程教学存在的问题分析

（一）教育目标不明确，对教育缺乏整体的、全局的把握与规划

教育目标不明确可能是当前建设"双一流"大学的一个前提性障碍。首先，教育是培养人的活动，一流大学首先要培养出一流的人才，而衡量一流人才的标准，就是他们为国家为民族为世界做出了一流的贡献。因此，大学

---

① 孙菊. 高校教材选用面临问题及对策研究[J]. 教学研究，2015，3：59.

教育的主要目标和中心任务是人才培养，而不是排名，不是发表了多少论文，不是追求老师有多少"科研成果"；其次，一流学科是一个相对的概念，一流人才的培养是需要以多学科知识为根基、用多元思维和素养支撑主攻方向来实现的。目前各大学实行大类招生，可能就是出于这样的考虑。因此，没有绝对的学科，学科与就业和成就之间也不一定是必然的关系。

从上面的大学课程教学存在的问题结合社会上存在的问题来看，首先我们对整个教育体系和教育系统缺乏全局的把握。虽然目前我国已依据受教育者的不同成长与发展阶段建立起了学前教育、基础教育、中等教育、高等教育以及普通教育与职业教育等各级各类教育相互沟通与衔接的现代教育体系，在这个教育体系中，我们也设置了教育主管部门、学校、教育科研部门和教育评价监督部门等职能部门，形成了一个相对完整的教育系统，但是我们没有建立起人才培养体系、课程教学体系与机制、学校制度、专业的第三方评价体系和良性循环的教育生态，教育系统各环节功能错位，整个教育系统的运转处于无序低效状态。我们很多时候只重视大学教育要培养出杰出人才，却忽略了学前教育与基础教育、中等教育的基础与前提作用，把大量投资向大学教育倾斜，造成学前教育起步迟缓，基础教育课程开不全、师资严重缺乏，中等教育则采取了应试教育；我们重视给大学教育投资，却忽略了大学真正需要什么，在给予投资的同时也给予了太多干扰；我们重视在大学教育阶段建立人才培养档案，却忽略了我们从学前教育开始就要做好个性化人才培养记录；我们在大学阶段进行大类招生、高中阶段进行不分文理科的教育教学改革，却忽略了学前教育、基础教育与初中阶段也需要相应的教育教学改革；我们重视教育教学改革，却忽略了课程建设要随时跟上；我们重视建立第三方教学评价的重要性，却忽略了第三方意识，受制于学校领导权与资源配置权，没有第三方话语权的第三方教育教学评价如同虚设；我们重视与社会合作，却忽略了让学生走出校园，走向自然和生活，参加生产劳动与社会实践。

具体来说，要从 0—12 岁儿童的行为习惯与性格及价值观形成的关键时期的教育，以及各阶段教育中承担人文素质教育使命的基础文化课程教学上找原因；没有培养出杰出的科学家，我们要从各教育阶段的数学课程、物理课程、化学课程以及受教育者动手操作能力、观察分析能力的培养上找原因；没有培养出思想家、人文大师，我们要从整个教育阶段主题探究与思辨精神的培养上找原因；没有培养出解决实际问题的经济学家、社会学家，我们要从经济学课程教学和社会学课程教学与经济生活和社会生活的实际结合上找原因；培养的人未能设计出漂亮的作品，我们要从美育方面找原因；等等。再者就是教育系统各环节职能错位的问题。在教育系统中，学校作为人才培养的主要场所，必须以人才培养为出发点和归宿，必须遵循教育规律对受教育者开展教育活动，其他一切教育条件都是为人才培养而设，都服从并服务于人才培养。正如清华大学某知名教授所说："教育改进要尊重教育规律和青少年身心发展的规律，让教育办得像教育，让学校办得像学校，让老师像老师，让学生像学生，不能出现为改革而改革、为改进而改进、为显示个人的某种教育主张而改革、为检验个人的某种教育实践而改革这样的反教育现象。"

（二）课程教学整体上需要一场革命

我们需要在课程教学上进行一场革命，具体表现在如下几个方面。

第一，需要认识到自身文明的优势。不能一味地学习西方而失去自我，我们自己也有很多好东西需要传承。在璀璨的中华文明中，值得传承下去的实在太多：笔墨纸砚、琴棋书画、诗词歌赋；印刷技术、火药技术、造纸技术、造船技术、建筑技术、园林技术、纺织技术、桥梁技术、中医医术、酿酒技术、陶瓷技术、雕刻技术、食品技术、市政工程技术、小麦水稻栽培技术；等等。只要我们认真梳理，扎根在自己的优秀文化土壤里，同时借鉴吸收古今中外一切优秀文明成果，相信我们一定能以一种更强大的姿态崛起。

第二，需要打通各教育阶段课程教学呈现的隔离状态。在课程建设上，大学课程建设并没有建立在大学阶段前的各级各类教育课程基础之上，而是各行其是，即各阶段课程建设由该段教育主管部门或科研机构组织相关一线教育教学专家实施，从而造成了课程建设纵向上上下阻隔、重复建设。需要我们在建设大学课程教学时打通各阶段的课程建设，按专业大类统一建设；借鉴与吸收古今中外的一切优秀文明成果，肯定不是大学教育阶段几本教科书所能承载的，甚至不是所有教育阶段的教科书所能承载的，需要用课程教材以外的媒介来呈现。原则上可以将其作为学习参考资料放在泛课程里，但是也有泛课程承载不了的，有的甚至需要去现场体验。

第三，需要改变以往不切实际的做法。有人说，我们的语文不是语文，数学不是数学，物理不是物理，化学不是化学，生物不是生物，如此等等。以语文为例，语文是一种语言、文字和文化，在课程建设归类上属于公共文化基础课类。首先，作为语言，它有用来交流的属性；其次，它有传承文化与文明的功能；最后，它作为一门基础课程需要担当起人文素质教育的使命。但是我们的语文课程教学，并没有很好地起到这样的作用。数学、物理、化学、生物课程也是如此，与我们的现实生活没有连接，我们不知道生活中数学公式可以用在什么地方，不知道学了物理后如何为生活提供更多的便利，不知道日常生活中如何应用化学知识，学了生物却不知道生活中的植物和动物的名称、特性。因此，课程建设必须打破这种课程与实际脱离的局面。

第四，需要适应新要求。主要表现在高校大类招生、普通高中阶段不分文理科、人才互补的人才观的提出等方面。

其一，高校大类招生。大类招生始于 20 世纪 80 年代后期，当时北京大学在调查研究的基础上提出了"加强基础，淡化专业，因材施教，分流培养"的 16 字教学改革方针，即在低年级实施通识教育，高年级实施宽口径的专业教育，并于 2001 年正式开始实施，课程上实行"全校通修课程+学科通修课程+专业发展课程+开放选修课程"的新型模块化课程体系。复旦大学、北京师范大学、南京大学、浙江大学等重点大学根据自己的办学定位和学科专业特点，先后实施了学科大类招生与培养制度。普通高校招生专业分为十一大类，即哲学、经济学、法学、教育学、文学、历史学、理学、工学、农学、医学、管理学。从偏文科类专业与偏理工类专业的方向、基础学科本身的特点出发，我们的课程教学可以从人文与社会科学、数学与信息科学、物理与地球科学、化学与生命科学、机械与制造科学、建筑与交通科学、农业与食品科学等方面进行研究探讨。

其二，从高中文理不分科及高校加强通识教育和强化专业特色与培养通才的举措来看，我们需要从"偏文科专业+科学技术、偏理工科专业+文化艺术"的方向重新对课程教学进行研究探讨。

其三，从人才互补的人才观的提出来看，我们需要对职业教育与普通教育的课程教学及人才类型进行探讨。

三、叶企孙教育思想的启示及改进对策与建议

（一）叶企孙先生的教育思想对我们建设一流大学的启示

叶企孙先生教育思想的主要特点是：自主办学、教授治校、尊师重教、为人师表；有教无类、因材施教、充当伯乐、富有全局意识；理论与实验并重、重质不重量、定期举办座谈会、及时了解学科前沿动态；科学救国、谋人群之幸福；不谈政治、不谈宗教、坚持真理；等等。他的学生成才率之高在当时积贫积弱的中国不能不说是个奇迹，其人才培养方式值得我们借鉴。

首先，叶先生温暖、博爱、坚韧、忠诚、有着宽阔的胸襟，同时又具有很强的专业功底，这为我们选聘校长、选聘教师提供了很好的借鉴。其次，叶先生坚持自主办学，教授治校，创造了自由、平等、和谐、宁静的治学环境，这为我们建立现代大学制度、实行自主办学提供了借鉴。再次，叶先生有教无类、因材施教、重视基础、充当伯乐、富有全局意识，这促使我们认真、平等地对待每一位受教育者，促进城乡、东西部地区教育资源公平分配，促进高校投资公平分配，纠正高等教育与学前教育投资颠倒的情况。同时也说明了解学生实际情况与国家、社会实际情况的重要性，以此来把学生培养成国家需要的人，对我们建立现代人才培养体系，做好学生成长记录，结合国家需要帮助学生做好职业生涯规划有很大的启发意义。此外，理论与实验并重、重质不重量、定期举办座谈会、及时了解学科前沿动态，这是人才培养的关键所在，也是解决目前人才培养质量问题的着力点。再者，科学救国，为人类谋幸福，这是人才培养的目标，培养人才的目的是要为国家、人民幸福做贡献，只有这样，才能培养出一流的人才。最后，坚持真理，不谈政治，不谈宗教，不迷信权威。这是关于人的精神层面的追求和坚持，对我们的课程教学工作有着很强的借鉴意义，对我们的日常行为准则也具有一定的借鉴意义。

（二）对策与建议

结合以上的分析、启示和借鉴，针对我国当前大学教育的实际，首先需要从全局出发，建立体系、机制，建好人才培养通道，以保证课程教学工作的顺畅进行；同时需要加强课程教学内在的质量建设，切实培养高质量的人才。

1. 立足全局，先把人才培养的体系、机制等"硬件"的短板补齐

首先，要搭建起自学前教育、基础教育、中等教育至高等教育的人才培养体系，全面建设个性化人才培养方案，做好每个受教育者的成长成才记录。其次，围绕人才培养，自学前教育、基础教育、中等教育到高等教育建立起现代课程教学体系与机制。除原有开设的课程外，自学前教育开始，各级各类学校还要开设音乐、美术、体育、手工、科普等课程教学；自高中阶段采取普职分流，选课走班制，原则上坚持"偏文科教育+科学技术、偏理科+文化艺术"的方向；整体上课程按学科大类结合实际建设，如语文课包括阅读、写作、听写、演讲等，数学课包括代数、几何等，分级分类进行。此外，还要建立自学前教育、基础教育、中等教育到高等教育课堂教学+课外主题（或项目）探究式学习的教学方式。再次，扩大办学自主权，建立起现代学校制度。现代学校制度的实质是实现学校高度自治（教授治校、学生自治），学校校长人选从全体教职工大会选举产生的理事会成员中诞生或由理事会聘用。教育主管部门做好对各级各类学校的资金、资源、政策上的支持，做好宏观规划与协调，帮助解决学校问题。再次，建立起专业的第三方评价监督体系和机构。可以与社会力量合作建立自学前教育、基础教育、中等教育至高等教育统一的专业的第三方评价监督体系和机构。最后，建立起良性互动的教育生态环境，要逐步建立起和谐的校园环境和氛围，同时加强与自然、生活、家庭、社会、经济、文化、科技等领域的交流与实践活动，建立起良性互动的教育生态环境。

2. 建设一流的课程教学

要建设一流大学，培养一流人才，最核心的就是建设一流的课程教学。但同时我们也看到，大学课程教学建设不是孤立存在的，必须与大学前各教

育阶段的课程教学一起建设。一方面，大学阶段课程教学是大学前各教育阶段各科课程教学的延伸与发展，某一学科某一课程教学的更新与变动都会涉及其他教育阶段该学科课程教学的更新与变动，因此，课程教学体系与机制建设自学前教育、基础教育、中等教育至高等教育之间要上下贯通；另一方面，大学前各教育阶段课程教学与大学教育人才培养质量紧密关联，针对新形势对各级各类课程教学的要求，目前各级各类教育课程教学都普遍存在重建工作，也需要我们将大学阶段课程教学与大学前各级各类课程教学放在一起统一建设。

从叶先生指导学生学习木工、金工和制图以及自己动手制造实验仪器来看，或许科学本身、人文本身、工艺本身都需要彼此加持，这也是偏文科专业+科学技术、偏理工科专业+文化艺术、职业教育类专业既需要工艺的精益求精，也需要科学的理论指导和文化底蕴的积淀。

从人才培养质量来看，我们需要将各教育阶段课程教学的内容和方式进行整合创新。整体上，我们需要继承古今中外一切优秀文明成果，同时又需要与现实世界紧密结合，在内容安排上，需要遵从受教育者身心发展的实际和科学内在的逻辑及万事万物客观存在与发展的规律分教育阶段进行。一般大学阶段前的课程教学多以基础课或专业基础课的形式出现，如语文、数学、物理、化学等，只有在大学阶段才有文化基础课程、专业基础课程、专业课课程并建的局面。以语文课程和数学课程等基础课程建设为例，语文作为文化基础课程，一方面承担着语文本身的语言、文字、文化功能，另一方面又承担着人文素质教育的使命，这就需要在课程教学建设时创造性地设计听、说、读、写方面的内容与活动，且课程教学的内容与活动所涉及的文字、文化具有提高受教育者人文素质的作用，这就需要设计表现传统美德、塑造人们高贵品质的内容和相关的生产劳动与实践活动。数学课程是众多理工科专业的基础课程，以前之所以把它设计成了"数学不是数学"，是因为受教育者学的时候不能将其中的内容与实际联系起来，在用的时候也不能将其中的内容与实际联系起来，这与我们培养出来的人解决不了实际问题有很大关系。

这就需要我们在尊重以往数学原理的同时，改变以往的呈现方式，将数学原理与客观实际融合起来加以呈现，同时根据受教育者身心发展阶段（教育阶段）和数学这门科学的内在逻辑及客观实际存在和发展的规律分步骤进行。以专业课程建筑学和雕刻工艺为例，建筑学属于普通高校学校课程，雕刻工艺可作为职业高校学校课程，建筑学的专业基础课程分别是物理学或者建筑学、建筑史等，而雕刻工艺的专业基础课程是雕刻工艺、工艺美术等；它们的专业课程分别是建筑制图、雕刻技术等。在大类课程方面，会出现课程相互融合的现象，如把代数、几何统一按数学进行融合设计，将农林牧副渔统一按农学进行融合设计等。这就需要我们在课程教学内容与活动设计的时候根据不同的课程类型结合实际，集体讨论出课程教学建设方案框架，按框架要求将相关知识信息有条不紊地吸纳进来，同时注意基础课程与专业课程之间、通识与专识之间、职业教育与普通教育之间的区别与联系（如普通高等教育的航空动力学与焊接工艺，他们分别是普通教育和职业教育的专业课程，但它们都是航空事业必不可少的，起着互补的作用）。课程建设工作是最辛苦的教育工作之一，一流的课程内容建设是无数次内容草案推倒重来的结果，因此，课程建设不是一蹴而就的事情，两三天就做出的课程想达到高质量几乎是不可能的。

　　人是课程教学建设中最关键的因素，建设一流课程教学需要一流的建设人才。无论是在课程建设还是在教学中，人是最关键的因素。这里的"人"有三个方面：一是课程研发人员，二是"掌舵"学校的人，三是授课教师。一流的课程需要一流的课程研发人员，因为其见识、格局、人生观、世界观、价值观、审美等综合起来就是课程建设的水平，这不是某一专业领域的权威就能完成的，甚至是两码事，切不可直接把课程建设的任务委托给单独的某个或某几个权威专家，而是把相关学科教育专家、一线教师、课程设计人员和行业专家召集到一起共同讨论出课程建设方案、标准与框架。课程建设人员的素质要求一般是课程设计人员、作者与编辑三者素质的合一。学校的掌门人和教师都是学生直接的引路人，直接影响着学生的格局和视野。因此，一流大学建设需要一流的课程教学内容，也必须有一流的教育专家和教师团队做保证。

一流大学需要一流的课程教学，时间紧迫，需要我们抓紧建设。

作者简介

钟进，天津大学教育学院硕士，主要从事课程教学研究工作，任《新探索高职高专综合英语》系列教材（五册）总主编、主编，"商务英语系列"教材策划，曾获出版机构员工最佳表现奖和北京市精品教材编审奖项。

叶企孙的家国情怀

叶东超

叶企孙先生的家国情怀和人格魅力是有口皆碑的。王大珩说："叶先生不仅教我学知识，更重要的、使我终身受益的是，我从这位老师身上学到爱国的、无私的品格。"

王大珩于 1938 年赴英国留学，攻读应用光学专业。在谈到自己为什么从物理学改学光学时说："在设置留学生的专业和名额上，叶先生有深谋远虑。在抗战前中国的光学工业是零，而国防需要光学机械，为此他设置了应用光学这个名额。"王大珩学成回国后，成为我国现代国防光学技术及光学工程的开拓者和奠基人之一，其爱国奉献的精神与恩师叶企孙一脉相承。

叶企孙 1898 年 7 月 16 日出生于上海，名鸿眷，号企孙。叶家乃书香门第，祖父叶佳镇曾得国子监簿衔封号，官至五品；其父叶景沄是举人，19 世纪初曾受清政府派遣，与黄炎培、沈恩孚等一起赴日本考察教育，归国后创办新式学校，致力于现代教育，曾任敬业学堂校长、上海教育会会长等职。1914 年任清华学校教员，讲授国学。

叶企孙 7 岁时，母亲病逝，兄弟姐妹七人中，企孙年龄最小。丧妻之痛使醴文公身染重病，病中他立下遗嘱，以作后代的"修身"指南。遗嘱要求子孙："慎择友、静学广才、行己俭、待人恕、勿吸鸦片、勿奸淫、勿赌博、勿嗜酒、勿贪财。"这份早立的遗嘱被叶企孙视为父亲留给他的最宝贵的财富，他一直精心珍藏,伴随他度过一生。考察叶企孙一生走过的足迹,遗嘱所言,可谓是他品格与情操的真实写照。

叶企孙勤奋好学,受父亲的影响,幼年熟读古书,对中国古代算学名著和天文、历法知识产生了浓厚的兴趣。得益于父亲的开明思想,少年叶企孙在攻读传统经书的同时,也开始接触西方科学文化及应用——"既重格致,又重修身,以为必以西方科学来谋求利国利民才能治国平天下"。

1915年,叶企孙在清华学校上学的时候,抱着"尔等学生当注重科学之理解,以探天地之奥窍,以谋人群之幸福。庶几国家日进于富强,而种族得免于淘汰矣"的志向,成立清华校史上的第一个学生团体——科学会。每两周开一次科学报告会,报告"范围极广,如天演演说、苹果选种、煤,无线电报之设备、测绘法、力、废物利用,等等"。他当时不过17岁,就开始了科学救国的实践。

1918年,叶企孙从清华学校毕业,旋即赴美深造。凭着对历史纵向的洞见,对世界横向的比较,对国运的担忧,对自己禀赋的体悟,叶企孙把留学的方向瞄准当时人类科学发展前沿、正飞速发展的物理学。这一高瞻远瞩的选择让他走到了世界科学的前沿,成为中国现代科技的奠基者和设计者,为中国此后的发展及在世界上的地位产生了巨大的影响。

1920年,叶企孙获芝加哥大学理学学士学位,1923年获哈佛大学哲学博士学位。短短几年时间就攀上两座世界科学研究的高峰——普朗克常数 h 值测定为人类继续攀登科学高峰建起了新的台阶,高压磁性研究使他成为中国现代物理学中研究磁学第一人。拿到博士学位后,他就到世界科学的前沿——欧洲考察科技文明是怎么发展的,以有效利用科技振兴国家和民族。他参观了德国、法国、荷兰、比利时和英国的一些大学的物理研究所和实验室,并拜会了物理学同行。叶企孙在清华大学创建物理系时的种种措施,都能让人觉察到剑桥大学卡文迪许实验室的思想和经验。

1924年回国后,叶企孙历任东南大学副教授、清华大学教授、清华大学物理系主任和理学院院长。聘请名教授来校,实行"理论与实验并重,重质而不重量"的办学方针,他得天下英才而育之,所提倡的教育思想结出了丰硕的果实。叶企孙创办了清华大学物理系、北京大学磁学专门组。他还是中国物理学会的创建人之一,曾任中国物理学会第一届、第二届副会长,1936年起任会长。1955年,中国科学院学部成立时,叶企孙当选为学部委员(后改称院士),为中国科学院数理化学部常委,并参加过第一届中国人民政治协商会议以及第一、第二、第三届全国人民代表大会。

1929年,他在一篇《中国科学界之过去现在及将来》的文章里说"有人疑中国民族不适宜研究科学。我觉得这些说法太没有根据。中国在最近期内方明白研究科学的重要,我们还没有经过长时期的试验,还不能说我们缺少研究科学的能力。惟有希望大家共同努力去做科学研究,五十年后再下断语。诸君要知道,没有自然科学的民族,决不能在现代文明中立住!"80多年过去了,他在空白处栽种的一切,让后代得以生活在一个浓荫蔽头的世界上。

"你们明白自己的使命吗?一个国家,一个民族,为什么会挨打?……要想我们的国家不遭到外国凌辱,就只有靠科学!科学,只有科学才能拯救我们的民族……"叶企孙的爱国激情,对科学救国的远见卓识,对青年学生所寄予的厚望深情,深深地震撼了王淦昌和其他学生。从此,爱国与科学紧密相关的道理也成为王淦昌生命中最重要的明灯,指引着他一生的道路。

叶企孙一介书生,志于以科学理性的方式创造一个更好的社会,但在外敌入侵之际,他没有退缩,挺身而出,用自己的专业和影响上演了一场书生上马击贼的惊险剧。

1928年,"济南惨案"发生,叶企孙对日本军队的野蛮行径表示强烈的愤慨;面对"九一八"事变以来日军侵略的步步扩大,他竭力主张抗击。1933年热河轻易失守,他十分气愤,与另外四位清华大学的教授一起联名提请召开临时教授会议,给国民政府发了一封措辞严厉的电报,谴责不抵抗行径,甚至呼吁严究"蒋委员长""宋代院长"的责任。

1935年11月,日本侵略者策动汉奸进行所谓"华北五省自治运动",叶企孙起草电文,与梅贻琦、陶孟和、胡适等北平教育界人士联名通电全国,声明"华北民众无脱离中央之意",揭露日伪汉奸分裂中国的阴谋。

1936年绥远抗战,叶企孙和全国人民一样欢欣鼓舞,支持学生赴绥远劳军,他和学生一起前去慰问将士。他的一位学生还记得叶企孙当年在课堂上讲过的话:你们学物理不能光搞理论,打起仗来,你们也得做些实事,比如提高蒸汽机效率等。

1935年"一二·九"运动时，叶企孙为参加南下请愿团的物理系学生钱伟长等送行，嘱咐沿途小心，并出钱资助。

"七七事变"后，北平沦陷，清华大学奉命南迁。1937年9月，叶企孙抵达天津，准备乘船南下，但不幸染病，只得滞留天津治疗。叶企孙养病期间，清华大学决定在津设立临时办事处，负责帮助清华大学的师生员工南下和照管清华大学在天津的财产。办事处由叶企孙领导，熊大缜协助。面对全国熊熊燃烧的抗日烈火，熊大缜毅然决定弃教从戎，前往冀中抗日根据地投身抗战。从个人感情和熊大缜本人的前途考虑，叶企孙不同意他前往冀中，然而"事关抗日，事关民族救亡，我无法阻止，也没有什么理由可以阻止他"。

1938年4月初，熊大缜派人到天津与叶企孙联系，请求帮助，希望他为冀中介绍技术人才和购买军用物资，叶企孙"毫不犹豫地答应了"。

此后的一段时间里，叶企孙奔波于天津、北平之间，物色技术人才，动员他们前往冀中投身抗日。当冀中出现技术上的困难时，叶企孙本人一度也有去冀中服务的考虑，但由于各种原因终未去成，坚持留在平津，冒着生命危险，为冀中购买军用物资，其中有医药、炸药原料、无线电零件、制备雷管用的化学原料和铜壳、铂丝、电动起爆器等。购买这些物资所用款项30 000多元也由他四处募捐筹集，其中有清华大学基金10 000元，清华子弟学校的基金18 000元，其余为私人捐款，他本人手中的积蓄500元全部捐出。

他在天津英租界内还领导了为冀中制造炸药和装配电台的工作，参加者有林风（清华大学化学系研究生）等。

叶企孙到后方后，与冀中抗日根据地一度仍保持着联系，想办法为冀中筹集资金、购买制造军事装备的物资等。他还著文介绍冀中的军事敌我攻守情况，经济上的货币、商品流通、职员薪资、农业生产和生活情况，并说"凡是确在做抗战工作的人，大家都应该鼓励他们，支持他们。"可以说，叶企孙是知识界的全民抗战工作的积极倡导者、支持者、推动者和参与者。

1948年下半年，挚爱清华的叶企孙为了清华免受战火，同时维护校内的治安，建议在原校务委员会的基础上，吸收一些倾向共产党的中青年教授，组成了扩大的校务委员会，为清华应变时局做了组织上的准备。1948年年底，国民政府已把叶企孙列入接去台湾的科技人员名单中，但因为舍不得清华，舍不得辛苦建立起来的科技之家和教育之家，舍不得为之奋斗奉献的国家，也因为认同共产党的得民心、顺民意，相信共产党也是要办学的，叶企孙选择了留下，并在后来主持清华校务，为中华人民共和国的科学教育和知识分子政策做了最有说服力的宣传。科学界、教育界许多持怀疑、犹豫、观望态度的知识分子从他身上找到了定盘星，纷纷留下来，共同建设新中国。

叶企孙又像初创清华大学理学院时一样，向国内外杰出的人才广发电报、信函和聘书。杨武之、赵忠尧、华罗庚、余瑞璜、钱三强、何泽慧、王大珩、葛庭燧、胡宁、黄昆、朱光亚、李斌宁等就是这样被叶企孙从四面八方召回清华大学的。在叶企孙的邀请感召影响下，一大批留学生和中国在外人士回国参加建设事业。钱三强于 1949 年 4 月 20 日致信葛庭燧，写道："知道今夏要回来，高兴的要命，老人家更是高兴。""老人家"指的就是叶企孙，可见叶企孙当时的态度、师生关系以及影响程度。叶企孙对学成后纷纷回国的弟子们悉心照护，为他们安排专业对口的工作岗位。

1950 年夏，李约瑟博士来信，说联合国教育、科学与文化组织拟聘叶企孙任自然科学方面的顾问，征求他的意见。叶企孙因联合国当时不承认中华人民共和国而拒绝。

叶企孙培养了中国几代的科学精英，入其门中的优秀人才迄今比国际上任何一个"物理中心"或"学派"都要多，他对国家和民族的贡献，不论是数量还是质量，都比肩历代任何一位教育家。叶企孙出国深造是跟随现代物理学的名师做研究，熟悉科学的最新成就和方法，并与这批国际上最优秀的科学家群体结交。回国后，一方面，继续国外的研究工作；另一方面，挑选有天分的青年学生加以培养，派送他们到国外师从顶尖的科学家。就这样，造就了一批批优秀的科学家，使中华人民共和国很快就拥有了"两弹一星"等高科技成就。

1964 年，叶企孙写信给周恩来总理，正式建议开展我国的人造卫星研制和空间物理探索，并亲自筹建了自然科学史研究室天文史组。

1988 年 10 月 24 日，北京正负电子对撞机建成时，邓小平曾说："如果 60 年代以来中国没有原子弹、氢弹，没有发射卫星，中国就不能叫有重要影响的大国，就没有现在的国际地位。"而创造"两弹一星"的科学家大多数是叶企孙的弟子，叶企孙是"两弹一星"真正的鼻祖和奠基人。

更多的事迹都说明，叶企孙不仅是位卓越的科学家、教育家，而且是一位具有强烈民族责任感的爱国志士。在叶老的家国情怀影响下，他的学生们为国家的强大和发展做出了巨大的努力和贡献，这也是我们今天可以告慰叶老的。正如唐朝大诗人韩愈所说："事业功德，老而愈明，死而益光。"

叶企孙先生以清华为家，以教育为家，以国为家，忧国忘家，舍小家为大家，叶企孙先生虽没有子女，可是他为中国培养了千万英才，视学生和人才为家人；叶企孙先生虽没有遗产，可是他为国家贡献了巨大的科技财富，为中华民族树立了永恒的典范。他的英名永远在炎黄子孙心中流传，是我们叶氏族人和国人的骄傲与榜样！我们叶氏后辈和大家一样，学习和缅怀叶企孙先生，致力于发展科学和教育事业，富强国家。

作者简介

叶东超，浙江省乐清市税务局退休职工。现从事企业管理经营和企业文化的研究和辅导工作，著有《税收征管基础》《税收征管查三分离研究》等。

附录一

见贤思齐建设当下文明[①]

[①] 该部分为"叶企孙与一流大学建设学术会议暨叶企孙先生诞辰120周年纪念会"圆桌会议部分的记录。

鹿永建：丁邦平老师、赵俊杰老师、侯俊琳老师、赵洪明老师、孙纲老师、康建伟老师，请各位上台就座。

所有活动到最后的时候是最艰苦的，也可以说是最宝贵的一个环节。我们要把饭做熟，把钢淬火炼成好钢，把我们的宝石经过打磨让它的美丽绽放出来。

我叫鹿永建，是国家通讯社的一名从业人员，我从2002年开始利用业余时间研究教育，开始是研究家庭教育，然后是研究家校合作、教师成长，十多年都在基础教育这个领域耕耘，2017年开始稍微涉猎一点高等教育的内容，是一个初学者。今天非常荣幸能参加叶师的学术研讨和纪念活动，首先感谢几个主办单位，感谢此刻就座的每个人。

圆桌会议肯定是要有一些互动与交流，在上午各位发言的基础上再做一些延伸和交流。上午发言的各位是叶先生的学生，学生兼家人，同事，以及学生的学生，还有一些大学领导，在这些教育家发言的基础上，也许我们接下来的环节可以更宽泛点，更具发散性一些。

前两天，与参加圆桌会议的各位已经进行了一些初步交流，也达成了一些共识，比如觉得可以从叶先生作为一个贤哲的角度讨论。从学科到专业，到教育到大学管理，到中国的科学建设，再到一个贤哲的高度，这些都在叶企孙留给我们的财富的范围之内,这正显示了叶企孙先生的独特之处。

最后,我还是想把每个个体与叶企孙"拉"得更近一点,就是见贤而思齐。台上有几位是20世纪60年代生人,也有70年代生人,台下有80年代生人,甚至还有"90后",我们这些人怎样见贤思齐?中国如果要建一座先贤祠的话,肯定要有叶先生的位置。但是我们如果真要建这个先贤祠,那绝不是把叶先生变成一个冰冷的铜像、石像或泥胎供起来,而是要去体认他。有位老师借用孔子的弟子与孔子的关系表达与叶师的关系。像叶师这样的"近贤",我们怎么体认他?这样讨论是不是有价值?

孙纲:我是华夏前程教育科学研究院副院长,我的主要工作是幼儿教育,可能与一流大学是两端。今天参加这个活动让我更多地了解和增加了很多的从业激情与责任感。我原来在重庆大学担任学生会主席,大三的时候,我看到学生会的很多学生觉得在学校没谈男女朋友就很没面子,很多人晚上回家就打游戏,我在大三时就思考,重庆大学也是"211""985"高校,我们的学生干部都这样,那么普通的学生又会怎么样,那些普通学校的学生又会怎么样。

因为看到这样一个现象,所以从大三时我就决定,一定要为中国的教育做一点事情,所以我后来就一直在教育领域耕耘。

储朝晖教授当时跟我交流的时候,我说我可以从一个学生的角度说一点自己的感受。我原来做大学生就业工作,做了很多方面的工作,2009年开始从事幼儿教育,举办了一个中国幼教年会。

我自己的从业经验让我觉得只要全力以赴且负责任地去做事情,是可以把一件事情做好的。我觉得如果大学教授都能有叶先生那样的精神,中国肯定会有一批在全球范围内非常了不起的学者。我自己没有学过幼儿教育,也不是科班出身,我能够做成在这个行业影响力很大的一个平台,我的自身感受是只要认真去做,很多事情一定能做得好。我们如果有一个很庞大的队伍,做研究的真的是有这样一种思想的话,中国一流大学一定会很牛,很多学生在学校就不会像我当时在大学时看到的那样,很多优秀的学生干部找不到方向。我感觉到有一种责任,如何让更多的人把这种责任肩负起来,推动向前走,人多力量大,慢慢一定会形成一个效应,我们可以去找一些方法。

侯俊琳： 大家好，我是科学出版社的侯俊琳，在座的胡升华副总编一直是我的领导和老师，特别荣幸 2017 年参与了《叶企孙文存（增订本）》的出版工作，今天很荣幸参加这个会议。叶先生是一位卓越的科学家、杰出的教育家和忠诚的爱国者。今天听了很多前辈描述和叶先生来往的经历，还有很多专家对叶先生几方面的工作做的研究和总结，很受启发。

我谈谈自己的学习体会，从工作的角度来讲，我们可能更关注传播方面的工作，所以我有三方面的感想和建议向大家汇报。

第一个是对叶企孙事迹的传播。叶先生在教育、抗战方面都做出了巨大贡献，从我个人感受来讲目前的传播力度远远不够。特别明显的例子是每年在媒体文章上出现的"叶企孙是谁？"，这些文章对叶企孙做了一些基础介绍，其实公众对他的了解真是太少了，从整个社会来讲还没形成一种传承。叶先生 110 周年诞辰纪念会是在清华大学举办的，120 周年诞辰纪念会的所有主办单位与上次都不一样，我想也是更多的人在关注对叶先生其人其事的传播，这也是一个好的传承。

2012 年东直门中学办了一个叶企孙班，2018 年清华大学宣布要成立一个叶企孙班，这也是一个传承。我觉得可以有更多的叶企孙班，除了中学，东南大学、北京大学、叶先生的家乡、叶先生学习工作过的其他地方都可以有叶企孙班。我建议，像叶先生这样的人物和事迹应该写入义务教育阶段的教材中。最后，我觉得为叶企孙立塑像还是挺重要的，虽然现在清华大学有一个叶先生的半身像，但我觉得应该在适当的地方都为叶先生立全身像，这个也是我跟叶铭汉先生交流的时候他的一个愿望，这是对叶先生事迹的传播一个很重要的基础工作。

就像爱因斯坦对人类文明做出了很重要的贡献全世界都妇孺皆知一样，叶先生对中华民族命运的影响和贡献，我觉得在中国社会也应该妇孺皆知。有的时候我就在想，如果没有叶企孙先生，没有一大批杰出的科学家，包括"两弹一星"元勋，这些关系国家民族命运的重大工程会不会那么早完成，从这个角度讲真是太重要了。

第二个就是精神传承。《学习叶企孙做理性文明人的倡议》中，用了 24 个词描述叶企孙先生，看了以后感觉每个词都特别恰如其分。这种感觉最后是什么？就是一个伟大，应该对这种精神进行系统总结，每种精神都可以梳理成不同文章来陆续传播。

我做出版工作以来，一直把科学传播作为一个主要的工作方向。多年来，我感觉我们从全民素质提升的角度来看有几个方面亟待提升：独立思考的意识、逻辑思维的能力、基于科学的价值观。在这几个方面，叶先生都为我们树立了很好的典范，所以传播叶企孙先生的精神，对于提升全民素质、开启民智会起到非常积极的作用。

第三个方面是思想总结。这方面建议与今天的主题"一流大学建设"密切相关，首先要注重叶先生教育思想和理念的总结与借鉴。对叶先生培养人才的经验，他的关门弟子戴念祖先生曾做过一个总结——"建团队、开小班、抓基础、爱学生、善选才"，我觉得哪个方面都可以形成一个很好的教育理念。

另外，就是在叶先生的科学思想方面，也可以进行一定的总结和借鉴。这是我的一点学习体会，请大家批评，谢谢。

鹿永建： 谢谢，大家有没有对他们两位的建议做一些回应性、交叉性交流？如果没有的话，我先说一点感受。

孙纲先生你是大有作为，因为你是做幼教工作。叶师的成长很明显也包括幼年的成长，幼年的成长其实是根的部分，就是他的人格的部分。如果没有这块的话，叶先生是不存在的。

回过头来说，你做的这番事业，既然体量已经很大，那么如何把质量提高呢？虽然并不是所有的孩子都能成为叶企孙，他有他的天资，但是，我们仍然要考虑，如何给孩子们提供像叶企孙在幼儿阶段成长那样的土壤。当下可能很重视婴幼儿智力成长，但是叶师显然不仅仅是智力上成长得早，所以我想强调的是，如何让我们的孩子们像童年的叶企孙那样实现德的早慧、早觉、先觉。

其次，我不是说为叶先生立塑像不重要，我只是说有了塑像之后，要重视塑像能起到什么样的作用。

丁邦平： 各位老师，各位朋友，大家好！我是首都师范大学教育学院的老师。今天有机会来参加这样一个纪念叶先生的盛会感到非常荣幸，同时也深受教育。

下面主要从教育特别是科学教育的这个角度来谈一谈我的一些看法。来参加这个会议之前，我当然知道叶先生这个人，但是对他的事迹更详细的情况了解得不系统、不充分。今天上午听了叶先生的学生、家人的报告，感觉非常亲切。叶先生40年前就已经去世了，离我们已经很远了，但是听了报告之后感觉到，叶先生与我们这辈人以及比我们年轻的一辈人的距离拉近了。下午听报告的感受是不太一样的，下午做报告的主要是一些比较年轻的人，他们是从研究的角度来谈的，我作为"60后"，也从这个角度谈一点自己的看法。

首先谈一点，听了这些报告之后，我一直在想叶先生到底信仰什么。我不知道他上没上幼儿园，即使没上幼儿园，也受过良好的家庭教育，因为他父亲就是一位教育家。20世纪上半叶，他在那样一个特殊时期接受教育，有良好传统文化教育的基础，同时也接触了西方文明的洗礼，这一很特殊的时期培养了这样一个特殊的人。叶先生在青少年时期以及后来信仰什么？我想他无论是在国内接受教育还是后来到美国去上大学、读博士，以及回来工作之后，科学、民主与教育就是他的信仰。

1949年以后，他当然是跟着中国共产党走。1949—1952年院系调整期间，他也是在清华大学做领导工作，做得很好。

他的信仰，我总结就是科学、民主，继承五四时期主流的意识形态。还有一个就是他终生从事的教育事业，科学救国、教育救国，这是他的信仰。储朝晖老师今天下午从文明的角度来谈，我觉得也谈得非常好，这是我的第一点感想。

第二点感想，叶先生身上体现的科学精神，他做出的科学贡献，我同意刚才侯编辑的看法，应该体现在义务教育阶段的教科书上。我记得以前的老先生回忆，他们在20世纪二三十年代、三四十年代学习科学的时候，感觉科学史上都是外国那些名家，没有中国科学家的名字。但是今天听了这个会之后，我感觉20世纪我国出现了那么多大科学家，他们的名字应该出现在我们的教科书上。

第三点感想，叶先生这种家国情怀，他作为中国科学家的这种特有的爱国精神，与世界上其他国家的科学家相比是很特殊的、特有的，也是中国科学教育一笔非常重要的财富。我刚才讲了，叶先生的成长时期跟现在当然是不可同日而语了，但是中华民族知识分子这种家国情怀还是可以传承的。

最后，叶先生既是科学大师，更是科学教育的大家。讲到"科学教育"这个词，实际上在中国还引起过许多误解，最近几年这个词才用得比较频繁一点。以前讲科学教育许多人不知道是怎么回事，因为从1952年院系调整之后就是分科教育，师范教育也是分科培养教师，中学也是分科教育，所以我们只知道物理教育、化学教育、生物教育，却不知道科学教育是怎么回事。我就想，科学教育在当前这个环境下是非常需要发展的，科学教育尽管已经有近百年的历史了，但实际上我国的科学教育研究是非常落后的。

我是研究比较教育的，最近二十多年都很关注国际科学教育研究。从国际上来看，美国、日本这些国家的科学教育研究是做得比较深入的，但这块我国要落后很多。今天参加这个会议也让我产生了一个冲动，我想把叶先生作为一个科学教育家去研究，去宣传，在国际上宣传，宣传他作为中国的一个科学教育家的贡献，我就讲这些，谢谢大家。

鹿永建：看来叶师130周年诞辰的时候，丁老师一定会有一本相关的专著面世，我们期待。

叶建洪：各位老师，各位嘉宾，我先自我介绍一下，我想从三个层面来介绍一下自己。第一我姓叶，我是叶家人，所以说能够产生像叶企孙这样的本家大师，我感到十分荣幸。

第二个身份，我是从事政府工作的，尤其是储朝晖先生把叶企孙大师上升为从文明的角度来思考，我觉得这是有高度的，这是形而上的一种体现，就是应该要提升他，古人云"君子不器"。我想从叶企孙的一生当中，你们可以解读他，尤其是今天这个纪念会让我们更加看到叶企孙这位先辈鲜活的人格魅力，从他身上可以解读《论语》里面的"君子不器"，他既是教育家，又是科学家，又是史学家，我认为他更是一个人格非常健全、人格具有许多闪光点的、完整的、文明的大师。

第三个身份我是一个画家，基本上业余时间都用在了书法和传统的绘画上面。叶企孙几乎每天都写日记，他每天写的日子都那么光彩，他那么有修养，那么有文学功底，而这么一个有文学功底的大师居然是从事科学研究的大师。如果再回归到今天这个主题上来，要建一流的大学，不知道大家想过没有，我们的教育"病"得很重，为什么"病"得很重？一个没有传统、没有传承的教育，尤其是没有中国传统的，特别是我们民族的一些个性的东西的传承，我想这样的教育，它的层面是肤浅的，是表象的。我们可以看到有很多在各个领域所谓的翘楚者，但他的真实水平在哪里？他所表现出来对这个社会的贡献或者家国情怀在哪里？他的人格健全吗？

我们讲文学，我们讲家国情怀，其实中国的传统文化里面一直都具备这个东西。我们从儒家到礼学，格物致知也好，在大师身上也有体现，我们的知行合一，包括他做人的道德底线，这些我想跟他的这种初期家学的教育，不是私塾，肯定是非常有传统文化的熏陶。

又回到我们的"君子不器"上，你看他的这些日记，虽然是我本家，也知道他的一些事迹，但是因为我与他的很多东西其实是跨界的，我可能偏于文学、艺术这块，今天听了这些讲座和看了他的这些资料，我豁然开朗，更加敬佩，因为他的日记写得非常好，他的文学功底非常扎实。他不仅仅自己在科学方面卓有成效，而且培养出这么多的大师，这个其实是需要胸怀和整体的人格修养的。这个人格修养从哪里来？我想是从传统文化传承的精华里来。

我经常讲，我其实在工作当中经常思考，你说一流的大学，这是整个体系化的东西，叶先生的很多事迹都让我感动，比如他因为体育不好而留级，他就拼命去健身。当然他所在的那个时代有其特殊性，西学东渐。要爱国，要强国，要为这个国家做出贡献，需要追求科学的强大，才能让这个国家强大起来，因为西学东渐的增长，所以我想他毅然到西方学科学，可能都是因为他爱国，把民族的命运、国家的命运和个人的命运结合起来的一种思考。

如果让我来生碰到这样的情况，我即使不喜欢学的东西也依然可以学好，因为你的情怀在就都可以学好。他的文学功底那么扎实，还不是把科学学得那么好吗？而且可以培养那么多大师。一流大学自由之思想、独立之人格其实是不可或缺的，思想都不自由了，你还期望这个人健全吗？人都不健全了，你还能培养出一流的人才吗？人都不健全了，你还想他还是一流人才吗？或许是某些方面的一些专长，或者是一些噱头，这些噱头是要害了人类的，害了我们国家的，害了我们这个民族的。

因为时间关系，不展开说，非常感谢主办方和这么多的前辈、学者来研究，从小的角度来说，这是在为我们叶家的事，当然这个也是国家的事，也是社会的事，所以，感谢在座的每一位，谢谢大家。

鹿永建：谢谢叶先生，你作为叶氏宗亲代表之一，的确有你们这个宗亲的一种心有灵犀一点通的感觉。狂想一下，叶先生130周年诞辰纪念会的时候，既然你是一个画家，是不是应当有一些自己的贡献？既然这么有才华，我们也顺便给你布置一个任务，储朝晖老师出了一本以文字为主的叶企孙先生画传，你是不是在十年之后可以出一本以画为主的、叶先生的传记。

叶建洪：我想储老师为我们祖上立画传了，我作为叶家人义不容辞，我肯定从形而上的角度考虑，从弘扬其精神的角度去做一点事情。

鹿永建：我们期待十年之后能看你的大作。

康建伟：尊敬的各位前辈先生，尊敬的储理事长，尊敬的在座各位，我是康建伟，来自中国石油大学，我谈一下自己对一流大学的一些感受。

我到中国石油大学工作满五年了，我想借这样一个机会总结一下、感受一下大学应该是什么样子的。我接触叶企孙先生倒不是直接接触到叶企孙这个人物，大概是2017年3月的时候，储朝晖老师、王义遒先生有一个访谈，在那个访谈中，我并不是注意到他们谈的这个人物叶企孙先生，而是看到了王义遒先生的一段评论，这个评论引发了我的感触，进一步引发我去关注叶企孙先生这样一个在教育史上留下重要痕迹的人物。

王义遒先生说曾经看过一本担任麻省理工学院校长职位14年的校长报告，这个报告简直是一个总统报告，完全从世界发展的前途来看，只有掌握这个前途以后，他才能够真正地给学生指点铺路，对世界一流大学校长的要求比对一般的教育家的要求甚至更高。这段评论给我留下了深刻印象，从2017年起我就开始关注大学毕业时校长的毕业致辞了。从某种意义上来说，这也是当下大学窗口的一个缩影。我赞成丁老师和储老师从现代文明的角度来理解叶企孙先生，我也赞成我的邻座从传统文化、传统优秀人格的角度来理解叶企孙先生。

当然我觉得从儒释道角度来理解叶企孙先生肯定不合适，儒释道已经不是今天的知识生产单位和评价单位，但是我愿意从西学东渐这个大背景之下出现这样一个新的人群的角度来理解叶企孙先生以及他所处的群体。

我自己也为这次会议写了一篇文章，在文中我写了这样一段话，我愿意把它重述一下。中国大学在20世纪初曾经取得过相当成就，产生了包括叶企孙先生在内的诸多有影响力的杰出人物，他们形成了一个群体，他们在新与旧之间的过渡非常自然，传统的修身之学与虚心的格致之学合于一身。他们好像就没有我们今天这样的紧张。上午的时候，王义遒先生说，你要问叶企孙先生世界一流大学，他可能会说我没有想到这个问题，他们在新与旧的过渡之间好像非常自然。他们就是很敬业地投入，参与到学术积累之中，他们就是希望能够在这中间做出中国人的贡献，他们没有东学与西学对比产生的焦虑。我觉得在他们那里学习本身就是一种自尊，他们也进行着制度创造，主要是学术制度的创造，在他们看来只要是适应学术的发展就不问东西。他们热情参与到新的知识生产当中去，如果成功了，这就是中国；如果不成功，无论我们怎样标榜中国，又有何意义？

这是我理解叶企孙先生整体的角度，其实通过我在这一个月以来的思考，通过学习上午各位先生的讲述，我也找到了在这篇文章中始终回答的另外一个话题的答案，就是我觉得塑造一所一流大学的品质非常重要，我愿意提出"平台"和"生态"这样两个观念，在此之下要解决大学过于行政化的问题。大学过于行政化的问题，从上午几位先生的发言中我似乎又找到了新的答案，这个答案是什么呢？待会儿的话题如果提到这里，我愿意把学习体会再向大家报告，请大家批评，谢谢大家。

鹿永建：谢谢。

赵俊杰：各位老师，各位朋友，大家下午好！我是来自河北师范大学教育学院的赵俊杰，这次开会是抱着纯粹学习的目的来的，而且我是在朋友圈中看到了储朝晖老师发的通知，被叶先生的人格魅力感召才来参加这个会的。现在看来这个目的达到了，通过上午各位老师的发言和下午的会议情况，我确实学到好多东西，非常感谢。

我谈一谈我是怎么样了解叶先生的。我在河北师范大学开了一门公共选修课，面向全校的学生，这门课的名称是"20世纪中国学术名人剪影"。主要不是谈叶先生，是谈胡适、蔡元培、陈寅恪、梁启超等这些大师，开了有十来年，有的学生就提出只讲效果不是特别好，还是找找视频让他们看一看，结合着效果是不是会更好？后来我接受同学们的建议，发动学生帮我找视频，其中就有叶先生的一个视频。但是当时我不了解叶先生，也不知道叶先生是做什么的，就没有看。后来偶然一次机会，我打开这个视频看了以后，被叶先生的人格所深深感动。

第一次给同学们播放视频之后，我流泪了，当时我说的也是有点泣不成声。从此之后，每个班我都要播放叶先生的这个视频，介绍叶先生的事迹。

在今后的教学当中，我会一如既往地宣传叶先生，传承叶先生的爱国情怀和家国情怀。按照现在的政策，还有四年我就退休了，在这四年当中我会不遗余力地尽一个教师的职责，在讲台上尽职尽责。我的课特别多，每学期最少给两个班上这门课，一个是在我们本部讲，还有一个是在二级学院讲，而且每个班的学生不下 150 人，限制最多不超过 150 人。所以我想在我的讲课当中一如既往地宣传叶先生，介绍叶先生，让更多人了解叶先生。我的微信朋友里有两千多个人，我发的东西他们一般还是关注的，所以我会通过各方面的途径，通过课堂、交流和微信来传播叶先生，传播他的人格魅力，这是我感觉自己应尽的一个职责。谢谢各位。

赵洪明：我是《现代物理知识》编辑部的编辑，6 月底的时候我们出版了《现代物理知识》杂志，专门做了一个纪念叶企孙先生诞辰 120 周年的专集。我下面给大家简单介绍一下组稿的过程。

2017 年年底的时候，我们的一位作者，他今天上午也来参加纪念会了，给我们杂志投来一篇稿子，介绍叶企孙先生诞辰 120 周年和逝世 40 周年。但是当时并不知道储朝晖老师在做纪念会的准备工作，我们主编看到作者投来这一篇稿子之后，让我查一下，看看叶企孙先生诞辰 100 周年的时候，我们做过相关东西没有。结果 100 周年时我们的确是没有文章，其他的文章历年也有一些，但是没有专门介绍叶先生的文章，都是在其他科技史方面有介绍。

所以，主编建议是不是能在叶企孙先生诞辰 120 周年的时候做一个专集，专门介绍一下叶先生的贡献。另外，他也经常听我们的副主编、清华大学的朱邦芬院士在不同场合提到，说叶先生对中国教育事业、科学事业的贡献和人们对他的了解非常不相称，所以我们想进一步地整理资料，通过纸媒宣传，让大家更了解叶先生。本来想请李政道先生写一篇短文，后来叶铭汉院士建议转载《叶企孙文存》中"序言"的一小段，但是和李政道先生联系的时候他表示非常支持，给我们回了信。我们请叶铭汉先生进一步整理了他以前的资料，写了叶企孙先生生平。朱邦芬院士从科技教育角度写了文章。另外，我们刊登了物理学史研究工作者最先开始交给我们的文章，从一个青年人的角度来介绍一下叶企孙。

我非常同意刚才两位老师的意见，虽然我们在座的很多，包括上午讲座的很多老师，他们是叶企孙先生的学生，当然对叶先生非常了解，而且很多是科学史研究工作者，肯定对叶企孙先生是非常了解的。但实际上我们接触的一些，比如说月初的时候，我去给一些中学老师做科普介绍时就介绍了我们出版叶企孙先生专集，还包括其他专集。对中国的物理学家，包括张宗燧院士可能宣传得并不够，这些中学老师跟我说，不要说我的学生了，中学生也不知道中国的这些科学家，我们在课堂上讲的往往都是外国的科学家，连我当老师的都是第一次听说叶企孙，第一次听说张宗燧。刚才就有几位老师建议是不是需要在课本上适当位置提到他们，来宣传他们。

最后，非常感谢储朝晖老师，我们做这个专集的时候并没有想到还有这么多社会力量，做了这么多贡献，会有这么多人来参加这个纪念会，我们也是到最后要出版的时候才看到这个通知，社会各界都在关心叶先生，对他做出的杰出贡献进行宣传，所以非常感谢各位老师，感谢各位到会的老师。

鹿永建：非常感谢，康老师有话还没说完。

康建伟：上午听各位前辈先生讲述的时候，我想试图解答的一个问题是，大家都会说教育会存在这样那样的问题。当然我觉得在叶企孙先生这样的人面前，所有的问题都不是问题，教育的关键问题是人的问题。

上午在听报告的时候，我在不断勾画，做笔记，我觉得今天这个教育的问题，就像刚才您所提到的，今天的问题其实有一个历史上的遗留问题。比如有人提到了在"大跃进"时期，也要编教材，以什么样的教材是资产阶级的，而新编的什么样的教材是无产阶级的，还有人谈到了叶企孙先生对一分为二，简单用唯物、唯心分割哲学史的不认同，我本身是学哲学的，对这个有切肤之痛。叶企孙先生提出个人的见解，受到了极大的压挤和压制。还有人提到了，也是在"大跃进"时期，当时整个民族都有一种狂热的情绪，反映到学校层面也提出了做一个研究计划，要在几周之内如何，几个月之内又如何这样一个工作规划。叶先生肯定这样的研究方向，但是觉得要两三年甚至更长的时间，才能完成这样的任务。

有的时候也许是这种行政化，我不知道该怎样表述，往往形成了一种激进，或者用学术之外的东西去指导学术，往往会形成这样的问题，去影响学校的大学品质的形成。

当然，我们知道这些问题有的在今天已经消失了，有的还在以各种各样的方式表达出来。所以我觉得我们大学要有改革，而且我们要拒绝违背潮流的不改革，也要警觉改换头面的假改革，我们要拒斥害国扰民的坏改革，我们更要防止畏缩不前的慢改革。我们需要的是真改革，而且是快改革，不改不行，改不好也不行。

今天大学的问题其实在历史上也有一个反映，我们不得不承认，有的情形是一个路径依赖，所以改革本身也意味着自我革命，所以我有这样没说完的部分，向大家报告，谢谢大家。

鹿永建：非常感谢，我们拿五分钟时间进行台上台下的互动，台下各位朋友，上午和下午都没有发过言的，有没有人愿意发表自己的高见？

矫玉秋：我是中国石油大学的物理教师矫玉秋。现在很多人都说国内难以出现一流大师，其中的原因很多，我认为关键的一个原因是没有多少人真正达到文理兼通，真正文理兼通的人是文理通融的。叶先生是文理兼通成长起来的，他既学国学又学西方文化，既学习人文文化又学习数理化科学，他本身就是大师，叶先生培养学生也是培养文理兼通的。而当今社会的教育环境并不是特别好，很多人从小开始就受到很功利的教育。很多小学每天都教学生考高分或考第一，很多小学仅仅关心考试成绩，别的也不怎么关心，很多家长也是如此。

简单做一下自我介绍吧！我本科、硕士和博士均就读于吉林大学。我向来很喜欢物理，上大学时我拒绝了计算机、电子技术等当时热门专业的诱惑，选择了比较冷门的理论物理专业。除了物理，我还喜欢很多，如画画、音乐、写诗、研读中外诸子百家、研读哲学、研读东方哲学和西方哲学。我不敢说自己是文理兼通、文理通融，可方方面面也懂一些，算是半个杂学家。物理跟哲学分不开，没有哲学思维怎么谈物理之深刻呢？怎么进行深刻的物理思维呢？不太可能。研究物理还需要艺术的心灵，没有艺术的心灵，怎么会有科学上的灵感？也不太可能。但是我有时也很困惑，我教大学物理课讲深刻的思想，讲与物理深刻相关的哲学和艺术的时候，有些同学感兴趣，有些同学不感兴趣。很多同学说老师你讲课最好讲物理知识重点和习题，我们希望得高分、拿奖学金、保研或出国等，这让我很困惑。

还有某些老师，包括某些领导也对我说，你上大学物理课只讲物理就可以了，干吗讲什么哲学和艺术？

鹿永建： 所以坚持真理有风险。

矫玉秋： 我非常喜欢进行文理兼通的教学，可我心里也很困惑和痛苦，所幸的是我这么多年一直在坚持。虽然我知道根据评价大学生的体制，大学生需要考试分数，我也知道某些体制并不很完善，也不太合理，但是我没有多少能力去改变它，我的力量还没那么大，至少现在还没那么大，比较微小。但不管力量大小，我都要始终如一地坚持下去，把它做好，这是我应该做的。如果每个人都做自己应该做的事情，做对的事情，那么就会汇小溪成为大江大河，将改变这个世界，推动世界大步前进。如果每个人都以自己的力量很微小为借口而不作为，那就麻烦了，小溪没有了，源头没有了，大江大河就没有了。

某些教育体制有些欠缺，有些领导和老师的一些教育理念与教育方法也有所欠缺。我还是希望文理兼通，不仅要学习、研究数理化科学及技术，还要学习、研究西方哲学，还要懂诗词、美术、音乐等。西方很多家庭中都有本《圣经》，很多家庭也读《圣经》。我指导研究生，也教大学生，当我问他们有谁读过《论语》或《道德经》时，实际上别说读了，翻过这几本书的人都不多。

还是那句话，文理兼通、文理通融是我们必须要做的，这是正道。虽然我现在的力量很微小，可能每个人的力量都相对微小，但我们应该做自己应该做的事情，可以实现汇小溪成大江大河。这是我想说的，谢谢。

鹿永建： 非常感谢，矫玉秋先生的发言让我非常感动，从某种意义上讲矫先生是叶师灵魂上的知己，你在做他做过的事情，也许我们与叶师不是处在同一个学识层次上，但不管能力大小，我非常赞同你说的，我们要做我们能做的事情，并且坚持下去，谢谢你。

杨振清：非常感谢有这么一次机会，和大家进行交流，我先自我介绍一下，我也是来自中国石油大学（北京）物理系，叫杨振清。

我首先介绍一下自己和叶先生是什么时候心灵相遇的。2006年，我留校工作，学校交给我一个任务，就是整理学校物理系的图书资料，我找了一本书，是一些老先生回忆1995年给叶先生在清华大学设立半身铜像时候的一篇文章，看完之后，我非常感动。其中有一条我是学到了，并且也在坚持做的。就是我看到清华大学刚刚开始成立物理系的时候，学生都要做精工实习，做各种实验，每个学生都要动手做自己的事情，那个时候学生不多，第一届学生好像只有两个，后面每年不超过十个学生，每个学生的动手能力都非常强。2008年，在我们学校就开了一门课叫"物理与实践"，我们给学生讲理论，旁边是演习实验，学生看到物理知识，我们就马上给他演示出来，分组来做。课后再让学生自己制作一些东西，虽然制作的东西和清华大学的没法比，但是好多学生给我们的反映是，我觉得以前的物理课挺枯燥的，现在通过动手之后，发现物理还是挺有意思的。

我觉得这是一个很好的传统，这种传统清华大学在20世纪30年代传承了下来。到目前为止有些学校坚持下来了，但是我觉得很多学校没能坚持下来。

下面再说一点，一些优秀的传统应该一直要传承下去或者一直要坚持。2016—2017年我去了剑桥大学卡文迪什实验室做访问学者和博士后。可能学物理的人都知道，这个实验室产生了29位诺贝尔奖获得者，和它相关的诺贝尔奖获得者至少有50—60人。它有一个很好的传统，第一任实验室主任麦克斯韦就非常重视学生的动手实验。麦克斯韦本身是一位非常伟大的理论文学家，但是他喜欢自己动手制作精密仪器，很多仪器到现在还摆在实验室里面的大厅里。100多年前兴建这个实验室的时候，他就让学生做精工实验，每个学生都要做物理实验。我在2016年听了本科生很多课程到现在为止，所有的实验课学生必须动手做实验，他们这个优秀传统一坚持就是100多年。我谈的就是如果有好的传统，有好的经验，我们要形成一个良好的传承，使我们这种传承能够100年甚至200年地发扬光大。谢谢大家。

鹿永建：非常感谢。

孙纲：石油大学的矫老师，如果我小时候认识他的话，说不定我现在已经是一个科学家了。

鹿永建：现在你们还来得及。

孙纲：为什么？我原来读初中的时候物理和数学学得很好，高中时也学得不错，但我从小就不爱读书，上课的时候我没事就帮别人画画，我们那个班的同学美术考试基本上全部是我给他们完成的，都得到了高分。我原来一直不太公开去说，我今天一听到你说，我突然找到信心了。

因为我原来不爱读书，所以读大学之前我去集训学习了五个月的绘画，后来我考了370分（总分400分），考了重庆市第一。读大学的时候，我是校园四大歌手，体育十项全能，大学一年拿了26个奖，把重庆大学的奖基本都拿完了。我之前读高中、初中的时候，做理科的填空题、选择题基本不用草稿，基本不会错，那我是不是应该学理科呢？我自己都没搞明白。过些时间我再反思一下，我以后的发展是不是应该调整。

还有一点，刚刚听了各位发言，我有一个想法，刚刚主持人说幼儿教育，我觉得比如在幼儿科学教育中举办一些大赛，比如叫叶先生什么奖。在小学、初中也可以设，跟这个相关的，让大家从小就记得"叶企孙"这三个字，以后他们学物理的时候一定会感受到他。我在小学课本上学到很多东西，那些名字一辈子都难忘。所以我觉得从幼儿开始能够有这些东西，让他首先记住"叶企孙"三个字，以后慢慢地，对他们学物理等理科这些是有推动作用的。这是我的一个建议。

钟子红：各位老师好，首先自我介绍一下，我是来自外研书店的钟子红。今天各位大多数都是从前沿的角度来讨论这个问题，我想从一名大学生的角度来讲一讲我对叶企孙的理解。

今天我们的这个会议，我看有两个关键词，一个是"叶企孙老师"，另外一个就是"一流大学建设"。一流大学建设的目的是什么？我们的最终目的是培养一流的人才，所以我们要怎样来培养一流人才，从大学建设的角度来看还是不够的，因为从叶企孙老师的经历来看，他的家教是非常重要的，他的父亲从小带他仰望星辰，他养成了读书的好习惯，这些培育对他的成长和成功是非常重要的一笔。

我感觉社会上各个层面都应该针对这个目标共同努力，像刚刚说到的幼教，还有宣传等各种角度。我也是希望社会上有更多层面能够在这方面做出努力，谢谢大家。

鹿永建：非常感谢，我再简单做一个小结。

有一位老师说大师总是寂寞的，这句话可以从两个层面来解释，一个是像叶企孙老师很多人还不知道，他是寂寞的。还有很多人都知道的爱因斯坦、牛顿、帕斯卡、孔子、王阳明，其实大部分人也只知其名而已。

我想提一个自己的建议，我们还要聚焦，因为叶师是精英，他培养的也是精英。从他的成长而言，他的父亲把他作为精英来培养，三个孩子里面重点培养他；他进入清华学校，当时的政府斥巨资送他去留学。从他的教育实践而言，他学成回来成为大学教师，先到东南大学，然后回到清华学校创办物理系，办理学院，办西南联合大学，都是精英教育。

我们自夸一下，在座的各位每个人都是受过高等教育的，也可以勉强算一个有精英意识，有叶师那样的社会、科学和文化的民族的国家的责任感的人。今天我们有一个特别好的气氛，现在已经下午五点多了，每个人都是越讲精神越抖擞，我们怎么样把我们凝聚的能量延续下去？我有一个很具体的建议，如果没有叶企孙读书会就应当成立一个，与会的每个人只要同意的话都可以参加，建立一个微信群。

刚才在交流的过程中，我一再戏言十年之后如何如何，其实也并非戏言。刚才各位老师在发言时迸发出很多灵感，像河北师范大学的赵老师说利用他在岗的几年时间，怎么样去宣传、传播叶师的品格与他的学识，等等，每个人都有很多事情可以做。那么，从我们自身做起，我们来体认叶师，我们来追随他，我们来亲近他，我们来活出他的美好的东西，美好的文化和品格越分越多。叶师他不是金钱，分了以后一块钱变成两个人只能各拿到五毛。叶师的学识每个人去分了，那就是二四十六，乃至更多，几何级数地增长。他的品格我们去分了，我们自己的生命得到滋润，我们自己的家庭得益，我们的同事可以从中得益，我们的社区，我们的城市，乃至也许在座的有人可以影响到整个国家。也许到了叶师130周年诞辰的时候，我们会从世界的范围，至少是中华文明、大中华区的范围来讨论他的贡献与他的文化意义。

可做的事情很多。最后回到一个特别具体的点上，我们成立一个读书会，大家如果同意的话，请鼓掌，鼓掌就是承诺，不仅是参加，将来还会奉献。今天有戴道生老师、韩宝善老师，以及其他叶企孙先生的弟子这些前辈给我们掌舵，给我们做压仓石，有储老师这些中坚力量给我们制定具体方法，我们在座的"70后""80后""90后"乃至将来"00后"在里面可以做一些工作，每个人都可以在里面学习、成长、得益，并且奉献。

圆桌会议环节到此结束，感谢台上的各位嘉宾，感谢台下的各位老师和朋友们。

附录二

纪念叶企孙先生诞辰 120 周年系列讲座

谁是叶企孙?

主讲人:戴念祖 储朝晖 主持人:付帅

(时间:2018年4月21日,地点:北京外研书店)

讲座后部分参会者合影

付帅:尊敬的各位读者、各位来宾,欢迎大家来到北京外研书店参加我们的专题讲座。说到中国物理界名家,很多人都知道"三钱"[钱学森、钱伟长、钱三强(一说钱临照)]、王淦昌、赵九章、杨振宁、李政道,但唯独对我们今天的话题人物可能会感到极其陌生,他就是叶企孙先生。2018年恰逢叶企孙先生诞辰 120 周年，我们会陆续推出纪念叶企孙先生的系列活动。"谁是叶企孙？"是我们今年活动的首场。今天讲座的两位老师是学术界的"大咖"，其中，戴念祖老师是叶企孙先生的学生，曾参编《叶企孙文存》，是中国科学技术史学会常务理事、物理学史专业委员会主任；储朝晖老师是《20世纪中国教育家画传：叶企孙画传》的作者，中国教育科学研究院研究员、中国陶行知研究会副秘书长。下面就把话题交给两位老师，由他们给大家带来讲座"谁是叶企孙？"。

储朝晖：非常感谢诸位参与，我们这个活动从 2017 年开始策划。为什么要做这个活动？总体来说我有一个感觉，就是我们国家或者说我们后面的一代人有点对不起叶企孙老先生，他为我们国家，为我们民族，为我们中国社会做出了很多杰出的贡献，但是现在社会上很少人知道他，我心里难以忍受这样一种状况。所以几年前我就写了一本《20 世纪中国教育家画传：叶企孙画传》。今天我想和大家分享，想讲讲叶企孙先生的三个"好"，第一个"好"是"好学生"，第二个"好"是"好老师"，第三个"好"是"好国民"。今天我们请来了叶企孙老师的弟子戴念祖老师，戴老师跟叶老师直接交往过，所以我们先请戴老师介绍"谁是叶企孙？"。

戴念祖：储老师邀请我讲讲叶企孙。叶企孙是 20 世纪上半叶清华大学的教授，物理系主任，理学院院长，1949—1951 年任清华大学校务委员会主任。他培养了很多学生，"两弹一星"的 23 位元勋中有一半以上是他的学生或学生的学生。李政道先生曾经说叶企孙先生是一个科学家，是一个教育家，是一个爱国者，基本上对叶企孙的行为、道德做了深刻的总结。叶企孙先生是中国物理学界的一代宗师，也是我们近代物理学的奠基人之一。在叶企孙之前，从清末开始有物理学教授，北京大学有两位教授，即侯卫精、夏元利，教的是开端、起点，起点比较乱一点，老师心急什么都想教，又都没教好。叶企孙先生到清华大学以后，整个现代物理学教学有了自信，一步一步怎么安排，每一年级上什么课，怎么上，开始走向正轨。大学物理学教育起始之功应该属于叶企孙先生。

叶企孙是 1918 年从清华学校毕业的，毕业以后赴美国留学，1920 年获芝加哥大学理学学士，1923 年获哈佛大学哲学博士学位。1924 年回国后在东南大学当副教授，1925 年到清华大学，不久后任物理系主任，一直到 1952 年才到北京大学。1952—1977 年在北京大学物理系当物理学教授，行政职务没有了，当磁学研究室主任，一直到 1977 年去世。他的一生是在教育教学上奋斗的一生，培养的学生都是我国重量级的科学人才。

叶企孙本人在科学上取得了很多重大的成就。第一个成就是测定普朗克常数。学物理的人知道，自然科学里有三个常数非常重要，一个是万有引力常数，两质点间的吸引力与二者的质量的乘积成正比，中间有一个引力常数，这个常数非常重要。第二个是普朗克常数，是黑体辐射出来的能量与吸收能量之比，普朗克常数起初是这么定的，后来随着进展到光辐射，普朗克常数一直在引用，精度一直在提高，开始是为了辐射做引用常数。第三个最重要的常数叫玻尔兹曼常数，就是在一个大气压下单位体积里面含有分子的数目，它在微观物理学、微观运动中起到很重要的作用。

在叶先生测定普朗克常数的值之前，1900 年由普朗克本人推算出来的普朗克常数的数值是 6.548，杜安测定的是 6.555，经过 1900—1917 年 17 年才提高了千分之七个点。到叶先生于 1921 年测的时候公布的数字是 6.556，比杜安测定的数值提高了千分之一个点，所以要精确测定这个常数是很不容易的。到 1929 年，整个物理学的仪器都发生了很大的变化，实验技术也提高很多了，这时候测定出来的数值是 6.559，现在公认数值是 6.626，当时叶先生测定的数值是 6.547，10 年以后又进一步精确，30 年以后才测定得到今天的数值。当时把这个测定数值叫作普朗克的叶值，曾经被引用了 10 年。这是他在测定普朗克常数方面的重要贡献。

第二个是对高压铁磁性的研究。磁铁、镍、钴铁磁性物质的磁性在压力很高的时候，物理性质会发生什么变化？比如说，压力很大的时候，导电、导热和能量、剩磁的变化如何？加大压力以后剩多少磁？磁导力、压力系数有什么变化？在叶企孙做这个实验之前，有一个日本人已经做得最好了，他用的压力是每平方厘米 1000 千克来做的，测定这块磁铁里的各种参数，如剩磁、磁导率、温度系数。叶企孙做的是每平方厘米 12 000 千克，增大到 12 倍，所以他测定的结果令当时的整个物理学界都感到惊讶，他不仅提高了精确度，对原来的数值进行了很大的修改，还创造了实验的方法，大家按照这种方法做会有同样的结果。这个实验必须强调两点：一个是拿来测量的磁铁样品本身的结构一定要晶莹，如果不晶莹的话，测出来结果不好。第二个是退磁，拿一块磁铁测量，测量一次再测一次，看看对不对再测一次，每测一次之前都要将前一次加进去的磁通量的数值减掉。他提出来一个"退磁"的概念，样品晶莹和退磁的概念在当时得到大家的重视。如果没有退磁，我做了一次以后你再拿了做，结果跟我不一样，因为我做的时候已经加了压力、磁场，大家做的结果都不一样，三块磁铁由三个实验去做，做完下一个再进来做就不一样了，怎么回事？后来才明白是因为没有退磁，所以这是他提出的在物理学铁磁性研究当中很重要的一个步骤，因此他的实验结果就载入他老师的著作《高压物理学》里。他老师是美国 20 世纪初很重要的物理学家，曾经在 20 世纪 30 年代获得诺贝尔物理学奖。

叶先生告诉我写文章时注意不要随便写，写出来就要 30 年不变。当时我认为他对我要求太高，30 年不变是怎么来的呢？以后才慢慢知道，这位老先生自己就是 30 年不变，他的实验结果、实验成绩、实验精密度 30 年没变过，后来就要求我们做研究也要 30 年不变。

后来他研究建筑声学。清华大学 1921 年盖的清华大礼堂，在里面开会音质很差，一说话回声很大，听不清楚。叶企孙跟他的学生测定它的音质怎么不好，用每个礼拜六晚上安静的时候测，测出来数据再改进，比如座位加什么东西，墙上贴什么东西，窗户改成什么样式，用什么地毯。这项研究用了两年时间才测完、做完、改完，对清华大学大礼堂音质的改善有很大贡献，此后在里面开会便没有回响了。他做这项工作的时候，1923 年美国的一位建筑声学家沃森出版了一本《建筑声学》，叶先生先看到过这本书，他没有学过建筑声学，他的学生也没有学过，只是看到这本书就对大礼堂进行改造、修建、重新装修，在技术前沿上基本是同时进行的。

叶先生在 1936 年指导他的学生熊大缜做红外光的摄影，红外光摄影的技术当时已经做出来了，而且用红外光线从清华大学照相照得很清楚，这一套技术在 1936 年的时候就能做了。后来因为二次大战以及抗日战争，清华大学就把它放弃了，没有再验证。一直到 20 世纪 60 年代的时候，美国在越南打仗时用的是红外光线，越南士兵头上戴多少绿叶在哪经过人家也知道，当时还有人不知道是怎么回事儿，原来是红外光线摄影。叶先生已经比它早 30 多年做出来了，但是没有很好地把它变成一个产业。

叶先生对科学实验很感兴趣，他在青年少年时期就写了很多科学文章，读过《天演论》《孤星血泪》《鲁滨逊漂流记》《希腊英雄传》，还有中国古代的名著，像沈括的《梦溪笔谈》《夏侯阳算经》等都是他在十七八岁以前读的。他自己做学生的时候，《中学科学和数学》杂志每期都会出几道题让读者做，解出来以后投稿给杂志社，最先反馈来且答案正确的后面出版的杂志会登出来。叶企孙每次都会做，有三四次做对了得了第一名，但有几次他自己觉得实在能力有限，解不出来。《叶企孙文存》里有插图，讲了他解出来的题。他在青少年时期就从数学开始发奋向上，努力地探讨、解题、做题，不用人监督，自己做，投到外国的杂志，有题目就来做，做得很好，养成了习惯和爱好。

他年轻时就对科学史研究有兴趣。到了 20 世纪 40 年代，我们整个文化中心转移到西南，当时有一个英国驻中国的文化参赞叫李约瑟，他写了一大套《中国科学技术史》，那时候他在重庆，因为事情比较少，工作不多，叶企孙就经常与他在咖啡店里聊天，每个礼拜会面几次谈谈心。叶企孙就跟他谈到古代中国的科学技术，这就把李约瑟的兴趣引导到中国古代科学技术上来，后来他走上这条道路，研究撰写《中国科学技术史》，直到成为一个中国科学技术史方面的大家，出版了几十本中国科学技术史方面的著作，有一部分还翻译成了中文。叶先生自己也写了他的同事萨本栋先生的有关文章，萨本栋于 1949 年到美国治病，1950 年就过世了，他没回国，叶先生就把他怎么做研究的传记写出来了。他就是这样对同事如此热情，如此惦记着。

1951 年召开中国共产党执政以后的第一届中国物理学会。原本 1932 年成立中国物理学会的时候叫第一届，这一次是新的第一届物理学会，叶企孙在会上做了题为"现代中国的物理学成就"的报告，实际上是讲他自己几十年以来的成就，中国物理学有哪些成就，他都如数家珍地讲出来。他还让钱伟长与王竹溪两个学生整理、收集材料，收集到了整个科学技术的文章 800 余篇。在他两个人收集资料的基础上，他写了《现代中国的物理学成就》这篇文章。

另有一种观点说这篇文章是对现代表示不满，为什么在我们刚刚成立新中国的时候你去谈旧制度的成就，要把他打倒。在当时"左"的思潮兴起时期，老知识分子很不适应，他因为这个事情受到了批判，批判会上要他回答为什么要讲旧制度的成就,老先生讲不出来,好在批判他的人大部分是他的学生,交差了事。

1964年有一个很重要的事情——哲学问题大讨论,是一分为二还是合二为一,对待自然界、社会科学、人本身,每一个社会现象,到底是合二为一还是一分为二?叶企孙对合二为一、一分为二很感兴趣,他发表了一篇文章——《关于自然辩证法研究的几点意见》,特别谈到一个持唯心观点的自然科学家也能够做出重要的科学成就,他举了很多例子。当时讨论当中只允许唯物不允许唯心,要求大家做研究、做工作都要以唯物主义做指导,不要唯心,在某种意义上也是对的;但是如果研究的是心理学那是唯心还是唯物,人们思考问题、提问题是唯心还是唯物,也不是完全唯物就是一切,什么事都要去想想是唯物主义还是唯心主义。叶先生的观点一提出就引起了震动,本来这时候就要对他进行批判,要开展全国性的批判,可是批判他的都是他的学生。那天叶先生也去了,去了以后要他谈谈唯物、唯心,他说他认为唯心的观点也能做出成就,普朗克、马赫做出的成就很大,不一定唯物,做成就是做成就,做学术是做学术,你之前的思想跟现在毫不相干,如果说你之前在做一个课题,先想我是唯物、唯心,你的课题肯定做不好,做不出来,课题直接去做,信仰是另外一回事儿,你要纠结在这一块就完蛋了。

讲到他的学术研究与学术成就,包括参加辩论是很重要的。他培养学生有很多经验,他怎么培养出这么多学生,怎么创建了一流团队,我现在觉得很重要的一点是他跟学生的关系就像家人一样。他本身很平和,讲完课会说,没事我们一块去吃饭;到自然科学史研究所去讲科学史,讲完带我们去吃饭,第一次他带我到新桥饭店去吃西餐,我才知道牛排,当时都不知道怎么吃。他就是这么平和,你要到他家里去,他就给你讲故事,讲科学知识。

他培养学生有几条经验。第一个是他创建团队。团队很重要,他在建团队方面聘请了赵忠尧、任之恭、吴有训、张子高、熊庆来。他为了团结这个团队,请吴有训来,他说吴有训比他高,所以给他定的工资比自己的工资高,他自己拿350块大洋,给吴有训400块大洋。第二个是他有自己的教学方针,他几次在《清华大学学报》上发表清华大学物理系的方针,提出三条:一个是重质不重量;一个是每个班人数不能多,14人以下,讲得清楚,学生也听得清楚，学生听不清楚马上问也就清楚了；还有一个是大学里面只讲基础知识，只要基础知识参透了你出去应用才能发挥好，你要在大学里讲非基础的东西，在物理课上讲了很多将来的激光、导弹，甚至是怎么应用，讲是讲了，但学生不知道哪个是重点。但有了基础知识以后，能够想到光学、激光是怎么回事儿，是吸收还是放射出来能量，这就是激光，自然就想办法做这些东西。他只讲基础知识，不讲其他更多的东西，更多的东西由学生自学，这是他的教学方针。

他培养了大量优秀的学生，不是因为像大家说的叶企孙碰到了出人才的时代，杨振宁、李政道，更早是王淦昌，"三钱"都是他的学生；王竹溪，半导体研究所所长；林家翘，当时研究天体物理计算理论的时候非常有名；戴振铎在无线电天线理论研究方面很有名。对他培养学生我还有一些亲身的体会，比如说他非常关心学生，不仅是在单位里、学校里，毕业以后介绍他出去工作，事后还经常会写信联系，询问学生的情况。有一个女学生，从清华大学毕业以后被分配到河北附近当中学老师，半个月后叶先生收到一封来信，学校说我们很欢迎你们的学生到我们学校当老师，但你介绍来个女生，学校就一个男厕所，我们学校没钱给她盖女厕所，怎么办？叶老就说再想办法，先回来吧！最后叶老捐钱给那个学校盖了女厕所。

1960—1962年三年困难时期，叶先生有一份教授配给，一个教授一天一罐奶，他自己不喝，当时很多困难学生病了，他就将学生轮流叫到家中说："今天到我家里来一下。"进了家门就让学生把牛奶喝了，很多人都喝过叶先生家的牛奶。

他对哪个考生更好有自己的判断，也很有判断的技巧，他看人就看他有没有培养前途，而不是看他是不是考了一百分。1964年有三个人报考他的研究生。第一个人已经是助教和讲师，考的成绩最好。第二个是自然科学史研究所的，1960年困难时期每个单位都要裁减人员，最少裁一两个，自然科学史研究所当时裁了26个人，包括行政人员、书记、人事干部、档案管理、打字员等，第二个人正好是在三年困难时期被裁掉的，单位领导当然很希望他能把这个人招回来。第三个考生是当年的大学毕业生，1964年从武汉测绘学院毕业，他的成绩在三人中不是最好也不是最坏的，但是其中有一道题的解法是叶企孙都不知道的，解题正确。叶先生看了以后说："这三个我就要这一个。"后来我知道因为这个人是武汉测绘学院毕业的，他学的是大地测量：测量道路多高，楼要盖多高，叶先生是讲天上两个物体之间、两个天体之间怎么测量，他用测地的方法来测天，都是测量，实际上画在纸上是一样平面的东西，你只要把概念弄清楚了，能在纸上画出图，再测量它，就解出来了。所以叶先生就要录取他，他竟然用测地的方法把出的题解出来了。他既跟行政人员不一样，参考的考生成绩又不一样，他觉得他可以造就，能培养。后来这个人真的做得很好，不仅当了所长，还在天文学研究方面获得成就。这也是叶企孙先生在招人方面的一个特别的例子。

我自己跟叶先生的接触很多，我觉得最主要的是他让我不要放下学习。1964年9月报到，我8月底就到了所里，到叶先生那儿没到一个月，9月底就开始下去搞"四清"。叶先生把我们叫到一块要给我们上课，要给我们讲英语，讲科学史，他一听这个情况，没办法，就说你们好好下去听领导的话，回来我给你们补课，你们也不要着急。最后拉着我："念祖你带一本字典在书箱里，万一有空的时候看看字典，别忘了带一本外语字典。"我真听叶先生的话在书箱里面放了一本英汉小字典，还带了一本英汉自修教材。我们回来以后运动已经开始了，1967年他因为熊大缜的案件被牵连，进了"牛棚"。我再见他是1973年四五月间，才知道叶先生被放出来了，我可以去看老师了，这时候才跟他再次相见，他来给我补课，我们在一块儿谈了很多事情。

一直到"文化大革命"结束，到他1977年1月10号昏迷，过世。他过世后，人家告诉我，说叶先生过世了，没有去送他最后一程，我感到很难过。

他对抗日战争做出了很大贡献。当时叶企孙、熊大缜跟阎裕昌到了冀中根据地，帮助吕正操的部队造手榴弹和地雷，大家看过电影《地雷战》，熊大缜和阎裕昌在冀中根据地制造出地雷来，打地雷战，炸死了日本侵略者，轰动了中国，才有地雷战。1936年12月，叶先生本可以休假到欧美国家，公费在那里疗养，但是他没有走，而是留在天津，跟学生一起募集资金，购买铜、铁、各种武器零件和各种冀中抗日战争需要的其他东西，并运到冀中去。在这个过程当中，他自己的工资都花了，梅贻琦校长交给他10万块带到西南的基金，他在天津用于抗日，购买武器等。他从天津坐海船到香港再转到重庆，在香港的时候让蔡元培介绍他去见宋庆龄，希望能从宋庆龄那里拿点钱再寄往冀中，让他们买枪炮抗日。从香港再到重庆、云南昆明的时候，他写下了冀中抗日状况介绍，讲到冀中抗日怎么好，现在看在那个环境下写下这篇文章很了不得。我给大家念一段文章和他的想法，他说："冀中区至今还急需技术人才去参加工作，尤其是能作炸药的化学者，能在内地兴办小工业的化学者及工程师，兵工技师，无线电技师，各种机匠，医生，看护士，能管理银行的专家，及能计划如何统制输入与输出的专家。有志去参加这些工作者可无须顾虑到旅途的艰难。据作者所知，到冀中去的旅途上实在没有多大危险。"他写这篇文章号召大家去中国共产党领导的冀中抗日根据地去。这篇文章不仅以中文发表，后来还在《京津泰晤士报》（英文版），还有美国《亚洲》杂志以英文出版，其中还有吕正操将军的照片。他在文中还建议，美国总统罗斯福直接与中国共产党联系系统作战。

他这样一个教育家、爱国者，值得我们学习，希望今天能有更多像叶企孙这样的学者、科学家、教育家出现，更希望现在有更多这样的爱国者，能判断世界形势，真正成为老百姓的"儿子"。

谢谢大家。

储朝晖：非常感谢戴老师，他把很多历史讲得很细、很具体，包括他自己跟叶先生直接的交往。今天的活动是以中华教育改进社的名义举办的，由外研书店支持，非常感谢外研书店。

今天几位媒体的朋友也来了，《中国科学报》、人民网、中国教育电视台，他们知道纪念活动这个消息以后特意赶来，觉得这件事情确实有价值，做一些宣传，让更多人知道，感谢媒体朋友们支持。

我在刚才戴老师讲的基础上讲讲我对叶先生的认识。我原来是学物理的，当时不知道叶先生这个名字，我们学校1982年时就想开一门物理学史的讲座，结果找不到一个可以做讲座的教材。我在学校做校广播站编辑负责人，有意找一些史料在学校广播站广播，在广播的过程当中，找到叶先生的一些东西，我们对叶先生更感兴趣了。2012年，我策划做了一套《20世纪中国教育家画传》，做这套画传的时候我们就在反复地挑选传主，哪一个人能够成为20世纪的教育家，我采用的办法是由教育史专业的人投票海选，票数在前面的就算 20 世纪中国的教育家。结果很多人都投了叶先生的票,我们第一期做 10 本的时候没把叶先生放进去,后来又增加了 4 本,在 14 本里就有叶企孙。

当时遇到的问题是谁来写叶企孙,我四处拜访,也找不到一个合适的作者,最后决定由我自己动手写。在写《叶企孙画传》的过程当中,我把能看到的跟叶先生相关的资料,包括《叶企孙文存》总共六七本书认真仔细地看了。整个梳理下来,我感到对叶企孙的基本判断就是我刚刚讲的"三个好"——好学生、好老师、好国民。

作为好学生,我感到叶企孙从童年时代到他真正从国外回到东南大学任教,这一段是他做学生的一段,好在什么地方?我讲几个具体的案例。

在他童年的时候,他的父亲作为校长曾经跟黄炎培一起到日本去考察日本的教育,1902 年、1903 年他就感到中国两千多年传下来的教育存在的问题。所以他就想办新式学堂,不仅要读古代的经书,还要学习自然科学的知识,包括带领学生开展一些活动。叶企孙是一个比较文雅的人,他在小时候做这些活动并没有优势,并不是很出色,但是他后来在学习的过程当中开阔的视野一直保持了下来,这是我觉得他童年的时候好在这儿。

最近我们提倡学习传统文化,在传统文化被忽视的情况下这样做是有必要的;但是我觉得也要避免另外一种倾向,好像只要学了传统文化就行了,你就是好学生,这是错误的。所以,我跟很多人说我们要做有文化传承的现代人,立足点是做现代人,我们学传统文化是让我们有文化传承,不是学了要成为古代人,叶企孙童年时的定位是在这个范围内的。

叶企孙的爷爷收藏了很多东西,包括一些古书、字画,他童年时候受这些影响,甚至后来他到清华学校上学以后,回家以后还专门晒那些字画,他利用假期整理梳理、编出目录。在清华大学,我觉得他作为好学生有这样几个表现。第一个是他不仅看书本,还参加了很多活动,当时他参与组建了科学社,我发现很多大家都是在他的人生早年参与某一个自己感兴趣的社团。参与科学社,章程是他草拟的,其中几条内容我们现在来看依然是非常有价值、有意义的,包括他当时讲切实求学,我们只做研究,还有其他的规则,不参与宗教、不参与政治,这些都是很有价值的。

作为一个学生,他跟当时的出版界、媒体就有很多联系,美国的期刊每次出竞赛题他都积极参与，而且几次都拿到奖了。他跟当时的商务印书馆都有联系，在学生年代视野就这么开阔，不是一个死读书的人，不是一个仅仅看书的人。其中最有意义的就是他看历史，并不是看了就相信，而是把这些东西拿来进行考证，考证以后发现不对就写出文章来，在当时《清华大学校报》上发表，这是现在我们的很多学生做不到的，但他在本科阶段就能这样做。他在清华大学上学的时候，大学二年级之前就已经在校报上发表了很多文章。

他到美国留学之前做了一个足以显示他当时是个好学生的工作，他把中国此前到美国留学的学生有多少、学的什么专业列了一张表进行分析，这个分析很有价值，为他自己接下来到美国留学怎么定位做参考。现在到美国或者其他国家留学的人不去了解具体情况，甚至很多人是父母让他去留学，他自己完全不想，你叫我怎么去留学我就怎么去留学，你叫我到哪儿去我就到哪儿去。他是经过自己分析再决定，这一点他跟陶行知有相同点，陶行知也做过分析。他分析中国到美国留学主要是学哪些专业，然后就发现真正学物理的人很少，当时只有三个。他后来为什么学物理，有几个方面的原因。他原来在清华学校学习一开始对数学感兴趣，对天文感兴趣，后来他觉得中国未来的发展还是要靠现代物理，而20世纪初世界物理学处于一个发展很快的阶段，他把这几个因素同时考虑，最终选择了学物理，这是很有价值的，是一般学生不可能做出的选择。

到美国去留学，一开始测普朗克常数，这也是好学生的标准。他打破了当时在整个现代自然科学领域里没有中国人名字的纪录，他测的普朗克常数使得中国人的名字出现在现代物理学里，有了普朗克常数的叶值，这一点是现在很多学生做不到的，而当时很多学生也做不到这一点。后来能够跟他一样实现相同目标的就是吴有训，也是通过做实验在国际物理学界获得认可的。

他对高压磁性的研究，刚才戴老师讲了退磁，我们上学时在实验室做物理实验也是这样的，你用磁铁做了一个测试以后，接下来另外的人再做就必然会受到前面的影响，没有去磁、消磁。那时我们用这种方法还不知道是谁发明的，原来是他提出一个物理学现在还一直在用的概念叫"磁中性"，要让磁铁是磁中性，再对它进行处理，才能得出准确的实验结果，这个也是很有价值的。他当时在美国留学，一下子就走到整个世界现代物理学前沿了。讲他是好学生就讲这些。

再接着讲他是好老师。他从国外回来到东南大学任教一直到去世都是以教师为职业，这里面有很多事不可能都讲，我讲我总体的感觉。我分析他是好老师最杰出的地方是他有很强的"教育感"。"教育感"这个词是我杜撰出来的，现有的词典里没有，什么叫"教育感"？就好像我们打球，哪些人能把球打好？球感好的人能把球打好；球感不好的人再怎么努力，花的时间再多还是打不好。他有很强的教育感主要体现在两个方面：第一，他对学生的了解非常深刻、细致、准确，主要通过和学生的交流，能够找到这个学生的优势在哪儿，哪方面潜能最有发挥的空间，这是最关键的。第二，当今世界上的现代物理学和科学前沿在什么地方，因为他不断地看物理学、自然科学期刊，所以能够有个准确的具体判断，前沿在德国的什么学校，他就把他的学生放到居里夫人那里去学习，这就能很好地把某一个学生在某一方面的优势和潜能有效地与这个领域能走到前沿的学者与学校对接起来。这两个方面准确对接是我所理解的他的教育感。因为他教育感很强，培养学生非常细致，对不同学生采用不同的对待方法，包括重质不重量，体现在具体的每一个人身上，所以能高效。

再一个体现好老师的是他对学生的评价很有独特性。刚才戴老师也讲了招人的事，只选那一个有发展潜能的人，这就是他的评价观，你分数高没用，要看你关键的某一点是不是优秀，这跟我们现在高考招生时只看分数高就选你恰恰是相异的。不光是这个事，还有几个具体的例子。一个是钱学森，钱学森当时在上海交通大学上学，考清华大学的公费出国留学时，其中有一门课是清华大学开了，上海交通大学没开，他的分数考得很低，清华大学的学生都能考 80 多分，他却只考了 40 来分。但是叶企孙并没有因为钱学森考的分数低就把他抛弃了，而是看到他试卷里某些题做得有可取之处，就把他招到清华大学来再学习一年。他告诉钱学森，我们国家更需要航天工程，建议他不要去学运输工程、铁道工程，而是学航天工程，更有潜力。钱学森依照这个建议转向学航天工程，这是决定他命运的一个关键性因素。还有一个例子是杨振宁，杨振宁要到美国去留学，一开始是王淦昌给他写的推荐意见写得很好,他也能去美国留学了。但是后来叶企孙与王淦昌一分析觉得不对,他应该学理论物理,就给他做了一下修改,他说杨振宁不适合做实验,这就很关键了,对后来杨振宁的发展指明了方向。这个判断是怎么做出来的?完全是根据老师对学生的了解做出来的。后来杨振宁在这个领域的一些非常杰出的表现印证了当初叶企孙的判断是正确的。李政道在叶企孙上电磁学课的时候在下面看自己的书,叶企孙走到他面前,不像现在很多老师要罚他怎么样,而是把李政道的书拿起来看了看,然后告诉李政道:"以后我讲的这门课你就可以不听了,但是实验你必须要做。"李政道的短板也在实验。后来李政道在上本科阶段就被推荐到国外去读研究生了。当时也是要推荐人,找来找去没有合适的,叶企孙就推荐了李政道,他出国的时候办理手续,很多人看到说:"你还是小孩子,怎么就上研究生了?"后来证明叶企孙看对了。

我们从教育评价上讲究专业的评价,其中就包括老师能对学生的状况做清晰的判断,而不是仅凭考试的分数这些外在的东西。

他作为好老师最关键的在于他真的爱学生,从清华大学物理系招收第一届学生到后面的学生,他们之间的关系都非常好,他能够通过跟学生的聊天了解学生。这里我讲一件事,在西南联合大学的时候学生要搞活动,当时叶先生去了,他想到这些学生在那里很苦,就买了一些糖果给学生吃,有的人舍不得吃。当时叶先生就讲:"你们必须要吃,分任务吃,你们不吃就是看不起我。"这件事我觉得很感人,为什么感人?因为我自己也有过这样一次经历,我在安徽上学的时候有一个数学老师叫赵振华,他也是反右的时候被打成右派,后来恢复工作,他当时做了一件让现在我们这些同学都很感动的事。当时电视机很少,他每天晚上吃完晚饭以后就到数学系办公室把电视机打开,不看其他的频道,不看"新闻联播",而是看英语教学的"跟我学",谁愿意看就来看,不愿意看也不会去叫你,但不准换频道,时间长了就有一波学生天天在那里看"跟我学",后来无意当中我们发现这些学生都上了研究生,都发展得比较好。等我们几十年回过头来再看这个老师,就发现他真是伟大,他天天吃完晚饭以后不干其他事,风雨无阻,就把电视机打开了,好像是无意的,其实是有心的。我毕业多年后有一次回到学校,他从后面看到我了,问道:"这不是储朝晖吗?"我转身一看是他,他说:"你今天回学校来了,你今天到我家吃饭吧！"他一定要拉我到他家去吃饭，我感到很为难，因为我没带什么礼物，事先也没准备到他家去。他态度坚定地说："你一定要吃饭！"师母那么大年纪做饭给我吃我还在犹豫，他也说了一句和当年叶企孙说的几乎一样的话，他说："今天这个饭你一定要吃，你不吃就是看不起我。"后来我再看叶企孙讲的这个话，感受就更深了，师生之间的关系是这样的关系。他是好老师可以找出很多证据来，我写的《叶企孙画传》里有些已经写进去了。

再讲第三个好——好国民。为什么讲他是好国民呢？主要是体现在他对国家承担的责任上。我今天没有用另外一个词，没有用"好公民"这个词，因为那个时候还谈不上公民。作为国家的一员，他是一个很好的国民。我讲几个具体的事。第一个当时王淦昌是他的大弟子，他是第一个被招到清华大学物理系的弟子，当时一些学生搞运动，被镇压，王淦昌晚上跟叶老师说了这个情况，当时叶企孙非常生气，他讲了一个词我觉得非常重要，"你知道你的使命是什么吗？"当时叶企孙非常清晰使命是什么，而不是说你去向前冲、喊口号就行了，这个是影响王淦昌后来一生的关键性因素，他一定是在认定自己的使命基础上做自己该做的事，而不是简单地喊喊口号。这个问题直到现在我们还没有解决，我们很多的人，不知道自己的使命是什么。有的可能是为了眼前的利益，包括我们很多人申报课题、做项目、拿奖、评职称，对这些东西很在意，但是没有想到自己的使命是什么。我觉得他作为一个好国民，对自己的使命非常清晰，也把明确使命这点教给学生，让学生知道自己的使命。就这一点支撑了后来的"两弹一星"。我讲一些更细节的东西，当时美国在实验第一颗原子弹投放的时候发了函给中、英、法等国政府，说我们要搞这样一个实验，期望五六个世界上比较强的反法西斯国家来观摩。当时与叶企孙关系密切的萨本栋正好听一个同乡私下里跟他聊过这个事。萨本栋当时在中央研究院，他觉得这个事太重要了，他就跟叶企孙说，叶企孙的学生们就在一起交流，觉得这事一定要去，后来就派了赵忠尧去。赵忠尧当时在中央大学任物理系主任，他去观察了实验以后，能做出一个判断，这次爆炸是多少当量的，这个爆炸有多少意义，这个时候他就想做中国的原子弹。他就在美国到各个学校去打工，中国政府也给了他一些钱，但是钱不够，就打工买些零件回来做原子弹。零件买的差不多要回来的时候，已经是1949年以后的事了。当时他为了不引起美国军方的注意把这些零件装回来，就把这些零件拆开，用小箱子杂乱地像装垃圾那样装回来。回来途中，首先是美国出境的时候受到检查，人家查来查去觉得没有问题，这些东西看起来都没有什么相关性，因为不专业的人搞不清楚。后来船到了日本以后，再次下令查，在日本又停了一段时间，又被查了一段时间，最后还是找不出什么问题。拉回来以后，这些零部件组装起来对中国建"两弹一星"起了训练团队的作用，团队就是用这些零部件组建起来的机器去训练出来的。如果没有这样一个环境，后来的"两弹一星"在技术路径上完全不可能，后来包括他的团队里很多都是叶企孙的学生，跟这个有直接的历史渊源，这是他承担国民责任的重要表现。

第二个是抗日战争的时候他勇敢地站出来。抗日战争那些事他完全可以不参与，因为他就是一个教授，你让一个教授承担打仗的事，承担怎么去解决抗日根据地的通信、炸药这些问题，他哪能解决得了？但他不仅参与了，还把自己的钱捐出来，把清华大学的基金"违规"捐出来了。作为一个好国民，我认为还体现在1951年以后他的一些表现，他当时是清华大学校务委员会主任，他遭遇的包括各种各样的委屈、对他的各种各样的态度，如果他没有想着这个国家，完全可以抗争。当时有两个典型的人，一个是饶毓泰，一个是他，后来他的学生归纳这两个人的品质都是"钢"，只是饶毓泰想不通，物理学本身就是科学的一部分，为什么要对做物理学的人这样对待？但是叶企孙是坚韧的，有人说叶企孙是有弹性的"钢"，社会对他怎么样他能有韧性地回应。后来他的亲属告诉他，治病可以多活一段时间，他说，多活一段时间干吗，后来都是国家的负担、社会的负担，有的人多活了反而成为国家的罪人了；如果他去世得早就不会对国家造成伤害，但是因为去世的晚所以对国家造成重大的伤害了。

我觉得他是一个好国民，这点需要我们更多人去了解、发现。为什么我讲这三个"好"？因为对我们现在，对我们当下的人，当下的社会有好处，这个好处就是让我们认清楚一个基本的事实，认清楚要怎样做才能够让国家发展得更好，让我们的人民有更幸福、更有尊严的生活。

戴念祖： 我在"文化大革命"期间经常去看叶先生，他从牢房里出来以后我去给他拜年，有一次他知道我要去，就准备好点心、巧克力。有一年我是带着我当时四五岁的女儿去的，他拿出一盒子的饼干、巧克力。他家里有一个保工姓周，帮他料理家务、做饭，我们都叫他老周，这个人从20世纪30年代到70年代一直跟着他，老周五六个子女就相当于是他的子女，都是叶先生拿钱供他们上学，一直到大学读完。有一次春节我去了，买了一桶饼干巧克力，孩子坐那儿他让她自己拿，他说"不要听你爸，你自己拿，能拿多少拿多少"，孩子一听这话高兴了，手伸进去猛一抓，三块，高兴极了。我说你还不感谢爷爷，她趴在他的腿上，我第一次看叶先生笑得那么自然，那么甜，也像孩子一样高兴。20世纪70年代没有照相机，当时没有照相很可惜。我后期到他家去，他要教我学英文，讲物理学史、希腊史、阿拉伯天文学史。我就跟着他学，我说我先念给你听听，口感确实很重要，很多人学了英文以后口感没有，跟人家一交流自己都听不懂，自己说出来不是那个味道。叶企孙先生说起英文来一点不结巴，说起中文来反倒结巴了。

我一般骑自行车从建国门外现在友谊商店的对面到北京大学叶先生家，我们谈一会儿话，差不多四点多钟，就开始吃点小点心，他总会事先准备点东西。那时候他没有全工资，一个月工资120—150元，当时我的工资是56元。他本来的工资是三百多块钱，还有人大的代表一百多块钱，所里兼职是一百多块钱，他一个月大概五百来块钱，因此他到我们所里很热心地请我们吃饭。到他家时，他就让老周准备饭，一般我到五点多骑车回来，还要去学校接女儿，没有那么多时间，但是看叶先生有时候也很孤单，要是真的在那儿吃饭，他很高兴，就夸："老周你做得好！"后来网上传的一张老人背包乞讨的彩色照片有人说是叶企孙，那不可能是叶企孙，他不可能那么穿衣服。那时候就没有彩色照片，叶先生从来没有这么大的一个布书包，他总是夹着两本书，如果夹着两本书我怀疑是他，背着大书包绝对不是，他就没有这个做派。这些事拿出来讲也有损他的形象。他那时在北京大学被监护和审查，不可能随便出来活动，即使后来活动，他肯定手里夹着书，见了同学、学生说说话。

储朝晖： 他有一段时间没有工资。

戴念祖： 他刚被放出来那几天，北京大学财务部门没有接到通知给他发工资，北京大学的很多老师，包括他的学生，要借钱他都会施以救助。

储朝晖： 今天还有几位《叶企孙文存》的编辑老师，您介绍一下。

戴念祖： 李艳平老师，首都师范大学物理系的教授，她做了很多工作，重要材料、文章都是她收集来的。还有刘树勇老师、王士平老师。

听众甲： 我们想问问，您这个系列讲座计划了几次？大概什么内容？

储朝晖： 三次，今天是第一次，主要我们想比较通俗一点，用"谁是叶企孙？"为题。第二次是5月20日下午，我们讲"叶企孙与我"，到时候请戴道生老师，还有另外两位叶企孙的学生一起来。第三次是6月，我们讲"叶企孙与一流大学"，想联系王义遒老师，其他人还在联系。7月16日是叶企孙120周年诞辰的纪念日，但是16日是周一，我怕很多人可能来参会比较困难，就选了7月15日开会，希望各位感兴趣的尽可能参与，能够写文章的也尽可能写，我们最后会把文章结集出版，整个计划是这样的。

我也讲一下纪念会的发起过程，2017年人民网做过一次"叶企孙与一流大学"的访谈节目，叶铭汉先生、王义遒老师和我去了，当时我就问叶铭汉老师，2018年是叶企孙的120周年诞辰，有没有可能搞纪念活动。

这个时候我就想我们能不能承担，我们中华教育改进社是1921年由蔡元培、陶行知建立的，1927年以后变成陶行知办的晓庄学校了，1931年晓庄学校被封闭了，后来基本上中断了。因为我从1981年开始研究陶行知，后来专职做陶行知研究工作17年，包括任《陶行知全集》专职编辑。我参加陶行知研究会的很多活动，包括中国陶行知研究会1984年在安徽歙县开始提议成立，第一次开座谈会就在歙县开，我都是见证人。2005年以后我任中国陶行知研究会副秘书长，我多次提出来中国陶行知研究会要向现代社团改革，不能搞成一个官方的开会排排座位的形式，要真正地为教育改进做一些事，结果每次讲的时候大家都认为讲得很好，但是做不起来。在这种情况下，2011年我就召集一些志同道合的人恢复了中华教育改进社，主要是做专业的教育改进。

当时我就问叶铭汉老师，能不能用我们中华教育改进社的名义来做这个活动，他说："那好，我支持！"他很积极，他请李政道先生题字也发给我们了，支持我们这个会。

  这次活动中，首先我联系了戴念祖老师。大家都感到很有价值，很有意义，在首都师范大学开了一次预备会。还有东南大学、中国科学技术史学会、中国物理学会等机构联合起来办这个活动，活动的具体日常工作由中华教育改进社来召集一些志愿者做。

  今天就到这里，非常感谢各位的参与，谢谢各位，感谢戴老师，还要感谢外研书店。

叶企孙与我

主讲人：张之翔　钟文定　戴道生　主持人：储朝晖
（时间：2018年5月20日，地点：北京外研书店）

讲座进行中

付帅：尊敬的各位嘉宾，各位读者，尊敬的各位老先生，欢迎大家莅临外研书店，特别荣幸，储朝晖老师让我代表承办单位来开个场，我是北京外研书店的副总经理付帅，非常荣幸由外研书店来承办这场活动。我简单讲两句这个活动的由来，我是在2010年从北京大学毕业之前看到柴静写的叶企孙的一篇文章——《而我却今天才知道他的存在》，看到那篇文章后，我非常震撼，因为 2010 年毕业我到出版社做编辑，也有幸做了很多名家大家的作品，那些老先生们回忆，西南联合大学的文章里基本上都会提到叶企孙先生。2015 年我到外研书店之后就希望用书店的平台多做一些有益的活动，所以在 2017 年 9 月 10 日教师节，也是我们这个书店搬迁一周年之际做了一场关于精神、道德教育的讲座，请了储朝晖老师、蔡元培先生的孙女蔡磊砢，还有梁漱溟先生的两位孙子，我们一起来纪念蔡先生到北京大学当校长 100 周年。这个活动也让我有机会结识了储先生，储先生告诉我们 2018 年是叶先生诞辰 120 周年，我们就强烈地期待能够一起为 120 周年做几场活动，储先生把纪念叶先生大会前的三场讲座放在了我们书店，也是我们特别大的荣幸。我们的三场讲座分别是"谁是叶企孙？"，已经在 4 月 23 日世界读书日的时候举办了；今天的"叶企孙与我"，请到了叶企孙先生身边的几个学生；还有下一场的"叶企孙与一流大学"。我就不多说了，下面有请储朝晖老师上场。再次感谢各位老师的到来，也预祝今天的活动圆满成功，谢谢大家。

储朝晖：非常感谢外研书店给我们几次活动的支持。我介绍一下今天到场的几位嘉宾：张之翔老师 90 岁了，戴道生老师、钟文定老师今年都是 88 岁，非常感谢他们这么高龄还参加我们的活动。他们都有一个共同的特点，都是叶企孙先生的学生。今天到场的还有北京大学原常务副校长王义遒老师，他也是叶企孙先生的学生，他是下一次我们讲座的主讲人，一并欢迎！

今天我们的主题叫"叶企孙与我"，为什么选择这样一个主题呢？当时我考虑这个"我"字有两个含义，一个是直接与叶企孙交往的"我"，就是你们三位；还有一个是更广义的"我"，就是我们当下社会所有的人，讲讲叶企孙与我们当下所有的人这样一个"我"的关系。还是先请三位分别介绍一下你们直接接触的叶企孙，就是讲讲你们亲历的这样一个"我"，好不好？

张之翔：我是叶先生的学生张之翔，让我来参加会，只是告诉我是叶先生的会我马上就答应了，因为叶先生对我们来讲非常重要，是我们国家的现代科学物理学的老者。我是 1950 年上清华大学的，1951 年在清华大学的时候他还没有教过我们，到了 1952 年院系调整时，我们和叶先生都被调到北京大学，叶先生教我们几何光学。有一次叶先生出了一道题：一条光线射到一个玻璃球上，这个玻璃球的半径已知，算一下初射光线，这是很容易的一道题，可是我们班上绝大部分人都算错了。叶先生本来平常很和蔼，可是这次在课堂上就很气愤，他说："你们不像话，这样的题你们都算错了，不是你们不会，而是你们不认真，根本就不想认真地去计算，学物理不认真是不行的。"说得很严肃，很认真，大家都觉得实在惭愧，所以就回去好好地仔细地接着重算了以后再交上去，叶先生看了以后觉得很满意，表扬我们说就应该这样，做物理就得认真，你不认真那是不行的。这件事情给我们班的同学和我自己留下的印象非常深刻。

我毕业以后就留校做助教，住在北京大学未名湖北面的全斋，全斋靠着未名湖，挨着后头就是叶先生住的房子，所以我们跟叶先生常常见面，在路上也能经常碰着。叶先生很爱学生，爱生如子。叶先生没有结婚，没有孩子，他真是把我们每个同学都当成自己的孩子一样地爱护，常常有学生到他家里去，他都很欢迎，而且鼓励我们到他家里去，他住的房子比较宽敞，所以有时候就让学生住到他家里。在清华大学时就让孙良方住他家里，到北京大学以后又让杨海寿住到他家里，梁宝洪先生从东北调来没有地方住，他就把房子腾给梁宝洪先生住。叶先生自己对生活要求很低，但对我们这些学生非常爱护。我们班同学毕业的时候，叶先生把我们请到他家里，拿出东西给我们吃，跟我们聊聊家常，问问每个人家里的情况，让大家写下自己的名字，并留下通信地址，他的脑子里都记得这些东西。他以后常常拿出来跟这些学生联系，所以有很多比我高年级的学生都跟叶先生有联系，而且叶先生知道有些人家里困难，还私底下接济他们。

我家到他家就两三分钟的路，所以每个节假日我都会去看望叶先生，到他家里坐坐，有时没什么事就聊聊，他很亲切，会拿点吃的让大家吃。我有问题就去请教叶先生，我在做助教时，在物理学教学中经常碰到很多问题，自己没法解决就去找叶先生。1954年，我在翻译兰斯别尔格的《光学》（下册）时，其中光的微粒、牛顿光学的微粒学，有的时候很容易透过去，有时候会被反射，叶先生很细致地为我解答。遇到学生学习和工作中的问题，他都很耐心和细致地讲解该怎么做，比如用热力学定律处理基础物理的计算问题。他对我们讲，要趁年轻没有成家的时候赶紧掌握一些物理学的前沿知识和难题，把相对论、量子力学等研究成果研读好，趁年轻的时候把一些难题拿下，年纪大了就比较难了。在叶先生指导下，我们平时要查找哪些资料、学习要看哪些参考书，他都为我们列出很详细的文章，要我们读宏观理论框架，再补充其他资料。

叶先生对我们的生活也是很照顾的，在困难时期，我人很憔悴，叶先生就叫我到他家里分喝牛奶和分吃面包。后来叶先生被捕，1971年我下放后回到学校，就找宣传队说明想去看叶先生。叶先生住在二公寓，坐在藤椅上，脚已经肿了，很老态，已经认不出我了。

在我心里，叶先生无论从人生、学问各个方面都是我们的榜样。对我们国家来讲，叶先生最大的功劳就是把物理学移到中国让其在中国生根了，这一点是非常重要的。我记得我讲过，一个人如果要获得诺贝尔物理学奖并不是太困难，只要有条件，有好导师，好机会，他就有机会。而把西方的物理学拿到中国来在中国生根是件非常难的事情，比得到诺贝尔奖还要难，为什么呢？因为国家根本就没有物理学的根基，就没有这个概念，所以要让西方的物理学在我们国家生根、开花结果，这个就很难很难了。叶先生他自己做到了这点，他到美国去留学，学了以后回到清华大学，办了清华大学的物理系，大家都知道许多的院士，特别是"两弹一星"元勋中大部分都是叶先生的学生，或者是叶先生学生的学生，叶先生的功劳在我们国家是凸显的，所以我觉得我们纪念叶先生真是很好。十年以前我参加叶先生诞辰110周年纪念会写了两首诗，我再念一下，第一首：百载光阴又十年，神州新旧两重天，先生师表高千古，伟绩丰功耀史篇；第二首：北大清华两校邻，春风化雨记犹新，先生典范光芒在，长照中华启后贤。好，我就讲这些。

储朝晖：好，谢谢您。张老师对叶先生记得非常准确，把几十年以前的事讲得很详细，我也是学物理的，您讲得非常清晰，非常感谢张老师。

储朝晖：戴老师，您先说吧！

戴道生：我是1951年进清华大学的，是叶先生在清华大学的关门子弟，在清华大学物理系的时候叶先生并没有教过我。回忆一下，叶先生在清华大学从1925年到1952年的27年是他在整个物理界非常了不得、非常光辉的一个时代。他1918年从清华大学毕业开始到芝加哥大学学习，后来在哈佛大学攻读博士学位，1923年年底回国后到东南大学任副教授，一年后到清华大学，从1925年开始创建了物理系，还创建了理学院，到1929年第一个毕业生王淦昌毕业。大家知道王淦昌是在我们国家氢弹、原子弹方面做出巨大贡献的一个功臣。叶先生在这二十几年中培养了非常多且很有名的大师，包括钱学森、钱伟长等，"两弹一星"元勋中有一半以上是叶先生的学生或学生的学生。还有一些没有获得"两弹一星"勋章，但是他们由于叶先生的教导，仍然是对中国的气象、军工等方面都有非常大的贡献。所以叶先生从一开始从事教育就有个理念，就是要用科学拯救我们国家，那时国家非常贫穷，科技落后，生产力也很低，用这个理念来培养优秀的科学家，来发展我们的科技，壮大我们的国家，叶先生他是做到了。

叶先生于1925年在哈佛大学读博士时是研究磁学的，所以回国后在北京大学创建了磁学专业，我是该专业第一届的毕业生，深受他的教导。叶先生有个很大的特点，他的古文很好，他到国外去学习，读了博士，受西方的教育也很深刻，应该说他是学贯中西，因此他的教学理念中有中国的传统，有教无类，不管你是什么情况，我都认真地教，因材施教，很会看你适合干什么。举两个例子，大家都知道钱学森很有名，他20世纪30年代初是在上海交通大学机械系学习的，到美国留学前在清华大学由叶先生辅导了一年，他忽然发现钱学森不应该去学机械，而是应该学航空空气动力学，就建议他改行。钱学森到加州理工大学学得非常棒，而且很适合这个专业，所以回国后对国家的贡献很大，这说明叶先生很有眼光。包括钱伟长、华罗庚都跟叶先生有很大关系，因为钱伟长当年进的是清华大学文学院，他想学物理，费了很多周折，叶先生后来说："行，你只要一年物理念得好，我就同意你转学。"结果钱伟长最喜欢物理，一年后各门课都过了70分，就改学物理了，也学得很好。大家都知道华罗庚只有初中学历，但数学成绩非常好，叶先生看到他在日本发表的文章觉得不错，就邀请他到清华大学物理系数学图书馆来工作，同时可以在清华大学听课，后来又可以在清华大学当助教，最后送他到英国去学习，这就说明他因材施教。

前面讲了他在物理上重视实验，理论与实验并举，对一个学生应该怎么做的概况。再讲讲我自己对叶先生在教学方面的体会，从四年级的时候叶先生开始教我们课，我大学毕业就留校做助教。做助教的过程中叶先生给了我三个任务。第一个任务是四年级的学生有毕业论文，叶先生主管，让我帮助他做实验。学生的任务就是做一台测量磁性和基本量的设备，1955—1956年，物理学的实验设备是很落后的，而且很稀缺，要自己模仿做一台，一个学生跟我这个助教一块儿做，我的任务是要搞图纸、搞加工等。叶先生每一步都对我们进行指导，这些东西哪些是关键，非常重视实验，做完了之后组装测试、测量，要求要高低温，从液氮开始，到铁的熔点1000多摄氏度，要不会被氧化，要测得比较准，这样的一个过程要求动手、加工，当然不是我去加工，但是我要跟加工师傅一起，提出一些具体图纸上的要求，从实验上来做这些事情，把这些设备组装完成并且经过测试，做得怎么样叶先生都具体地指导。1955—1956年做出来，现在仍然在北京大学物理系磁学发挥作用。叶先生非常认真地指导我们去做，怎样去做一台设备，基本原理得懂，而且要会动手，自己会看图，会作图，会加工，这些精工都要学会，我觉得对我教育很大。你要做创新的研究就要实际的东西，包括怎么动手做，能做别人没有的设备，因为你买来的设备都是几年以前人家设计好了的，来个样品测一下创新老是做不出来，所以这些我觉得是非常关键的。

　　第二个任务是要我准备一个磁学分析的课。我一个助教什么都不懂，叶先生就把要准备哪些参考书、大纲都交代清楚了，要我去准备，每个礼拜都要检查进度，理解得怎么样，有什么问题。这使得我在磁学基础上、基本原理上得到了很大的提高。因为叶先生每个礼拜都一定要见面检查，都要问看到新的东西没有，有什么学科动态，我觉得这个对我是非常大的教育，一开始因为我的精力都放在具体工作上，只会你叫我干什么我就干什么，对科研理论与实际并没有一个开阔的思想。叶先生强调教学与研究要同时进行，你有什么新的东西？你不注意就无法发言，他问了几次你就不能一问三不知，那就非常糟糕了。所以，我慢慢地就养成了至少在要见叶先生之前总得跑到图书馆查一查文献，看一看当前有些什么新的进展的习惯。我慢慢觉得，科研与教学是不可分的，而且一个教员不能只教学，要懂得学科的发展，这样就开拓了我们的思想。人才培养过程不是死读书，要自己开动脑筋，掌握这个学科的发展动态。

第三个任务是到物理研究所独立做科研。叶先生强调一条：一个教员不能只讲课，你必须独立地做科研，你跟学生一块儿做毕业设计那不是你的独立工作，还要有一个独立的科研课题。老一辈的科学家对我们要求非常严格，而且真正是拼命，因为我们落后太多了。怎么去赶到世界前沿？我觉得叶先生在这些过程中都非常具体而且非常有原则。所谓原则就是方向性都要求掌握得很准确，具体哪儿不懂帮你查参考书，包括具体的设计，在这个过程中我就体会到过去叶先生在清华大学带学生时，为什么那些人能有很大的成就，应该跟老师的水平、老师的严格要求、言传身教以及他的教育思想理念是分不开的。我自己深深感到叶先生最大的特点是没有口号似的说法，但具体的做法很有一套学贯中西的明确的教学方法、教学指导。因为磁学要扩大，国家要成立五个专门大学，这个过程需要人，所以就把我送到苏联去做研究生，我感觉在苏联学习的过程中，在我做助教的过程中，由于叶先生教导，我还是很适应当时苏联的情况的，考试不是很困难就能完成任务，这些跟叶先生的教导有很大关系。所以，叶先生从培养一个个体到为我们国家培养了这么多人不是一件简单的事情，实际上是他一生的心血，对不同的人采用不同的培养方法。钟老师是研究生，我想他有很多体会。我就讲到这儿吧。

储朝晖：好，非常感谢戴老师。戴老师讲了叶先生为什么能培养出这么多杰出学生的必然性，也就是说，他的学生为什么能有这么大成就，戴老师讲出它背后的原因。钟老师，请您来讲。

钟文定：我是1953—1956年做叶先生的研究生的，毕业以后有三年叶先生派我到兰州大学向苏联专家学习，1959年回到北京大学，一直到叶先生70岁我们都在同一个教研室。所以，我跟叶先生的接触是很多的，就"叶先生与我"这样一个专题来讲，我有很多话要说，因为我跟他接触得很多。

今天我就准备讲三点，主要围绕叶先生是怎样培养我们年轻一代的这些细节。我对叶先生在清华大学的情况一点都不了解，有钱伟长先生和虞昊他们编的书《一代师表叶企孙》，还有些给叶先生写的传，前两年叶铭汉、戴念祖、李艳平把叶先生所有的遗迹整理出版了《叶企孙文存》，里面讲了很多叶先生过去的情况，这个我就不说了。我谈谈在做研究生这三年期间，特别是在做研究生毕业论文期间他是怎样教导我的。

第一个大问题，他教我怎样做研究生毕业论文，开始讲三点。

第一是定研究题目。我的研究生指导教师在北京大学是叶企孙先生，在当时的中国科学院应用物理研究所是潘孝硕先生，指导我论文的是上述两位老师。因为潘先生按辈分来讲是叶先生的学生，所以在指导论文过程中起主要作用的是叶先生，但具体工作我是在物理研究所做的。我在物理研究所有许多具体工作由潘先生来指导，在做论文的过程中，有三件事情我觉得值得提出来，很可能对年轻一辈是有帮助的。第一个就是定论文题目最重要了，当时给我定的题目是"高磁导率的铁镍合金磁性后效"。"磁性后效"这个名词可能大家不熟悉，我解释一下是什么意思，就是磁性随时间长短有变化，时间长的叫"后效"，时间短的叫"磁黏滞性"。我主要做的是时间短的，就是"磁黏滞性"。最后定的论文题目是"高磁导率铁镍合金的磁黏滞性"。为什么要定这个题目我当时是不知道的，因为我过去没有专门学过磁学，后来体会到了。

这里面有两个关键因素：一个是高磁导率材料是材料里面很重要的材料，这里面的铁和镍的合金含镍达到 77%以上才叫铁镍合金，不是随便的一个铁一个镍搞在一块就叫铁镍合金，这在材料里面算是前沿的，当时国内和国际上都不是很重视生产这种材料的研究。另外一个"磁黏滞性"讲的是物理效应，但是这里面研究磁性随时间的变化的测量方法，如果短时间的话有很多类，我们没做的时候当然都不知道了，做了以后大体知道一点儿。过了 35 年以后到 1985 年的时候，这个磁黏滞性的测量实验方法是证实磁性从宏观的微象到微观的量子效应到现在为止唯一的实验方法，1985 年以后就定下来了，到现在为止再没有哪个实验方法能够证明磁性怎样从宏观变到微观，我们 35 年以后才知道。当时叶先生是不是有预见性我们不知道，但是最后的结果是这样。我前一段时间看《叶企孙文存》中叶先生在做博士论文的时候研究的是高压下的磁性，那么他当时为什么要做这个工作呢？因为这是一个很前沿的东西，他当时选题时说："我做的题目所得结果三十年内还应该有效。"从《叶企孙文存》中讲的我才知道这个，所以说他做的事是很有预见性的，他做的工作几十年以内就没有人超过他。你做这个工作还要参考他那个工作，所以我从自己毕业论文定题目的时候联系到这一点，他研究问题的时候是很有眼光的。

第二是做论文时碰到困难或者出问题了怎样对待。我在做铁镍合金的时候需要通氢气,有一次在开炉通氢气的那头一拔的时候火把我的眉毛烧掉一半。因为每两个礼拜一定要到叶先生家里汇报情况,我老老实实跟叶先生讲"眉毛烧掉了",我是准备着受他夸奖或者受他批评的。最后他一点都没有责备我,反而讲他在做博士论文的时候也出过事故。他说出点事故不要紧,只要好好地总结经验。所以,大家可以学学叶先生的治学方法,以鼓励、表扬为主,出点问题吸取教训就行了,不要过多地责备,这是做论文时第二个给我印象很深刻的细节。

第三是怎么写论文。他有一个原则,他说你的论文用前10页写别人的工作,后15页写你自己的工作,按照他的这个比例来写,其他的细节、大纲什么的他一概不看,写好了以后提交答辩。我后来体会到这个工作细节精简到什么样的程度:你前10页都讲了,后15页你讲你自己的工作,那么你的前面都要精简,你的结果怎么样就清楚了,你如果啰啰唆唆一大堆就不得要义了。所以他讲得很具体,多少人做什么,他不是搞大框框一算,这里面有一个很重要的特点,他跟人谈话,如果了解的话他并没有很深的大道理,他讲了以后他的话、意见都很容易实现,都可以照着它做。关于论文怎么样做我就讲这三个小点。

第二个大问题,我要讲他是怎么样培养我们年轻人的。

做论文也是培养年轻人的一个办法,那么除此以外还有些什么?因为我做论文就三年,有很长时间跟叶先生在一块,在同一个教研室,他是教研室主任,我开始是教研室秘书,后来做教研室副主任、主任,就是说,我很长一段时间无数次在他的指导下工作,所以跟他接触很多。以前有很多人讲叶企孙对年轻人很好,不但是对我们这样的人,他就是对中学生都是很注意的。有一年暑假有一个中学生住在他家,他就在客厅里多摆一张床。你带小孩到他那里聊天他就拿糖果等好多东西给你们吃,所以,不管是小孩、年轻人还是中年人,他都是很爱护的。很多人都说叶先生请年轻人都是去馆子吃饭。张老师说他有病的时候叶先生专门给他订牛奶,你不知道那个困难情况,在那个时候年轻人哪能订牛奶?只有特殊的人才能够订一份牛奶。所以,刚才张老师讲的他那个情况下叶先生请他去喝牛奶,那是很大的人情,很有爱心才能够做到这样,他是在张老师的生命受到影响时候提供的挽救。他请我到外头吃饭或我早起到他家里面吃饭的情况也很多。

我现在讲业务的情况,他首先给我们年轻人打基础。我听过叶先生的两门课,一门是物理概论,一门是科学专题。听课的过程中他还要过我的课堂笔记去看,看看哪些地方记得正确,哪些地方记得错误,他就在上面批改,现在年轻教员或许很少能够做到这样。除了听这两门课以外,我还听了他 11 次科学报告,他为什么要讲这些题目,我们后来知识多一点就知道了他的用心是什么,但当时听的时候我是糊里糊涂的。在 11 次报告里面既有理论,又有实验;既有生产上亟须解决的问题,又有学科的前沿,还有一些中国古代科学成就介绍。

另外,他与我们几个年轻人制订出研究方向。制订出来研究方向之后,首先要做读书报告,四五个人每人一个题目,这个题目就是你的研究方向,一个题目讲三到四个礼拜,一个礼拜讲一次,一次三小时,很具体,这是培养我们的一大方面。还有一个方面,他认为物理的理论与实验结合是很重要的,学物理不做实验是不行的,因为物理从根本上讲是一门实验性的科学。他讲的都是很具体的,他说你每天应该看两页俄文,做题目的时候先找教科书看,先看教科书怎么讲,再去查文献。

第三个大问题,就是平时座谈。

每年他都要请磁学毕业的人到他家里,用茶水、点心招待,大家随便聊。座谈会我都参加了,我觉得有几点值得讲的地方。一个是中国古代科学,讲到《墨子》中的几何光学,讲到光的反射、投射、放大镜。还讲到指南针,这里面他讲到两点:指南针并不是真正地指向南方的,而是南偏东,在北京这个地区是南偏东大概 3°。这个现象早就发生了,最迟是 1099 年中国肯定把指南针用到航海上了,比欧洲早一百多年,他都讲得很清楚。他还讲指南针用到另一个地方,即风水迷信,他说这是不合适的应用。

另外,聊天的时候他还很注意社会上的情况,这里我讲两个例子:一个是 20 世纪五六十年代宣传水土保持,他在闲聊的时候就跟我说,在水土保持没有搞清楚之前黄河的水不应该是清的。他说水清的时候冲刷力比较大,下流的堤坝被冲刷得厉害,就发水灾了。当时提"一分为二"的时候,叶先生就写了《关于自然辩证法研究的几点意见》,提出来根据科学史上的情况,很多有成就的科学家,尽管他的世界观是唯心论的,但也取得了很多成就。当时科学界与哲学界都轰动了。

我还讲一个例子,也是在座谈会上,大概是20世纪20年代前期到20年代末,当时强调理论要联系实际,专业要跟以后的工作对口,在宣传中就有这样的倾向,把理论联系实际讲得很窄,讲得过头了。有个北京大学物理系毕业的学生,他磁学毕业后的工作不是搞磁学,当时社会上都强调专业对口,叶先生看到这个情况就召集磁学毕业分配在北京工作的人到中山公园茶叙,一边吃点心,一边观察。他一个一个地问大家毕业后做什么工作,大家反映自己毕业后有问题了,哪些要求专业对口过火的单位就知道了,接着,他就提出物理的理论分四类,第一类是基本唯象理论,比如力学、光学、电磁学、电动力学、相对论;第二类是基本的微观理论,比如量子力学、统计物理;第三类是物性唯象理论,物性指物理性质,比如物理学中的技术磁化理论等;第四类是物性的微观理论,比如磁学中叫磁性的量子理论。大家就去联系了,自己专业对不对口,理论联系实际就很清楚了。

这里说一下,他不但跟在校的学生吃饭,已经毕业的学生他也请回来了解情况。我统计了一下,1952年以后一直到1968年受到叶先生培养、听过叶先生讲课的,学磁学的本科生有162个,出了3名院士,其他人都是各个单位的权威、模范、主要负责人等。这不是我统计的,我是根据北京大学申报"211工程"学校的时候自然科学处的一个在职研究生的统计,他统计了1989—1993年这五年整个北京大学的情况,得出的结论是,磁学教研室是全校科研成果发表数量最多的。

储朝晖: 非常感谢!王老师也做过叶先生的学生,您也谈谈自己跟他做学生的事情吧!

王义遒: 我不是叶先生直接的学生,我跟戴老师是同班同学。我们一起于1951年到清华大学,1952年院系调整的时候就共同到北京大学了。我在清华大学的时候,"思想改造运动""三反五反"这种政治运动比较多。那时听说叶企孙先生是清华大学的元老,当时是清华大学的校务委员会主任,相当于校长。可是我那时候没有听过校务委员会主任的报告,却听过几次党委书记何东昌的报告。我记得 1952 年春天的时候,物理系教师开思想改造的会,我就去听了一次会。会上有人想到叶企孙先生,说他虽是清华大学校务委员会主任,但也是物理系的教授,怎么不来呀?于是就由高年级学生去他家里请他来开会,结果他没有来。去他家的学生回来说叶企孙在家里看宋词,并不是在处理学校的公务。于是,叶先生"只读宋词,不理校政"的说辞就传开了。1952 年院系调整时,我们就都到北京大学去了。叶先生当时给三年级学生讲一门物性学的课,那时听说以后要学苏联,可能就没有这门物性学的课了。说实话,我考上清华大学时对叶企孙先生并不太了解,我知道有钱三强先生,他发现了原子核三分裂,我很崇拜他。可是我到清华大学后从来没有见过钱三强,因为当时钱三强在建设近代物理研究所,就是后来的原子能研究所。到清华大学以后,我们的班主任钱尚武先生就常向我们介绍叶企孙、周培源,我才知道他们,并仰慕他们。我就想知道他们是怎样给学生上课的。我觉得到北京大学以后就听不到物性学这门课了,很可惜,所以三年级上课的时候我去"蹭"了一次课,想领略一下叶先生讲课的风范,我一辈子就听了这一节叶先生讲的课,当时也没留下太深刻的印象,只记得当时讲的好像是晶体、液体什么的。到了北京大学以后,我跟他就没什么接触了。他到北京大学以后除了在磁学教研室把磁学这个学科弄起来之外,好像在行政上没有担任什么大职务,这可能跟他在清华大学时"只读宋词,不理校政"的作为有关。所以我们见面也不多,就是有一次,我们当助教了,我跟戴道生做实验从实验室中出来的时候,在物理楼北楼门口正好碰到叶先生,他说我们一起去吃饭,我就跟着戴道生和他坐公交车到莫斯科餐厅吃了西餐。他对我们有很多鼓励,1956 年我跟戴老师要到莫斯科去留学,去苏联之前他专门请我们吃了一次饭,他说你们既然要到苏联去了,就要好好学习。

  1925 年他将清华大学物理系弄起来,到 1935 年清华物理系、清华理学院肯定已是中国一流的了。应该说 1925—1935 年肯定是中国物理学发展的最好时期。后来我看过严济慈写的一篇关于中国物理学发展的文章,当时清华大学物理系师生的研究论文占有相当高的比例,其次是中央研究院的,当然北京大学等学校也有。所以,他确实在办学上是很出色的。我最佩服他的就是,他跟同学们讲,我讲课不好,但是我给你们请来的老师都是好的,所以同学们听了以后一辈子不敢文人相轻,一辈子都尊重其他教授,这一点非常不容易。他知人善任,虚怀若谷地待人,这样的人非常少。另外一个就是他非常重视实验,他从德国请来的不是教授,而是一位实验技师。

储朝晖: 刚才几位都以自己的亲身经历说了跟叶先生的交往,叶先生怎么为人,怎么去教后辈,我觉得很有价值。今天我们还是围绕这个主题"叶企孙与我"。

王义遒: 我再补充一点。"文化大革命"的时候,因为叶企孙对人特别好,所以并没有受到太大的冲击,1967年年初我到他家里去看他,想看看在"文化大革命"这么乱的情况下,他过得怎样。我发现1966年下半年他家里还有人给他做饭,我也就放心了。可是1969年的时候我们就搬到陕西汉中去了,好像是1968年(还是1967年就开始)出事以后就不行了。

储朝晖: 好,谢谢。今天来的有很多不是叶企孙先生直接的学生,那么这样的一些"我"能够从中得到什么呢?就拿我自己来说,我原来也是学物理的,后来做历史,做教育史,我就感到叶企孙在教育家中是很独特的,他的独特之处上一次我讲了关键是他的"教育感"特别强。教育感主要指第一个是他对学生深入了解,第二个是指他能够把学生带到学科的前沿,他有这样一种特殊的素养。

我这里讲我跟叶先生的关系,我有三个"我",第一个"我师"。我从了解叶企孙当中学了很多东西,包括一些历史的、社会的、为人的,所以他是我师。他没有直接教过我,但是我可以私下以他为师。第二个是"我友",为什么要讲我友呢?实际上,叶企孙为人很亲和,了解他的一生的时候你会发现,当初他从东南大学有意地将自己的学生带到清华大学,跟工人之间有着平等的关系。比如实验员阎裕昌,按照原来的称呼就应叫他"听差",但是王淦昌有一次称呼他称呼得不太好,叶先生直接就跟王淦昌说你不能这样,你要叫他阎先生,显示他对任何人都很亲和,这样的人是能够成为朋友的。第三个他是我内心崇仰的人。我之所以花很多精力来研究他,就是因为我崇仰他。我受到陶行知的影响很大很深,因为陶行知讲每个人心中都应该有一个理想社会。我之所以研究和学习叶企孙,一个重要的原因就是希望我能够对叶企孙由崇仰变成对改善现实生活、现实工作有价值，这是我的一点感受。

接下来我们还想就两个问题请各位谈谈。第一个问题是在跟叶先生交往当中您认为最珍贵的是什么？第二个就是在叶企孙的学生当中那些优秀的与相对来说那个时候还没有表现出优秀的，叶先生是怎样对待这两类不同的学生的？其他的你们想补充的也可以接着再说。

戴道生：这个问题我不一定是正面地来说了，我从侧面说一下也许能说一点儿。我再说一下"文化大革命"中的叶先生。磁学教研室在"文化大革命"时期是个特殊的单位，可以说在中国来说非常特殊，为什么？因为没有分派。没有这一派那一派，唯独一派，都是一样的。为什么会这样？这一点我觉得跟叶先生的为人宽厚、一视同仁、完全是一律平等的相关。我们整个磁学界在叶先生的带领下，全国没有文人相轻，虽有各种差别但团结一致。叶先生为人师表、宽以待人、严于律己，对大家的培养都很好，包括他的后辈对待我们都非常和蔼，都很热情，没有界限，没有单位之间的高低之分，我觉得这一点是非常不容易的。

储朝晖老师说的情况，"文化大革命"期间的情况我具体说一点，叶先生实际上从分派到北京大学至1966年前生活是正常的。到了1967年暑假以后所有人都要去劳动了，我有一次在路上碰见叶先生，我问他去哪儿，他说要到煤场去；我说干吗？他说劳动；我说您不要去呀，他说没什么，活动活动也好。当时学生总的来说对他还是尊敬的，就是有些不明事理的人为了要革命，必须要他去劳动。

叶先生于1937—1938年这段时间在天津想尽了很多办法去资助冀中的抗日根据地，当时冀中的地雷战实际上打得非常好，好到什么程度呢？好到日本人都非常惊奇他们为什么会有遥控地雷，你们想一想这个技术当时似乎不可能，后来演的那些电影里遥控没有了，最多拉个绳子就了不起了。原因就是叶先生动员了北京大学、清华大学、燕京大学搞化学的、物理的人，像汪德熙、林风、阎裕昌等好多人到冀中参加抗日，而且叶先生坐镇天津花了好几万大洋资助，当时黄色炸药就做成肥皂那个样子运到冀中。阎裕昌是技术非常高的实验师，所以能搞那个遥控，但他后来牺牲了。搞无线电的熊大缜是他最好的学生之一，所以地雷战让日本确实是很狼狈，觉得这个冀中太怪了，为什么有人用遥控地雷，当时抗日战争在冀中这个地方打得非常漂亮。叶先生于 1937—1938 年在天津英租界待了一年。

储朝晖： 好，谢谢。张老师您印象最深刻的是什么？（转向观众）各位有问题吗？

听众甲： 刚才几位老师说了一些自己作为学生跟叶先生的一些事情，我想知道各位老师作为叶企孙先生的学生，你们同学之间怎么相处？

戴道生： 同学之间我觉得好比兄弟之间那样，还是挺好的。我们班上第一届是五个学生，我、方瑞宜、李庆澜、郑为忠、李颖。后来李庆澜做研究生了，方瑞宜留校任助教了。我们大概每个礼拜要到叶先生那里去学习一次，听听叶先生的教导，汇报汇报情况，叶先生很关心我们，所以大家互相之间更亲切一些，都是很团结地一块儿去。师生之间的关系、同学之间的关系都很好。因为我们去了，叶先生都问你这里怎么看，有什么想法啊，当时大家的想法就是一定要学好，不能让一个阶级兄弟掉队。国家出钱，我们那时候上大学吃饭都不要钱，我们就要全心全意地把学习搞好，这种气氛是很浓的，像我们同学复习有时候两三个坐到一块儿，有问题就互相讨论讨论，我记得这种情况经常有，而且严格地遵守作息制度，大家都挺好。到现在为止，我们毕业了照样来往，我们五个人中李庆澜现在已经故去了。

储朝晖： 这种待遇很高的，现在我们很多研究生都是很难见到老师的。

钟文定： 戴老师讲了同学之间怎么样。因为一年级一直到四年级不是上大课，我所知道的同学之间大多数是认真学习的，一心都放在学习上，很努力的，没有拉帮结派，没有听到过歧视学习不好的人。实际上，刚才戴老师讲了，这里面我觉得一个很重要的原因是大家都想到要学好，所有的精力都放在学习上，为了抢占图书馆的座位都是抢着去排队的。后来条件改善了，系里面都有图书馆，全校的这种现象就少了。

另外，我刚才也提到过所有学磁学的学生，叶先生都要请他们到家里去座谈，因为他家里的座位不多，可坐七八个人，顶多坐十一二个人，学磁学的人超过这个数，于是一种方式就是分批到他家里去，但分批的话次数太多了，叶先生没有那么多时间啊，他就叫我订个教室，大家什么时候到那个教室去，叶先生跟大家座谈。所以凡是学过磁学的人都到过叶先生家，都和他座谈过，甚至毕业后还被请回来一块儿座谈。刚才戴老师说我们磁学教研室在"文化大革命"期间就一派，没有拉帮结派的，就是受叶先生影响。还有，据我了解，我们全国搞磁学的，或者是应用磁学学会，或者物理学会的磁学组，我们磁学界是最团结奋进的，没有拉帮结派的。这跟叶先生的示范作用有关，他本人就是这样的，从来没有对亲的人就特别照顾，对不亲的人就不指导，他能够看清楚怎么样让科学发展，同时能够指导这个人将来干什么最合适。这里面有很多例子。比如，冯秉铨最早是在中山大学华南工学院，后来是华南理工大学校长，他本来不是学无线电的，也不是专攻无线电的，叶先生看到他如果搞无线电的话会发展得更好，所以就劝他搞无线电去了，这个我是亲自听过叶先生跟我说过的。他说："我一生没有什么成就，就是一点感觉自己比较好的是我能够看出来这个人学什么最合适。"从自然科学转到理科，或者在自然科学中从物理转到化学，在物理里从理论物理转到无线电，他有这个能力，而这个能力不是一般人能有的。他就是伯乐。他能看出来你干什么最合适，发展最有前途。叶先生对学生是非常亲切的，而且是非常爱护的，即使年纪大了也一样。那时我在教研室管具体工作，我就征求叶先生的意见说："叶先生，今年是不是不给学生上课了？"因为他快70岁了，按照现在的说法就是退休了。他说："不行，还要去上课。"所以他还要给他排课，他很喜欢跟学生在一块儿。戴念祖在叶先生刚从监狱里面出来最困难的时候去看他，他还专门给他补习科学史的课。就在那种情况下，他还是尽量地对青年人能够讲多少是多少，你能够学多少是多少，所以他对学生是非常爱护的。

储朝晖： 好，非常感谢！

听众乙： 戴教授，您好，我想请教您一个细节，您说的1937—1938年的那个遥控地雷当年用的到底是什么技术？请您给说说细节，谢谢您！

戴道生： 这一点说实话我也不知道。我是从当时日本侵略者走到那儿就炸了的效果讲的，旁边也没什么人，也没找到痕迹，拉线的话旁边要躲一个人，至少要躲一段距离，炸完了你留的痕迹是在的，它那个没有。一般地雷战是用土炸药，他们那个时代有比较先进的黄色炸药了，所以就怀疑有遥控。当时已经有技术很高级的清华大学的阎裕昌，还有学无线的熊大缜，还有当时几个大学生人才。

储朝晖：当时有没有可能通过声音震动来做的？

戴道生：这个就不知道了，反正是遥控。

王义遒、储朝晖：可能是无线电用在上面了。

戴道生：不知道，反正效果是遥控的。

钟文定：这个问题我给戴老师补充一点。"文化大革命"以后1994年以前，有一个电视连续剧就讲到冀中抗日根据地的地雷战的大概情况，当时有报纸报道说地雷战不能忘掉一个人，谁呢？叶企孙。

储朝晖：好，谢谢。几位先生都是这么高的年龄，今天的讲座接近三个小时，非常感谢几位！非常感谢今天各位的参与，今天的讲座就到这里。

叶企孙与一流大学

主讲人：王义遒 姜耀东 储朝晖 主持人：付帅
（时间：2018年6月10日，地点：北京外研书店）

讲座后嘉宾们合影

付帅：各位同学，各位老师，尊敬的王校长、姜校长、储老师，今天是我们叶企孙系列讲座的第三场，也是最后一场，我们请来了两位重量级的教育家。先请外研出版社副社长兼外研书店总经理何皓瑜老师简单地做一个开场白!

何皓瑜：各位不好意思，今天想带着孩子来感受一下教育的光芒，我觉得这是一个很好的早期教育。我非常高兴，外研书店今年能有幸参与举办叶企孙的系列讲座，我觉得对书店来讲既是一种荣幸，也是一种责任，因为作为一家大学的书店，其实本身也有教育传承的责任在里面。我想对于传递叶先生人格的温暖，还有教育的智慧，以及思想和知识都是非常重要的一件事情。但是我个人非常惭愧，确实我知道叶先生也才是最近两年的事情，我觉得对于像叶先生这样一位伟大的教育家和物理学家，在身后那么多年都不为人知，确实挺让人唏嘘感慨的。我们书店希望能够以此为契机，让更多的人通过这些活动感知到教育家的精神，还有他的人格魅力，希望一代一代的人都能够记住叶先生，谢谢大家。

付帅：把时间交给储老师来主持了。

储朝晖：好，非常感谢何社长，从上两次的活动到现在您给了我们很多支持，心里非常感激。也感谢王校长、姜校长，他们都很忙，当我提出来要办这个活动的时候他们一口就答应了。实际上，姜校长本来今天下午安排有研究生的答辩，他把研究生答辩都推迟了来参加这个活动。王校长今天急着要到武汉去，他说他把机票订得晚一点，这样您到武汉休息的时间就比较少了，本来可以早点去早点休息，非常感谢两位！

今天我们的话题是"叶企孙与一流大学"，为什么选这个话题呢？因为已经证实叶企孙与一流大学是紧密结合在一起的。当时清华大学从一个一般的学校成长为一流大学，这其中要讲贡献的话，第一个做出贡献的人是梅贻琦，第二个做出贡献的人就肯定是叶企孙了。梅贻琦是校长，叶企孙是理学院的院长以及物理系的主任，当时清华大学走向一流实际上是理学院带着整个学校走向一流的。这样一个客观上的事实几十年过后看得越来越清楚，所以今天我们就选这样一个话题作为我们讨论的话题。先请王校长讲一讲吧！

王义遒：谢谢。刚才储老师说了，今天我们的题目是"叶企孙与一流大学"，他在前面加了三个字"客观上"与叶先生有联系。我一直在想这个问题，就是如果我们问问叶先生，你对世界一流大学有什么看法？我想他可能会说：

"我跟一流大学没有关系。"因为我们知道,叶先生从美国回来先到东南大学,1925 年进清华学校,当时清华学校的物理教师就是"一个半",原来的物理教师梅贻琦后来当校长了,叶先生是以副教授的名义落户清华学校的。然后他办了 12 年,应该说到 1937 年,与北京大学、南开大学合在一起并为西南联合大学。从这段时间经历来看,可能叶先生会说:"我惨淡经营。"两个教员变成了有十几个教员,每年招十几个学生,所以,我想那个时候他大概没有想到世界一流,但是那时候确实已经做到了中国业内一流。因为我记得 1932 年严济慈先生曾经统计过,中国在国际上发表的关于物理学的文章有 32 篇,其中清华大学就贡献了 11 篇,在大学里面是最多的。所以应该说,当时清华大学已经成为中国物理学起始的中心,这一点还是对的。

到了西南联合大学的时候,生活都很困难,要是世界一流我觉得肯定谈不上,但是从中国来看肯定是中国一流,而且在世界上还有点名气。这靠后来他培养出来的像李政道、杨振宁以及一批"两弹一星"元勋,西南联合大学占的比例太大了,所以说在世界上有些名气。但是从科学学术水平来看,叶企孙先生自己还是比较谦虚的。我想,说实话,叶企孙先生回国之后培养了那么多人,但是他自己的科学研究并没有取得非常出色的成绩。这是我讲的第一点。

第二点,叶企孙先生他想说的"世界一流"跟现在很多人想的"世界一流"恐怕不完全一样。我国现在的大学能不能说是"世界一流"呢?微信群里的讲法就有两个:一个说是美国对中国大学排名断崖式地下降,这就是美国对中国大学的排名。2017 年北京大学排在第 65 名,清华大学排在第 74 名;2018 年北京大学排在第 92 名,清华大学排在第 98 名。英国的 QS 排名呢?2018 年清华大学是第 17 名,比 2017 年要高一点,北京大学排第 32 名。可见这两个大学排名是颠倒的。我想,全世界进入前三十名的大学应该是对人类有很大的贡献。2018 年清华大学挺进 17 名,北京大学挺进 30 名。

我的"一流大学"标准是应该引领整个世界文明。拿这样一个标准来看,我觉得现在的各种排行榜是为了市场,是为了招来学生。可是目前恐怕大多数中国人都相信这个是世界一流大学,我想叶企孙是绝对不会同意这样一种标准的。叶企孙有自己的标准,我觉得他从中学时代就建立了自己的标准,就是要为世界文明做贡献。所以,从这个角度来看,我觉得中国大学还差得远。但是,储老师刚才说得好,叶企孙确实为我们中国目前大学到底应该怎样进入世界一流做出了典范。从这个意义上来看,我觉得这个题目非常恰当。

储朝晖: 确确实实,我觉得刚刚王老师讲的让我体会最深的一点就是大学是以为人类文明做什么、能不能引领人们作为它是否一流的标准,而不是简单地看它发表论文的数量、课题的数量,我觉得这是非常重要的。接下来,我们请姜校长,姜校长原来与叶企孙还有师承,您自己介绍吧!

姜耀东: 能有机会到这儿参加"叶企孙与一流大学"讨论很高兴,应该说我个人原来对叶企孙也不是很熟悉,也是最近才熟悉。而且我发现与自己还有关联,因为在叶企孙的学生中有个钱伟长,我的硕士生导师陈至达就是钱先生的研究生,这么一算的话,我就算跟他有关系了。因此,特别高兴能有这个机会参加这样一个讨论。

看过叶企孙的一些资料很受启发。应该说,叶先生确实为清华大学的创立特别是为我们国家第一代科学家的培养做出了很大贡献,这个贡献谁也抹杀不了。但是我觉得今天我们在这里举行这样的活动对他进行肯定,说明历史还是公正的。尽管可能一些偶然的因素使一个人的贡献被埋没一段时间,但终究会发出光芒的。我想无论是谁,只要对社会对人类有贡献,历史总会记住他的。这是我想讲的第一点。

第二点,创建"一流大学"是中国全面崛起的必要前提。我代表体制内简单地解释一下。综合起来讲这是大局,它的第一个功能是培养人才,第二个是做科学研究,再就是服务社会。目前对我国的大学功能又增加了几个,即文明传承、促进国际教育交流,这是党中央国务院对大学的期望。现在我们国家已经发生了很大的变化,中国的国际地位提高了。有一点可以肯定,国家不强大,大学强大不了。由于我们国家强大了,我跟储老师这一代人都是"文化大革命"以后的,本来我们应该当农民的,因为我的祖上都是农民,1977年恢复高考,1978年改革开放,我们这帮同岁的孩子才有机会考上大学。1977年、1978年全国才有27万人考上大学,要是考上一所大学,我们那个县城里面就会贴喜报说谁家孩子考上大学了,还要用广播公布一下。2018年我们有870多万大学生,整个大学教育的本质发生了根本变化,原来是精英教育，现在是大众教育，国家强大以后，国家需要技术强大，我们和过去相比进步了。我们与美国还有很大差距，要缩小这个差距，就要在核心技术方面，还有在刚才王校长讲的为人类文明做出贡献方面发挥作用，把大事办好。我国大概有 2900 所大学，要是都办好不容易，因此国家就想能不能选出一批办好，从"211"到"985"，现在算一算我们选了 42 所"双一流"大学、95 所综合学术型大学，我们先把这 130 多所大学办好，再以这个为引领逐步地提高其他大学的水平。

但是，目前我们教育界的代表在讨论的时候不要被这种排名所左右，要有我们自己的想法，我们的大学是中国特色世界一流，我们是按世界一流的标准，但是我们又不能完全按照那个模式，我们的大学要为中华民族的伟大复兴和再一次的腾飞努力。人家不会主动帮助你的，必须靠我们自己，我们的方向定下来以后，尽管有很多问题，比如说，谁进一流大学，怎么排名，怎么考核，政府的经费怎么投入，如何评价这所大学，它是不是好大学，但在讨论过程中甚至在争论过程中会慢慢地形成一个大家都认可的方案，比如说，137 所大学进入国家"双一流"，不像以前的"211""985"评选，省长带着校长找部长、找专家的事情这次没有了，大体考虑到国家办学需要包括国家中西部之间的平衡。确定了接下来我们怎么建设，怎么评估。第一，要看它的科学研究，如果大学再好，没有一定的科学水平，没有一定的创造，没有特殊成绩，没有世界认可的东西都没用。第二，就是人才培养，你的学生如果说不是世界一流，不是大家认可的也不行，比如说，一招工，清华大学、北京大学的学生就要比我们学校的毕业生竞争力要强一些，这也是大家认可的。在某种程度上我们达成了一些共识，尽管我们的路很长，也有很多问题，但都是发展过程中间必须要慢慢解决的。还有一点就是对国家的贡献，我们特别强调，信息问题，实际上不光是信息问题，我们还有很多核心技术，不能受控于人。

现在国家在大力投入做这些事情，投入过程中也有很多问题。我看了一个资料，有一个教授在这个学校待了 3 个月又到那个学校待了 3 个月，只因为另外一个学校给他的待遇更高，就从一个学校跑到另外一个学校，把以前的项目撂下不管了，这样的人好像也不在少数，说明我们整个科学评价的体系、人才评价的体系都还有很大问题，都存在很大的改进空间。王校长您是老校长很清楚，我们现在大学里面整个教师待遇差别也很大，同样是正教授待遇差别也很大，教授跟副教授、副教授跟讲师也差别很大。我们在"挖"人才的过程中导致很多评价标准发生了异化。下一步需要政府，需要全社会来构建一个好的完整体系，使得我们能把大学办成一流大学。这条路还很长，但是前途是光明的，道路是曲折的。只要国家发展了，国家强大了，我想这些问题就会一步一步地得到解决的。

储朝晖： 好的。我们国家设各种奖原本是对大学办学的支持，时间长了以后就异化变成了一种控制。这个问题在中国存在较普遍，我将这种方式叫作"投食引鸟"，我给你一点好吃的，把你这个鸟引来，而不是造一片森林引鸟，这两种方式是有很大差异的。多数国家的例证说明，完全靠政府办大学最终这个大学是很难办成一流的。世界其他国家也都有先例。日本原来也是持有这种想法，想靠政府把大学办成世界一流，但是最终他们觉得不可能，所以到2004年他们下了很大的决心把大学法人化。这种变革现在十多年了，当时校内的很多大学教授也是坚决反对，好像自己原来很铁的"饭碗"变得不"铁"了，很多大学原来政府完全包的现在不包了。至少从日本大学这些年诺贝尔奖获得者的情况看，法人化变革是有效的一流大学建设措施。我觉得，中国要实现长远发展也要走这条路。

实际上，当时叶企孙对这条路是有些想法的，今天讲"叶企孙与一流大学"，现在大家关注得比较多的是叶企孙培养了多少专业的人才，把它当成叶企孙对一流大学的贡献。事实上，叶企孙对一流大学的另外一个贡献可能是一般人不太了解的，这就是他对建立一流大学并建立现代大学制度所做的事。我还是以讲故事的方式来讲。大家都知道清华大学原来是官办的学校，美国的赔款返回来以后原来主要就是外交部办这个学校。在叶企孙进校以后，他就发现原来的这种官方过多的干涉、过多的控制是对大学发展不利的。后来，跟叶企孙同时或前后回国的很多人也能感觉到这样的问题，就接连几次发生了赶校长的事。最重要的是，他们这些年轻人决定讨论怎么把这个学校办好，最后他们达成一个共识，要让这个学校里的教授在学校办学过程中起决定性的作用。几个校长走马灯似地换了之后，最后谁来当这个校长？第一个提出来让梅贻琦当校长的就是叶企孙，就在梅贻琦真正任校长之前的两年，梅贻琦当时已经被派到国外去工作了，当时叶企孙就跟陈寅恪、吴宓讨论，他感到还是应该让梅贻琦出来，这不是一个人选的问题，说明他看到梅贻琦尊重教授听大家的意见。梅贻琦最典型的话就是"吾从众"。什么意思呢？"众"是谁呢？如果他当校长，这个"众"就是教授，就是老师，就是学生，这是梅贻琦基本的准则。但是"吾从众"并不是说他自己没有原则，而是认为这个大学要想办好，最根本的是要尊重教授，尊重学生，尊重他们的意愿，这样一来，清华大学就逐渐形成了一套体制——教授会。

教授会在叶企孙到清华大学以前就有，但原来的教授会是个空洞的教授会，是个"挂在墙上"的教授会，在叶企孙到了清华大学以后，他当物理系主任，当理学院院长，后来成为校务委员会委员，最后到梅贻琦当了校长，这个教授会就是个实的了，跟其他学校的教授会就不一样了。真正的清华大学的决策是由教授会来决定的，这才让清华大学从 1931 年到 1937 年很快地走到前沿了，有人说叫"黄金十年"，实际上没有十年，就是八年的时间。

这种例子不仅在清华大学出现了，在东南大学也出现了。郭秉文当校长也就几年时间，就通过这样一种体制让东南大学走在中国的前沿了，跟北京大学一比高低。同样，在蔡元培办北京大学时也出现过。所以我认为叶企孙参与让这种体制在清华大学实质性运行，这是他推动清华大学走上一流的一个关键性因素。所以我们今天讲"叶企孙与一流大学"，一定要注意到这样一个关键性因素，如果仅仅是讲他培养了多少人的一点数字，又跟我们刚刚讲世界大学排名走到一点上了。体制上的因素当时是最关键的一个因素，我们不能忽视，所以，现在我们要建设世界一流大学，一定要考虑到建设一个更适合学术发展、更适合大家去探究的规律，更适合大家让文明传承、让文明还有新的发展创造的体制和机制，我觉得这是更重要的，这就是我回应姜校长所讲的内容。

王老师您当校长这么多年，我想能不能跟叶企孙当校长的那时候做一个比较，怎么样来把学校办得更好、更加一流？

王义遒：刚才储老师讲了根本的问题，就是办学体制的问题。

叶企孙好在什么地方呢？刚才姜校长讲到"抢人"，昨天晚上得悉我们这一行有一个美国人,在《科学》《自然》上发表过很多文章,现在就被"抢"了,他要求科研经费是 5 个亿,年薪当然是百万,某个最先联系的机构努力筹款一段时间后说我现在已经筹到 4 亿,能不能少一点?另一所大学就已经有 5 个亿,他就到哪所大学去了。我们现在"抢人"很厉害,他们已经有了名了,"名"是什么?就是在什么地方发表了多少文章,其实这样一些人回来以后确实还很好,有一些人回来又走了,也有一些人尽管在国外发表过很多文章,但回来后并没有很厉害的重要表现。人有千百个,但伯乐难找,办学能成为世界一流,找伯乐非常不容易,叶企孙就是一个很好的伯乐。叶企孙是一批人的伯乐,刚才讲到姜耀东校长导师的导师钱伟长先生,我记得他是 1936 年考上清华大学的,是文科第一名,文史状元。当时日本侵略者打过来了,他就觉得文史不能造枪造炮,造枪造炮的基础是物理,他就想转到物理系,叶企孙先生一看他考取清华大学的时候数理的成绩只达到物理系的一半,所以是不能录取的。但是,叶企孙先生看这个人有很强的意志,就说你试试吧。试了一年后,他数学、物理都考到 70 分以上,叶企孙先生觉得他是块材料,就让他转系了,结果钱伟长先生在历史上做出了很大贡献。所以,叶企孙先生在写日记的时候说:一个人有自知之明,还是不容易的。我的专长是什么,志趣是什么,我的哪一方面有天赋,有时候自己要探索十几年才能够找到。李政道大学二年级从浙江大学转到西南联合大学,上了叶企孙先生的电磁学的课,在叶企孙先生讲电磁学的课堂上看《电学原理》。叶先生说你上我的课看这个不是浪费时间吗?要不你别听我的课了,但是实验你要做,实验很重要,物理是实验的科学。结果,李政道期末考试的试卷直到现在都保存着,叶企孙先生给他的理论课 58 分(满分 60 分),实验课 25 分(满分 40 分),总分 83 分,但是觉得这个人很有才,二年级下半年学完,政府要推荐学生去美国学造原子弹,他就推荐李政道去了。

　　清华大学留了一批人,包括吴有训,他当时刚刚在国外有一点成绩,叶企孙能把他请来很不容易。有些人在国外环境下有好的实验条件,能够做出一点成绩,但是他自己带头就做不出来。所以只有知才的人才能物色到这样一些人,自己有才的人才能知道这些才。1930 年,叶企孙到德国去,没聘请外国教授,而是请来了一位外国技师,我觉得无法想象当前会有这种做法。

20 世纪 50 年代初，英国牛津大学一个报废的加速器被北京大学弄来了，我们说回去试试看吧，恰恰那以后我们做出了英国没有做出来的工作。主要靠什么呢？我们去了两个教授，主要是去了一个我们从工厂里发现"挖"来的技工，这个人享受的就是副教授以上的待遇，叶企孙对这些人很注意。那个时候，叶企孙有这个权力。华罗庚提教员时很困难，清华大学有很多人反对，叶企孙说，清华大学有个华罗庚这是一个好事，不要被资历所限制，看人就要看他的作品。

叶企孙 1949 年以后是清华大学校务委员会主任，1952 年"思想改造运动"的时候被批判成天"只读宋词，不理校政"。现在要问叶企孙，我想他的基本态度还是"不理校政"。其实叶企孙理校政的时候主要也是无为而治，就是充分相信教授。

叶企孙先生是非常爱护学生的，他可以说是个战略科学家，当时就对钱伟长等因材施教，别人的才他也了解。钱学森在上海交通大学时学铁道机械，叶企孙说：你到美国别学铁道体系，我们中国学铁道体系的人已经很多了，你的力学学得那么好，你去学空气动力学吧，我们中国航空航天（那时候还没有航天）工业很重要。钱学森说空气动力学我一点都没学过啊，怎么去学？他说我们请了一个空气动力学的人，你跟他先听一年课。他听了一年以后到美国，后来就研究原子弹了。杨振宁当时留美定的是学高压电物理，是在实验室做实验的，叶企孙写信说这个人不适宜学这个，应该让他学原子核理论。赵九章，我们国家的火箭工程师，他说他学气象，用物理的知识去学这些很重要，学地球物理也是他指导的。好多人他都是了解充分并与国家的发展密切结合起来，从而培养了一批我们国家国防需要的人才。

1939 年，清华大学成立特种研究所委员会，包括无线电研究所、金属研究所、农业研究所、国情研究所、航空研究所，都是跟国家事业密切结合的，所以他是有国家大局的。我想一流大学校长确实不仅仅是一个学问家，他应该有远大的战略眼光。我看了麻省理工学院的校长维斯特做了 14 年校长，他有 14 个报告，包括 13 个年度报告，1 个纠正的报告。我看了这 14 个报告后感触很深，就是他不是大学校长，他是美国总统，甚至是联合国秘书长，他考虑的事情是全世界的事情。他只有这样考虑了，从麻省理工学院出去的人将来对美国在全世界的地位才能有实际的影响。我觉得其实叶企孙也是属于这一类人,他考虑得很深,哪些方面应该是国家发展的方向,国家发展的方向也是学生发展的选择前提所在,这个他很清楚。所以一流大学校长如果没有国家、世界的眼光那是不行的,这一点非常重要。

中国的经济问题最主要的是 8 亿多农民的问题。你必须得到农村去,跟老百姓在一块儿,所以要"接地气",这不是我们传统的教学方法就能解决的,必须要创新。学校能够这样对中国做了贡献,也就是对世界文明做了贡献。所以我就提出来要解决中国的问题,要成为世界一流大学就必须解决中国的问题。你不解决中国问题,我就不承认你是世界一流大学。

储朝晖:好。王校长讲的我觉得有三点印象让我非常深刻:第一个是办一流大学需要有战略眼光;第二个是叶先生是各种人才的伯乐;第三个是政府怎么尽可能减少对大学的管理。

姜耀东:我想一个国家教育都是靠政府来办的话,这个教育将来就会存在问题,应该是政府出的方法,教育和社会共同来办。现在政府也意识到单靠政府本身也不能完全办成一流大学,但怎么能找到一种平衡关系,怎么使我们的社会有办学的热情,而不是把办学作为一种生财的途径。

我们这一代人,我们在座很多人应该是比较幸运的一代,为什么是比较幸运的一代?因为我们从小时候极度贫困、吃不饱、饿着肚子到现在吃多了要减肥,我们小时候想都不敢想的楼上楼下电灯电话,到现在这个都不算什么了。

第二个我们还看到另外一个方面,整个社会发展变化与以前的教育也不一样了,那时候如果王老师您不教我我就不知道,必须您讲了以后我才知道,为什么呢?因为那时候没有其他东西可知道,以前都是复习老师讲的。现在不一样了,我们获取知识的渠道非常多,我不懂在网上搜索一下就能知道。但是我们现在办大学,不仅要教孩子们知识,更重要的是教他们分析和解决问题的能力,这是核心和关键,和从前不一样了。

因此,我想现在包括我在内的很多大学校长都有一个矛盾心态。你一个人办了十件事,九件事很有成就,一件事没办好,会追究你这一件为什么没办好,那九件事办好的功劳都被忽略了。这是现在我们评价人才、评价大学校长存在的问题。刚才王老师讲只从叶企孙做学问来讲，他做得不错，但绝不是顶级的，但是他是个战略科学家。我说校长应该是个战略科学家，而不是某个领域顶级的科学家，可能更合适一些。

尽管我们存在很多问题，但我还是相信前途是光明的，道路是曲折的，这是发展过程中不可逾越的阶段。像我们政府办的大学和将来的民办大学，这些大学要出一个人才体系，解决像刚才讲的华罗庚没有大学文凭但是做得很优秀的问题，我就承认他。将来随着社会更加健全，除了政府方面以外，我们的民办企业就不会完全按照现有的体制去评价人才，比如华为的用人机制是谁贡献大谁把这个东西做出来了我就承认。我想这是一个过程，希望这个过程不要太长，我们国家就会有希望。

储朝晖：好的，谢谢！姜校长实际上讲了未来我们会有一个在大学里适合大学教授做研究的人的一种评价制度产生。但是这种制度能不能产生实际上我们过去也探索过很长一段时间，从1985年《中共中央关于教育体制改革的决定》就白纸黑字地写了要"放权"，到现在30多年过去了，依然处于不断探索中。

姜耀东：我再补充一句，这可能跟我们的国情有关系，找到一种适合中国土壤的管理制度可能和西方还有一种差别。

储朝晖：好，谢谢您。王老师您还有什么要讲的？

王义遒：刚才姜校长讲的事我想也处于一个两难的情况，就"一放就乱，一收就死"这个问题，这似乎是中国的一个社会问题，你比方说考试招生吧，好像整个教育的命运都决定于招生了，从幼儿园就开始为高考奋斗了。我前一段时间看到叶澜有一篇文章就说把教育都放在高考上面，这很不公平。对于教育的问题完全从教育内部来解决不大可能，还要整个社会的价值观有变化，这是非常重要的。而且这里面就要让各种各样的人人人能成才。但是，才是不同的才，每个人都有自己的本事，我觉得要有利于什么样的人都能成才这样一个氛围。这个我觉得需要有个相当大的改造社会的问题，舆论会起很大作用，媒体应该引导民众怎么样发挥自己的潜力。但从教育这个角度，我觉得可以搞一点儿试点，比方说有一个教育的特区，给它一点权力。

姜耀东：我再补充一点，为什么这么做？比如说，我们现在的博士生，为什么要限制哪个学校能招，哪个学校不能招，如果没有这个限制，那"野鸡大学"就可以说我今年招了很多个博士。踏入社会以后，"野鸡大学"的博士和清华大学、北京大学的博士都是博士，就会产生劣币驱逐良币的效应。因此政府现在很难，我想等到将来我们社会发展到能够建设良好的社会环境，"野鸡大学"的博士我就不认你，不仅不认你还人人喊打，那就好办了。

王义遒：西南联合大学当时就有这个问题。

储朝晖：我插一句。姜校长讲的这个问题实际上是我们政府在没有管这么多的时候也存在，这个问题在哪里呢？实际上就是谁来评价大学。其他国家也存在这个问题。

王义遒：我说这个标准好像没有是不行的，但是北京大学有一个，到现在为止没有教学大纲，不规定教授必须得遵守这个教学大纲。同样开一门唐诗的课，你开跟他开两个人讲的完全不一样，你可能讲20多个诗人，他可能就讲2个诗人。

储朝晖：王老师讲的跟我刚才讲的是一个意思了，您接着继续说。

王义遒：这个可以给一些特权。硬要给一些好的大学定标准就有问题了，像西南联合大学，当时教育部发出了一个统一要求课程、教案等，西南联合大学的回复我记不清具体是什么了，意思就是说有知识的地方你应该让它自己去弄，权力不应该管了，你们没有这方面知识，上什么课？还要给人定标准？我们懂得这个，所以，还得归我们来。

储朝晖：我讲一下细节。当时西南联合大学拟这份给教育部回复稿的是冯友兰，冯友兰拟了以后梅贻琦在上面批了，抹了几个字说这几个字你不要抄了，其他的你可以直接报教育部了，事实上就把教育部的要求抵制回去了。同样是冯友兰，后来在叶企孙之前当过清华校务委员会主任，时间并不长，后来他就写检讨说"我有很严重的问题"，所以，冯友兰如果在后面他就不可能起草成一个那样的回复教育部的文件了。我就补充这一点。

王义遒：所以，过度行政化了以后肯定就束缚了一些人的手脚。但是你完全没有标准就会乱。问题就是要一个真正内行的人说。所以，我觉得要让真正的教育家、懂行的人来说话。

储朝晖：有专业的第三方评价，世界上通用的也是这样的方式。

王义遒： 所以将来由社会上来说，说实话，我们过去所谓名师有些是述而不作的，一篇文章也没有，一本书也没有。大家说这个问题你去找他去吧，请教他肯定能解决这个问题，名师是靠大众认可的。那时候我在北京大学负责教学科研，一些人知道北京大学中文讲唐诗哪个老师讲得最好，好在什么地方；数学哪个老师讲得最好，好在什么地方。

储朝晖： 好，谢谢王老师。提到很多问题目前怎么去改进，让我们的大学教育尽可能走向一流。接下来还有一点时间看看在座的有没有问题。

听众甲： 两位校长好，我来自中国社会科学院，我的问题是：中国社会科学院与中国科学院都在办大学，它们将来如何走向一流？实际上大家都对这两所学校寄予很高的期望，特别是中国社会科学院将来怎样处理与教育部的关系，它今后的走向如何？

王义遒： 我先说一下，20世纪50年代初的时候，是1953年或是1954年，毛主席说过两个"聋子"吵架，两个"聋子"就是郭沫若和杨秀峰，杨秀峰是高教部部长，郭沫若是中国科学院院长。当时中国科学院包括所有的社会科学与自然科学，杨秀峰就说：科学研究应该跟教育密切结合，所以不应该单独成立科学研究机构，应该跟高教合在一起。在世界上包括法国、俄罗斯是分开的，俄罗斯科学院里面的科学家基本上都是在高校兼职，我个人觉得独立的可以搞一点，但是应该是少数，绝大多数的科学家应该跟教学密切结合。有一句话非常对，其实这句话我们老早就认识了，科学研究是不能规划的，也是规划不出来的，特别是基础研究，牛顿看到苹果掉到地上能看出万有引力，你说你能预见吗？我用望远镜发现了一颗星星，这你能够预见吗？所以，做科学家可能经常是无所事事的，他可能吃饱了饭就一天到晚想一点问题，所以他无法谋生；教书是可以谋生的，你一定要让他教学生。我是在苏联当研究生的，1960年的时候我记得苏联报纸上面有很长时间在讨论教学与科研能不能分开，很多苏联科学院的院士都说我的科学生命之所以到了六七十岁了甚至七八十岁了还能够维持，主要是靠有学生；如果没有学生的话，我的科学生命到50多岁就结束了。所以学生提供了很多的新的想法，让我不断地在思考，所以我今年86岁了，也非常有这个体会，不跟学生接触，我的脑子完全就不行了，我现在还能想点问题就是因为不断有人提出问题刺激我，所以我觉得把教育与研究分开的办法是最笨的办法。但是要补充一点，有一些科学大工程需要有很多技术人员才能够维持，包括社会科学也一样，包括大的社会调查。我觉得有少数带有工程性的东西可以成立独立的研究所，基础研究一定要与大学结合。

姜耀东：我再补充一点，第一，我很同意王校长的说法；第二，科学院大学叫国科大，社科院大学叫社科大，社科大为什么会成立？这说明政府已经考虑到要用社会资源让我们的大学多样化，但无论是国科大还是社科大，招的学生规模都很小，也就是说，政府能办这些小而精的大学，这是好的兆头。

听众乙：我是大学生志愿者，我了解到与美国的大学生相比，我们缺少的是试错机会，我们上了大学选了专业后发现跟自己想象的不一样，或者说不喜欢这个专业，但一考定终身，很难再换专业，所以我就想问一下，怎样才能给我们提供更多的试错机会？

储朝晖：她是说美国的大学有很多的试错机会，中国的大学没有很多的试错机会，中国大学怎么样能增加试错机会？

王义遒：我非常同意一个人做任何一件事情都要允许有失败，人可能是在失败里面成长，失败是成功之母，没有失败的人我觉得就没有成功，所以就是要宽容。大学之大，里面就有种精神，叫作包容性、宽容性，允许失败，允许有试错，试错就是一种不断的选择，所以大学的学制就应该是这样。

叶企孙先生就非常重视学生的选择，有一个人是 1933 年或 1934 年以第一名的成绩考到清华大学物理系的，学了一年以后叶企孙先生说：你还是学化学，你学化学会比学物理成长得好得多。我觉得一个人对自己要有个估计，人和人是不一样的，学物理的可能要求推导能力更高一些，学化学的要求试错的本事更大一些，所以叶企孙就根据他的学习情况，让他转到化学系，那样转的人很多。语言学家朱德熙第一年在物理系学习，第二年就转到中文系学语言了，结果成了一个语言学家。所以，学校里面应该允许有各种各样转系转专业，甚至转学。我记得北京大学有一个学生，他有三门课不及格，可能会被退学，但是后来我考虑到这个学生并不是不用功，而是他总觉得比不上其他同学，就陷入了那种自卑的感觉。后来有一次开会我碰到了北京联合大学校长，我说我这儿有个学生，他其实很用功，就是背了一个思想包袱，到你们那儿去试读一下你看行不行。他说"行啊"。结果这个学生在北京联合大学学得很好。我们物理系也有一个学生已经有两门功课不及格了，马上也要接近退学了，但是他一天到晚玩计算机，解决了一个连他的导师都无法解决的图像处理问题，马上让他转到数学系。所以，人是不同的人，我们学校绝对不能有一个非常死板的制度，可以有一些比较灵活的转系转专业的办法和机会。

姜耀东：现在大学允许转系转专业了。

姜耀东：美国的大学进大学容易出去难，我们的大学进大学难出大学容易。为什么鼓励你得好好学才可以转专业，因为我没法儿知道你的兴趣、爱好和特长到底是什么。现在的大学规模大了，叶企孙那时候是很少数人，清华大学一年招了几十个人，我们现在每个系都有800多人。

王义遒：叶企孙先生办清华大学物理系有个招生限额，一个班最多招14个人，现在大学规模太大了。

姜耀东：这就带来了在发展过程中的管理问题，现在好在哪儿？好在我们社会的评价体系正在变化。一个人没上过大学，但他写的小说大家认可了，就可以认为他是作家。我想如果将来你学医学也好，学物理学也好，有高水平成就，能写出高水平论文，社会就会认可你的。

储朝晖：是这样的，其实还是大学管理的问题。我们今天的交流就到这里，非常感谢王校长，感谢姜校长，感谢所有参与的人。大家记得参加我们7月15日的大会，谢谢。

附录三 媒体报道选摘

传承大师精神　做理性文明人——叶企孙与一流大学建设学术会议在京召开①

7月15日，值叶企孙先生诞辰120周年之际，"叶企孙与一流大学建设学术会议暨叶企孙先生诞辰120周年纪念会"在北京大学中关新园召开，会议主题是"传承大师精神，建设一流大学，理性文明做人，建设文明社会"。叶企孙先生的学生、诺贝尔物理学奖获得者李政道先生专为会议发来贺词："我的老师叶企孙先生曾经把清华大学办成全国一流，鼓励今天想办一流大学的人向他学习。"

叶企孙先生是著名物理学家和教育家，中国现代物理学奠基人之一，清华大学物理系和理学院的创建者，2018年7月16日是叶企孙诞辰120周年纪念日。叶企孙于1948年当选为中央研究院院士，1955年当选为中国科学院学部委员（后改称院士），培养出了众多科学家，国家表彰的23位"两弹一星"功勋奖章获得者中有一半以上是他的学生或学生的学生。叶企孙可谓"大师的大师"，为中国建设和发展做出了杰出贡献。

中国教育科学研究院研究员、中华教育改进社理事长储朝晖指出：叶企孙是20世纪中国教育感最强、教育绩效最显著、学生对国家和社会贡献最大的教育家。纪念叶企孙完全出于对历史责任的承担，也是促进中国高等教育

---

① 本文原载于光明网（2018年7月16日），记者罗容海，通讯员陈印政。

遵循教育规律向世界一流健康发展，明晰人类文明前进方向，理性文明做人，导引社会向文明进步的契机。

来自全国各地对叶企孙仰慕的专家学者 180 余人参会，叶企孙的学生张之翔、钟文定、戴道生分别从不同角度讲述了先生对自己的培养以及学科建设方面的贡献；中国科学院叶铭汉院士、赵柏林院士共同回顾了叶企孙的严谨治学与学术成就；清华大学原副书记胡显章阐述了叶企孙为清华大学的发展做出的贡献；北京大学原常务副校长王义遒提出一流大学要为国家发展和人类文明发力；中国科技馆原馆长王渝生高度评价了叶企孙对中国科学史事业的奠基性贡献；科学出版社副总编辑胡升华阐释了叶企孙从杰斐逊物理实验室到清华大学物理系的成长历程；《东南大学学报》主编宋业春回顾了叶企孙与中国科学社的关系；清华大学物理系薛平总结了该系人才培养实践后，认为一流大学必须有一流的理科；叶氏宗亲代表诠释了叶企孙的家国情怀。

与会者深刻领会叶企孙的人生经历和为人后，深切感到中国社会发展需要文明进步，"文明社会既要有文明先驱引领，也需要文明大众参与才能有效建成"，在此基础上通过了《学习叶企孙做理性文明人的倡议》，针对当下社会非理性、不文明、情绪化的暴戾倾向，划出理性文明做人的底线，认准民主与法治为人类文明前进的方向；以文明理性为荣，以野蛮暴力为耻，不用野蛮的方式对待野蛮，不以不文明对待不文明；遇到观点不同时相互敬重，自由讨论……服从于真理，不伤害与自己观点不同的人；遇到利益冲突时首选协商……抛弃等级，追求平等；独立思考基础上说真话，不人云亦云地说只利于自己的假话；充分发展增加自己的科学理性，有正常的判断能力，追求真理做真人，用理智约束情感，运用感觉经验、逻辑论证、实践检验等多种方式检验自己，使自己变得不断文明、理性起来。

本次会议由中华教育改进社、东南大学、中国科学技术史学会、中国地球物理学会、建德市叶氏古文化研究会联合主办。

叶企孙：发现王淦昌、李政道等科技人才的"伯乐"[①]

在著名物理学家和教育家叶企孙先生诞辰 120 周年之际，"叶企孙与一流大学建设学术会议暨叶企孙先生诞辰 120 周年纪念会"近日在北京大学中关新园召开。著名物理学家、诺贝尔物理学奖获得者李政道先生为本次活动发来贺词："我的老师叶企孙先生曾经把清华大学办成全国一流，鼓励今天想办一流大学的人向他学习。"

"叶企孙是对中国近百年教育发展发挥了举足轻重作用的教育家之一，我很敬佩他对自己的总结，'我是科学家，我是老实的，我不说假话。'"作为本次会议的主要发起人之一，中国教育科学研究院研究员、中华教育改进社理事长储朝晖曾经深入研究叶企孙其人其事，并出版《20 世纪中国教育家画传：叶企孙画传》。

当下的中国，出国留学开眼看世界已经是很多家庭的首选，至于踏出国门去学习什么对不少人来说也成了一道难题。1916 年 11 月，正在清华学堂求学的叶企孙统计了 1909 年清华学堂第一次派遣出国学生至 1916 年所有学生所选学科后发现，到美国留学的清华学生中学工程和文法的比例过高，学纯粹科学及教育和农学的比例过低。

[①] 本文原载于人民网（2018 年 7 月 17 日），记者林露。

对历史纵向的洞见，对世界横向的比较，对国运的担忧，对自己禀赋的体悟，使叶企孙把赴美留学的方向瞄准了当时作为人类科学发展前沿、正飞速发展的物理学上。"这一高瞻远瞩的选择显示了叶企孙的人生价值取向，决定了他一生的命运，使他走到世界现代科学的前沿，成为中国现代科技的奠基者和设计者，也在很大程度上对中国此后60年的发展及在世界上的地位产生了巨大的影响。"储朝晖说。

叶企孙赴美留学，选定物理作为主攻方向，进入当时物理学最强的芝加哥大学。毕业后，他进入哈佛大学研究院杰弗逊实验室攻读实验物理学硕士学位，获得硕士学位的当年，在诺贝尔物理学奖获得者布里奇曼的指导下攻读博士学位，转向一个与此前完全不同的学术领域——高压磁学，这使他在物理学领域得到了较全面的训练。他发表的论文《用X射线重新测定辐射常数h》，被国际物理学界沿用十余年，他也成为当时中国少有的受到国际公认的学者。

清华大学原党委副书记胡显章介绍说，1924年叶企孙回国后，先在当时国内学术重镇东南大学任教，再回到母校清华大学创建物理系任系主任，理学院成立后担任首任院长兼物理系主任，为清华大学理学和理科的建设发挥了开拓性的奠基作用。

在高校有着截然不同的两种人才境遇：或"大树底下好乘凉"，或"大树底下不长草"。前者指一些名师注重营造良好的团队氛围，并适时把中青年学者扶上马送一程；后者指某些所谓名师只是一味把优质资源划拉到自己名下，并长时间占据国内外学术高地，中青年后继力量无法茁壮成长。

中国科学院院士叶铭汉说，叶企孙居住的清华北院7号，经常聚集着年轻的教师和学生，大家在这里交流信息，聆听先生的教诲和指导，甚至还能解年轻教师一时住房之困。钱三强和钱学森等人都曾在这里借住过。

"王淦昌原来是清华大学化学系学生，有一次回答叶先生的提问时，物理概念很清楚得到赞赏，此后叶先生时常与他交谈，后来动员他转入了物理系，后来王淦昌成为物理学大师、'两弹一星'元勋。1946年，叶企孙推荐优秀研究生赴美攻读博士时，慧眼识珠，看清李政道的志向和潜力，破格推荐了当时只有19岁的这位大二学生，11年后，李政道和杨振宁同获诺贝尔物理学奖。"叶铭汉说。

叶企孙不仅仅只关注清华学子的成长，1933年在他的主持下，将清华庚款留学向全国开放，择优录取，于是就有了上海交通大学铁道工程专业的毕业生钱学森获得1934年清华公费留美的机会。叶先生让钱学森住在自己家中，与他促膝长谈，为他选择了国家急需的航空方向，并为其安排了航空方面的导师和在清华大学、杭州笕桥机场一年的研习机会，后来一直保持联系和指导，为其成为贡献卓越的科学大师奠定了重要基础。

"清华老校长梅贻琦说过'大学乃大师之谓也'，一流大师才是一流大学和一流学科之本。"胡显章说，1992年，清华大学设立"叶企孙奖"，继而有127位清华校友和名人联名建议为他塑像。这位被称为"大师的大师"的教育家，一生培养出了众多科学家，国家表彰的23位"两弹一星"功勋奖章获得者中有近半数曾是他的门生。

本次会议由中华教育改进社、东南大学、中国科学技术史学会、中国地球物理学会、建德市叶氏古文化研究会联合举办，来自全国各地的专家学者180余人参会。

叶企孙与一流大学建设学术会议召开[①]

今天,在著名物理学家和教育家叶企孙先生诞辰 120 周年之际,"叶企孙与一流大学建设学术会议暨叶企孙先生诞辰 120 周年纪念会"在北京大学中关新园召开。本次会议由中华教育改进社、东南大学、中国科学技术史学会、中国地球物理学会、建德市叶氏古文化研究会联合举办,来自全国各地对叶企孙仰慕的专家学者 180 余人参会。

---

① 本文原载于《中国教育报》(2018 年 7 月 16 日第 3 版),通讯员聂铭静、陈印政。

叶企孙与一流大学建设学术会议召开[①]

7月15日,"叶企孙与一流大学建设学术会议暨叶企孙先生诞辰120周年纪念会"在北京大学召开,会议主题是"传承大师精神,建设一流大学,理性文明做人,建设文明社会"。

作为著名物理学家和教育家,叶企孙先生为中国建设和发展做出了杰出贡献。叶企孙的学生、李政道先生专为会议发来贺词:"我的老师叶企孙先生曾经把清华大学办成全国一流,鼓励今天想办一流大学的人向他学习。"

中国教育科学研究院研究员、中华教育改进社理事长储朝晖指出,叶企孙先生是20世纪中国教育感最强、教育绩效最显著、学生对国家和社会贡献最大的教育家。纪念叶企孙先生,是为了更好地促进中国高等教育遵循教育规律向世界一流健康发展,明晰人类文明前进方向,理性文明做人,导引社会文明进步。

本次会议由中华教育改进社、东南大学、中国科学技术史学会、中国地球物理学会、建德市叶氏古文化研究会联合主办。来自全国各地的180多位专家学者参会。

[①] 本文原载于《科普时报》(2018年7月20日),实习生马进忠。

学界纪念叶企孙诞辰 120 周年[①]

正值叶企孙先生诞辰 120 周年之际，清华大学、东南大学以及中华教育改进社、中国科学技术史学会、中国地球物理学会、建德市叶氏古文化研究会等高校、学会，以多种形式对叶企孙表达了缅怀之情。

7 月 15 日，"叶企孙与一流大学建设学术会议暨叶企孙先生诞辰 120 周年纪念会"在北京举行，会议主题是"传承大师精神，建设一流大学，理性文明做人，建设文明社会"。

叶企孙的学生、诺贝尔物理学奖获得者李政道专为会议发来贺词："我的老师叶企孙先生曾经把清华大学办成全国一流，鼓励今天想办一流大学的人向他学习。"

中国教育科学研究院研究员、中华教育改进社理事长储朝晖在发言中指出，叶企孙是 20 世纪中国教育感最强、教育绩效最显著、学生对国家和社会贡献最大的教育家。纪念叶企孙是出于对历史责任的承担，也是促进中国高等教育遵循教育规律向世界一流健康发展的需要。

7 月 16 日，清华大学举办叶企孙先生诞辰 120 周年纪念会暨专题展。叶企孙的学生、诺贝尔物理学奖获得者杨振宁回忆了在西南联合大学跟随叶企

[①] 本文原载于《中国科学报》（2018 年 7 月 17 日第 6 版），作者温才妃。

孙先生学习热力学的经历，对先生的教导尤感钦佩。

清华大学同时在该校科学馆举办"细推物理须行乐，何用浮名绊此生——纪念叶企孙先生诞辰 120 周年"专题展。为了缅怀叶企孙，"清华学堂物理班"更名为"清华学堂叶企孙物理班"，物理系 1983 级系友李怀新设立"叶企孙教育基金"。

据介绍，叶企孙是著名物理学家和教育家，中国现代物理学奠基人之一、清华大学物理系和理学院的创建者。2018 年 7 月 16 日是叶企孙诞辰 120 周年纪念日。叶企孙于 1948 年当选为中央研究院院士，1955 年当选为中国科学院学部委员（后改称院士）。叶企孙可谓"大师的大师"，他培养出了众多科学家，23 位"两弹一星"功勋奖章获得者中，有近半数是他的门生。

叶企孙与一流大学建设学术会议在京召开[①]

叶企孙先生是著名物理学家和教育家,中国现代物理学奠基人之一,清华大学物理系和理学院的创建者,2018 年 7 月 16 日是叶企孙先生诞辰 120 周年纪念日。叶先生于 1948 年当选为中央研究院院士,1955 年当选为中国科学院学部委员(后改称院士),培养了众多科学家,国家表彰的 23 位"两弹一星"功勋奖章获得者中有一半以上是他的学生或学生的学生,他可谓"大师的大师",为中国建设和发展做出了杰出贡献。

值叶企孙先生诞辰 120 周年,中华教育改进社、东南大学、中国科学技术史学会、中国地球物理学会、建德市叶氏古文化研究会联合举办了"叶企孙与一流大学建设学术会议暨叶企孙先生诞辰 120 周年纪念会",于 7 月 15 日在北京大学中关新园召开,会议主题是"传承大师精神,建设一流大学,理性文明做人,建设文明社会"。当日有叶企孙的学生北京大学张之翔教授,北京大学钟文定教授及夫人廖翠媚,北京大学戴道生教授及夫人方瑞宜女士(二位同是叶企孙先生的学生),北京大学原常务副校长王义遒,清华大学原党委副书记胡显章,中国科技馆原馆长王渝生,叶企孙的学生北京大学韩宝善教授及夫人郑德娟女士,叶企孙的学生高级工程师李炎午及夫人刘哲瑄女

[①] 本文原载于中国网(2018 年 7 月 18 日),收入本书时略有修改。

士,东南大学副校长周佑勇,中国科学技术史学会理事长孙小淳,清华大学物理系副书记薛平,叶企孙的学生北京大学钟文定教授,叶企孙的学生北京大学戴道生教授等来自全国各地对叶企孙敬仰的专家学者及叶氏宗亲代表共180余人参加了纪念会。中华教育改进社理事朱煦、东南大学档案馆馆长钱杰生、北京外研书店付帅、中国教育学会家庭教育专业委员会副理事长鹿永建分别主持会议。

参会人员合影

大会开始之际,叶企孙先生的学生、诺贝尔物理学奖获得者李政道先生专为会议发来贺词:"我的老师叶企孙先生曾经把清华大学办成全国一流,鼓励今天想办一流大学的人向他学习。"

中国教育科学研究院研究员、中华教育改进社理事长储朝晖在致辞中谈了举办叶企孙纪念会的缘由,他认为应该把叶企孙先生这样做人、为师的精神告诉下一代,让这种精神不能在我们这一代断掉。纪念叶企孙先生完全出于对历史责任的承担,也是促进中国高等教育遵循教育规律向世界一流健康发展、明晰人类文明前进方向、理性文明做人、导引社会向文明进步的契机。

储朝晖又用三个"最"和三个"好"梳理了叶企孙先生的精神。"第一个'最',就是说叶企孙先生是教育感最强的教育家。'教育感'是研究叶企孙专门造的一个词。什么是教育感呢?简单来说就是对教育的专门知觉。体现在叶企孙先生身上,一方面,是对学生有非常敏锐的洞察力,他能够非常直接且准确地感知到这个学生在哪方面有优势;另一方面,是对整个人类文明前沿、科研前沿的非常敏锐的感知力,他能够依据学生的天性,对应带到研究人类文明、人类前沿当中去,我认为这就是他最强的教育感。第二个'最',就是叶企孙先生的教育绩效,现在做工作都讲绩效,绩效是最高的奖项。他们那时使用的资源与他获得的成绩相比,他的绩效非常高,我们也有很多人当过校长,但是总的比较起来绩效不如他的高。第三个'最',就是他的学生对中国社会的科技、文明发展贡献最大,这在中国的 20 世纪是找不出第二个人的。同时,我讲了三个'好'。一个是好学生,做学生的时候就好,能够积极参与一些研究,能把自己培养成一个有学者品质的一个人;第二个'好'是好老师;第三个'好'是好国民,过去很少有人这样讲,但确确实实是他的一个重要特点,无论这个国家怎么变化,无论这个政权怎么变化,无论形势怎么变化,他都在尽一个好国民的责任,做他能够做的事,为这个国家,为民族向前走尽他的所能。尤其是在遇到挫折的时候,他依然能够这样做,我觉得这是很难得的。"

储朝晖在纪念会上做报告

东南大学副校长周佑勇在致辞中谈到了叶企孙先生鲜为人知的一段经历。当年叶企孙先生从国外学成归来时,与国内科技教育等方面的最初接触是从东南大学开始的。1924 年叶企孙先生归国,受聘为东南大学物理系副教授。1924年3月，东南大学举行第十届数理化研究常会，特邀叶企孙先生为指导员，他在东南大学先后讲授了力学、电子论和近代物理，共任职了三个学期，这段经历不仅给叶企孙先生留下了愉快美好的回忆，也促使他沉淀下来，更深入地思考教育家和科学家的内涵与价值。叶企孙认为，科学家为国家创造利器，而教育家为国家培养科技人才，仅凭单个的科学家难以支撑祖国长期发展，中国需要一个科学家群体去实现科学救国的远大目标。正是这些思考和经历，让叶企孙先生开启了从科学家到教育家的角色转换，为他日后取得科教事业的成就奠定了坚实的基础。

  清华大学原党委副书记胡显章在致辞中谈到，叶企孙先生把自己最好的年华都奉献给了清华大学的教育事业，建树卓著，在他诞辰120周年的日子里，清华大学开展了多种活动来纪念他，学习他的教育思想和高尚人格。同时也对中华教育改进社、东南大学、中国科学技术史学会、中国地球物理学会和建德市叶氏古文化研究会在北京大学联合举办这次研讨会和纪念活动表示感谢。胡显章认为，叶企孙先生之所以成为"大师的大师"，第一是基于他强烈的家国情怀，他以科学为根本，以科学救国为己任，并不满足于一己之成就，而是把精力投放于建立高等教育体系和科学研究体系，致力于科学和教育团队的建设与学科的发展，以加快改变整个国家科学技术落后的面貌。1925年8月，他被清华大学聘为大学物理部副教授，第二年升为教授，创建了清华大学物理系，并任系主任。1929年清华大学理学院成立，他任首任院长兼物理系主任，为清华大学物理学科理科的建设乃至整个学校的发展发挥了重要的开拓性的奠基作用。正因为他有科学救国的情怀，又有科学家的视野，他才能够以广阔的胸怀与无私的境界，成为知人善任的伯乐，在院系形成了精诚团结、亲密合作的氛围，使得清华大学物理系和理学院能够在不长的时间里吸引凝聚了一支高水平的师资队伍，成为一流的学科平台。正是因为有了这样一批团结一心的名师，德艺双馨的高徒才不断从清华大学理学院涌现出来。第二是重视现代大学制度建设，清华大学在当时先后有了校务会、教授会、评议会制度，叶企孙在相当长时间里是上述三会的成员，同时他与一批同样抱有科学救国和教育救国信念的年轻"海归"经常交换意见，商议校务，形成了清华教授治校的群体，这些使得叶企孙的办学理念和人格力量能够影响到清华大学的办学全局，得以发挥大师的作用。对叶企孙最好的纪念就是认真地学习并弘扬他的办学理念、教育思想和高尚人格，完成叶企孙未了的科教兴国事业，并进而推进整个社会的文明进步。

北京大学教授张之翔作为叶企孙的学生代表致辞。他首先对着叶企孙的照片深深鞠了一躬，然后满怀深情地回忆了自己求学期间与叶企孙先生之间的点点滴滴。他认为叶企孙先生对他们就像对待自己的孩子一样关爱。另外，张之翔还谈到了叶企孙在一流大学建设中的伟大功劳。由于叶先生的努力，清华大学办成了我们国家的世界一流大学，到西南联合大学那么困难的时候，培养出了李政道、杨振宁先生，他们后来获得了诺贝尔物理学奖，这是世界公认的一流大学的标志。张之翔认为一个人要得诺贝尔奖并不太难，只要你有能力，当时正好遇上某一个关键问题，刚好有机会在某一个国家、某一个地方研究这个问题，你准确得到结果，就可以得到诺贝尔奖。但是把物理学从西方搬到中国来，创造一流大学，这个成就可就比一个人得诺贝尔奖难多了。

叶企孙的侄子、中国科学院院士叶铭汉，因为身体原因无法来到现场，但专门录制了视频为大会致辞。叶铭汉院士谈到，清华大学物理系培养出了一批大师，如钱三强、王淦昌、王大珩、彭桓武等，接着在西南联合大学培养出了邓稼先、朱光亚、杨振宁、李政道等，可以说，清华大学物理系是一流的。叶铭汉院士讲述了叶企孙先生是怎样创建清华大学物理系，又是怎样把物理系办成一流的。叶铭汉院士说："叶先生认为要建设一个高水平的物理系，必须有一批高水平的教授，'必拣选研究上已有成就，并且能够继续研究的人。'为此，他千方百计延聘良师，毫无门户之见。1925—1927年，清华学校物理系只有他和梅贻琦两位教授，1928—1937年，他先后聘请到萨本栋、赵忠尧、周培源、任之恭、霍秉权、孟昭英等到清华大学任教。他们都一边教书，一边做研究工作或著书立说。大家在叶企孙的领导下团结奋斗，清华大学物理系的教学和科研很快在国内名列前茅。"在学生培养方面，叶铭汉院士说："叶企孙一再强调，我们的课程方针及训练方针，是要学生想得透；是要学生对于实验工具方面预备得根底很好；是要学生逐渐地同我们一同想，一同做；是要学生个个有自动研究的能力；个个在物理学里边有一种专门的范围，在他们专业范围内，他应该比先生还懂得多，想得透。倘若不如此，科学如何进步？"叶铭汉院士最后强调："叶先生的这些做法，看起来很简单，人人可以做到，在当时清华大学的环境下，叶先生长期得到支持，因而得到了理想的成果。现在大学校长任期往往只有10年，似乎短了一些，可能很难像梅贻琦、竺可桢、张伯苓等那样有时间实现他们的理想。"

中国科学院院士、北京大学教授、曾任叶企孙先生助教的赵柏林，因为年事已高，同样是以视频的方式向大会致辞。在视频中，赵柏林院士说："叶先生是我见到物理学界最开放的、最光明的、最前沿的大师，所以我非常尊敬他。"赵柏林院士从五个方面回顾了叶企孙的功绩，同时表达了对叶企孙先生的尊敬之意。"1948年、1949年、1950年、1951年、1952年，叶企孙作为清华大学的负责人，能把清华大学稳定住，而且将其变成一个安定的、清正的、有着非常平稳的教学和科研环境的大学，他的功劳是非常大的。这也奠定了后来清华大学和北京大学院系调整后的发展，起了一个基石作用。这是我要说的叶先生第一个贡献。"

赵柏林院士还谈到他跟随叶企孙先生做助教时的情形，他说："从1952年起，叶先生就开始在北京大学讲大气物理这门课，这在中国算是首创。后来，大气物理变成大气科学的一部分，一部分是气象学、天气预报，还有一部分就叫大气物理。我跟着叶先生做了助教，一年之后，我就开始教这门课，叶先生当时等于开拓了大气物理这门课，当时清华大学和北京大学的气象课程在全国其他学校气象课程里算是领先的，多少年来'大气科学'一直都排在第一，当然也有几年是不行的，但是到2017年'大气科学'还是全国排第一，所以这跟叶先生开创大气物理课程是很有关系的。"

最后，赵柏林院士特别强调说："我对他是非常崇拜的，我经常到他家里去，他把我当成亲人。"

中国科学技术史学会理事长孙小淳在致辞中谈到叶企孙先生对科技史的贡献。他说："叶企孙先生对科技史的理解和支持，我觉得是超乎好多科学家的，他在创立清华科学社的时候，其中很重要的一个做法，就是把科学史作为其中的一个研究项目。我国在1957年成立了中国科学院自然科学史研究室。当时叶企孙先生和竺可桢先生等共同发起要做科学史研究，不仅要研究中国的科学史,还要研究西方的科学史。我们读的天文学著作《中国天文学史》,我们叫它蓝皮书,最早还有油印本,最早整个创意我觉得可能跟叶企孙先生是有关的。"

叶氏宗亲代表、北京华夏孝友会文化交流中心主任叶朝阳在致辞中说:叶企孙先生是我们国家的骄傲,同时也是我们叶氏的骄傲,是国家的栋梁之材,也是我们叶氏之栋。他是我们叶氏后裔传承和学习的榜样,我们要学习先生的精神,学习他热爱祖国,学习他热爱科学,学习他爱护学生,学习他意志坚强,学习他为人师表。

致辞结束,大会进入学术报告会的环节。

北京大学原常务副校长王义遒做了《一流大学要为国家进步和人类文明发力》的学术报告。王义遒说:"我们今天会议的题目没有出错,叶先生确实与建设世界一流大学密切有关。我甚至想,当前我们嚷嚷'世界一流',但是只有像叶先生那样来办,不去念'世界一流'这个字,才能真正达到世界一流。"

王义遒从学科方向、名师培养、工艺技术、制度建设四个方面详细介绍了叶企孙是如何办一流大学的。

王义遒最后说:"从正面来看,他是老老实实的,根本不管'一流''二流',我就按照办学的专业规则应该的办,人家看起来普普通通,似乎每个人都能办得到的事情,就按照这样的路线来办学,所以我想按照这样一个路线来办学,中国就能办成世界一流大学,一天到晚讲一流,就办不了一流。"

北京大学教授钟文定教授做了以"叶企孙先生创建北京大学物理系磁学学科组对一流大学建设的启示"为题的学术报告。在报告中,钟文定说,叶先生坚持真理,不追求潮流,古今融通,中西会通,文理汇通,是"三通"理念下成长的典范。

北京大学教授戴道生以"回忆叶企孙先生对我的培养"为题做了报告。他在报告中回顾了叶企孙先生培养他的点点滴滴,最后说:"叶先生整个教学理念,理论与实验并重,同时要求做实验是最主要的,科研和教学要同步进行。虽然我跟叶先生在一起一年多,但是对我绝对非常重要,打下了一个坚实的基础。回来之后在磁学教研室,在叶先生领导下做了一些工作,我感觉到叶先生二十多年在清华大学培养出那么多学生,不是任何一个人随便就能达到的，是他自己有一套科学的方法，有一套真正为祖国能够培养人才的方法，与他全身心投入有很大的关系。"

随后，清华大学物理学院副书记薛平、科学出版社编审胡升华、东南大学教授耿友权、中国科技馆原馆长王渝生、《东南大学学报》主编宋业春、首都师范大学教授白欣、天津大学陈印政等分别做了关于叶企孙先生专题的学术报告。

学术报告会结束后，又进行了关于学习叶企孙精神的圆桌论坛。首都师范大学丁邦平，河北师范大学赵俊杰，中国科学院高能物理研究所郑文莉，《现代物理知识》赵洪明，科学出版社侯俊琳，中国石油大学孙纲、陈冬寒、叶之红、康建伟进行了热情激昂的讨论。

最后，与会者深刻领会叶企孙的人生经历与为人，深切感到中国社会发展更需要文明进步，"文明社会既要有文明先驱引领，也需要文明大众参与才能有效建成"。在会议结束之际，通过了《学习叶企孙做理性文明人的倡议》。针对当下社会非理性、不文明、情绪化的暴戾倾向，划出理性文明做人的底线，认准民主与法治为人类文明前进的方向；以文明理性为荣，以野蛮暴力为耻，不用野蛮的方式对待野蛮，不以不文明对待不文明；遇到观点不同时相互敬重，自由讨论……服从于真理，不伤害与自己观点不同的人；遇到利益冲突时首选协商……抛弃等级，追求平等；独立思考基础上说真话，不人云亦云地说只利于自己的假话；充分发展增加自己的科学理性，有正常的判断能力，追求真理做真人，用理智约束情感，运用感觉经验、逻辑论证、实践检验等多种方式检验自己，使自己变得不断文明、理性起来。

后记

叶企孙先生是中国物理学家和教育家，中国现代物理学奠基人之一，清华大学物理系和理学院的创建者，1948年当选为中央研究院院士，1955年当选为中国科学院学部委员（后改称院士），培养出了众多科学家。国家表彰的23位"两弹一星"功勋奖章获得者中有一半以上曾是叶先生的门生或门生的学生，他可谓"大师的大师"，为中国的建设和发展做出了杰出贡献。从某种意义上说，叶企孙是一把尺子，一个人和他所处的社会以什么样的态度对待他，意味着这个人以及他所处的社会的文明程度与水平的高低。

2018年7月16日是叶企孙先生诞辰120周年纪念日，为宣传叶先生的事迹，弘扬叶先生的精神，研究叶先生的教育思想，推进一流大学建设，促进社会文明进步，中华教育改进社经与叶企孙亲属叶铭汉先生协商，决定于2018年7月15日举行"叶企孙与一流大学建设学术会议暨叶企孙先生诞辰120周年纪念会"。

为做好筹备工作，2018年1月18日在首都师范大学举行了第一次筹备会会议，中国科学院自然科学史研究所研究员戴念祖，中国教育科学研究院研究员、中华教育改进社理事长储朝晖，首都师范大学教授、中国科学技术史学会物理学史专业委员会秘书长白欣，首都师范大学教授刘树勇，中国科学院文献情报中心储姗姗，清华大学物理系魏斌等参会，并议定以下事宜：为叶企孙先生举行120周年纪念会完全出于对历史责任的承担。会议主题为：

叶企孙与一流大学建设，定位为学术型会议，含有纪念性质。以开放的方式征集论文和参会者，参与举办单位协力合作，各方依据自身实际提供相应支持。所需经费由中华教育改进社出面募集，会务由中华教育改进社组织团队承担。由此，一群试图推进中国社会文明进步的人便开始分头忙碌起来。

2018年1月25日，会务组向叶企孙先生曾经学习、工作、生活的有关单位公开征集举办单位，最终确认会议主办方为中华教育改进社、东南大学、中国科学技术史学会、中国地球物理学会、建德市叶氏古文化研究会。

为了扩大影响，增强传播效果，北京外研书店积极承办了主题分别为"谁是叶企孙？""叶企孙与我""叶企孙与一流大学"的三次讲座，为纪念会的召开做了很好的准备与积累。

叶企孙先生众多年事已高的学生及其他人士，以自己的独特方式对纪念会给予积极支持，参与联络，李政道先生专为活动题词，社会各方为会议筹足了场租、会场布置、餐饮、交通等费用。董洪星等20多个青年人以志愿者的身份参与各项会务工作。几经波折，临开会前才确定北京大学中关新园1号楼2层科学报告厅这个离叶企孙曾经的住处较近、有更多纪念意义的地方为开会地点。科学出版社、四川教育出版社、《现代物理知识》为参会者捐赠了《20世纪中国教育家画传：叶企孙画传》等书刊，180多人参加了该纪念会。

整个活动是促进中国高等教育遵循教育规律向世界一流健康发展、明晰人类文明前进方向、引导社会向文明进步的契机。会后，钟进、胡翠红以及其他各位文稿作者参与资料的收集、整理、修改，科学出版社科学人文分社侯俊琳社长、张莉编辑做了大量细致的工作，才使本书得以与读者见面。在此，特向积极参与本次系列活动和本书编写的所有人致以诚挚谢意！

对于推动社会的文明进步而言，这些仅仅是起步。

本书编者

2018年12月